经世济民

诚信服务

德法兼修

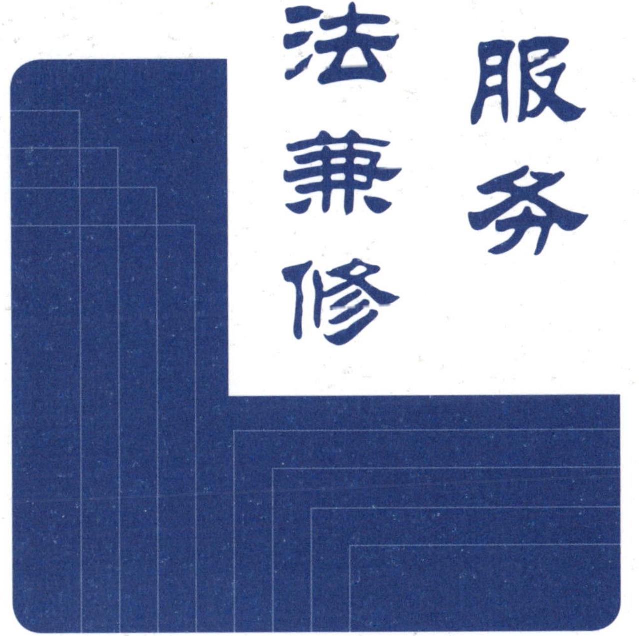

国家职业教育电子商务专业教学资源库
升级改进配套教材

高等职业教育电子商务类专业
数实融合 守正创新
新形态一体化教材

零售门店全渠道运营
——基于O2O模式

○ 主　编　秦绪杰
○ 副主编　郭晓晨　倪　伟　刘亚男
○ 主　审　朱小龙

中国教育出版传媒集团
高等教育出版社·北京

内容提要

本书是国家职业教育电子商务专业教学资源库升级改进配套教材，也是高等职业教育电子商务类专业“数实融合 守正创新”新形态一体化教材。

根据《职业教育专业简介（2022年修订）》，“零售门店O2O运营”为高等职业教育本科、专科电子商务类专业的专业核心课程，旨在培养能够适应新零售、新需求、新岗位的高素质技能人才。本书为该课程配套教材，全书共分为七章：零售门店全渠道运营概述、零售门店O2O运营生态系统、零售门店商品规划与运营、零售门店用户精细化运营、零售门店精准营销与推广、零售门店客户服务应用与管理、零售门店运营数据分析。

本书具有较强的理论性和实践性，既可以作为高等职业教育本科、专科及应用型本科院校电子商务类专业的教材，还可以作为各类线上线下零售企业经营管理人员的培训教材。

本书配套建设了类型丰富的数字化教学资源，精选其中具有典型性和实用性的优质资源，以二维码形式标注在教材边白处，供读者即扫即学。教师如需获取本书授课用PPT、电子教案、习题答案等配套资源，请登录“高等教育出版社产品信息检索系统”（xuanshu.hep.com.cn）免费下载。

图书在版编目（CIP）数据

零售门店全渠道运营 ： 基于O2O模式 / 秦绪杰主编．北京 ： 高等教育出版社，2024.11（2025.2重印）．--ISBN 978-7-04-063073-2

Ⅰ． F713.32

中国国家版本馆CIP数据核字第202456Z5H3号

零售门店全渠道运营——基于O2O模式

LINGSHOU MENDIAN QUANQUDAO YUNYING——JIYU O2O MOSHI

策划编辑 康 蓉 王 沛　**责任编辑** 王 沛　**封面设计** 赵 阳　**版式设计** 李彩丽

责任绘图 马天驰　**责任校对** 张 薇　**责任印制** 刘思涵

出版发行 高等教育出版社　**社址** 北京市西城区德外大街4号　**邮政编码** 100120

购书热线 010-58581118　**咨询电话** 400-810-0598

网址 http://www.hep.edu.cn　http://www.hep.com.cn

网上订购 http://www.hepmall.com.cn　http://www.hepmall.com　http://www.hepmall.cn

印刷 三河市骏杰印刷有限公司　**开本** 787mm×1092mm 1/16　**印张** 18.25

字数 320千字　**版次** 2024年11月第1版　**印次** 2025年2月第2次印刷

定价 49.80元

物料号 63073-00

前言

在数字化浪潮推动下，数字经济已成为当前最具活力和创新力，辐射范围最广的经济形态，在国民经济中的地位更加重要，支撑作用更加明显。党的二十届三中全会推出的《中共中央关于进一步全面深化改革 推进中国式现代化的决定》指出：“健全促进实体经济与数字经济深度融合制度。”在此背景下，零售业与电子商务行业正迎来前所未有的发展机遇。数字技术正在重塑商业环境，越来越多的企业意识到，只有加强实体经济和数字经济的深度融合，展现数字经济新优势，实现数字化转型，才能抓住发展新机遇。然而，零售企业的数字化转型既不同于原来的信息化，也不是简单的新技术的应用。5G、云计算、区块链、物联网、人工智能等新一代信息技术的飞速发展，在给零售业注入高速增长动力的同时，“数智化”也成为零售企业更高级别的转型发展诉求。零售企业应聚焦消费者需求，建立完善的全渠道运营体系，实现与消费者的线上线下全触点连接，将数智化应用于消费者到店、购物、消费、服务等多元化、全方位的场景，推动零售企业的数字化建设向数智融合方向转型。

面对线上线下渠道日渐多元化、消费者需求不断升级，以及零售场景的不断拓展，虽然电子商务、社交媒体、移动应用等各类数字渠道的迅猛发展，为零售企业提供了大量机遇，但这些渠道的割裂状态也给零售企业带来了巨大的挑战，推动零售企业的全渠道运营数字化转型已成必然。全渠道运营能够帮助零售企业实现数字化转型，提升运营效率，提高客户体验，实现业务增长。因此，各类数字渠道与实体渠道亟须整合与协同，这不仅包括技术层面的融合，而且包括数据、信息、服务和体验等多方面的整合与跨渠道的协同。通过O2O模式，零售企业可以将线上线下的渠道相互融合，实现不同渠道间的无缝衔接，从而为消费者提供更全面、更多元化的服务。零售门店基于O2O模式的全渠道运营，作为当前零售业发展的重要趋势，已成为零售企业进行全渠道资源融合、快速完成转型升级和提升竞争力的关键所在。

全渠道运营并非一蹴而就的事情，它既需要零售企业具备强大的资源整合能力、数据分析能力、创新能力，还需要零售企业深入了解消费者的需求和行为习惯，以便能够制定出更加精准、有效的营销策略。因此，对于零售企业而言，学习和掌握全渠道运营知识和技能就显得尤为重要。同时，在数字化转型升级的过程中，零售企业也面临着能够适应行业企业转型需求的人才短缺问题，特别是与消费者形成强连接的关键业务岗位的人才需求尤为紧迫，培养数智化复合型人才势在必行。在全国电子商务职业教育教学指导委员会的支持下，经过专家多轮论证，开发团队紧密对接电子商务产业升级和技术变革新趋势，服务职业教育专业升级，力求为学习者带来新颖、独特、创新的视角和内容，呈现一本既有理论深度，又有实践指导意义的教材，解决该课程配套教材从无到有的问题。在编写过程中，考虑到零售门店全渠道运营的复杂性和多样性，力求体现全面性、系统性和前瞻性，本教材主要突出以下特色：

1. 进德修业，结合课程特色有机融入价值观教育

本教材坚持落实立德树人根本任务。每章设有“引思明理”案例分析和“进德修业”栏目，融入党的二十大精神，讲好中国品牌发展故事。结合电子商务专业的人才培养特点以及职业要求，增强育人的针对性和实效性，提升学生职业发展能力。在知识传授与能力培养的过程中，润物细无声地渗透价值观教育，引导学生树立正确的人生观、价值观和世界观，增强社会责任感和道德意识，使学生在掌握知识的同时融德于技，提升职业道德素养，成为德才兼备的人才。

2. 数实融合，立足数智赋能开发教材内容

本教材紧密结合行业新动态、新技术和零售门店的运营实践经验，立足如何借助数字技术实现线上线下融合，如何利用大数据、人工智能等先进技术，对零售门店进行精准化管理，实现商品规划、用户运营、精准营销、客户服务等各个环节的优化升级，提升运营效率与消费者体验，赋能零售门店数智化转型等，确保教材内容的时效性和前沿性。编写团队围绕零售门店全渠道运营工作内容创新开发教材，从零售门店的战略规划制定、O2O运营生态系统搭建、商品规划、用户运营、精准营销与推广、客户服务到数据分析等方面进行了全面系统的讲解。这种结构不仅可以促使学习者更好地理解零售门店全渠道运营的各个环节，还能帮助他们在实际操作中形成完整的运营闭环。

3. 易教利学，坚持内容创新，科学编排设计

本教材在体例设计与内容编排上，坚持继承与发展、守正与创新相统一。以素养目标为首，编排三维学习目标；按照“学习目标→思维导图→引导案例→知识学习→知识与技能训练→调查研究与善作善成”的框架编排正文，力求理实相融、多元互动，以激发学生学习兴趣，培养学生的创新精神和实践能力。一方面，通过“即学即问”“知识与技能训练”“调查研究与善作善成”等栏目，让学习者更直观地理解并掌握相关知识和技能；另一方面，通过“数实融合新视界”“行业发展与瞭望”等栏目，结合实际案例和行业发展前瞻，鼓励学习者在守正的基础上，激发活力，挖掘潜能，积极探索新的技术应用和商业模式，推动零售门店全渠道运营的持续创新与发展。

4. 资源丰富，依托课程平台共享配套教学资源

本教材作为国家职业教育电子商务专业教学资源库升级改进项目中“零售门店O2O运营”课程的配套教材，依托智慧职教平台建设了慕课，实现了教材编写与课程开发的同步，实现了资源开放共享和互动融合，以满足线上线下教学需求，便于教师开展基于SPOC的翻转课堂混合式教学。

本教材由安徽工商职业学院秦绪杰担任主编，安徽工商职业学院的郭晓晨、倪伟、刘亚男担任副主编。具体编写分工如下：第一章由秦绪杰编写，第二章由江苏经贸职业技术学院时应峰编写，第三章由刘亚男编写，第四章由秦绪杰与安徽财贸职业学院吴晓萍编写，第五章由郭晓晨编写，第六章由倪伟编写，第七章由安徽工商职业学院张琰编写。本教材的大纲、编写理念与内容总体设计，以及最后的统稿、定稿由秦绪杰完成。本书由安徽工商职业学院朱小龙教授担任主审。

本教材在编写过程中，得到了全国电子商务职业教育教学指导委员会及相关行业企业、研究机构、院校专家的指导和建议。永辉超市安徽大区李泉飞提供了相关案例，该公司的刘铭、胡贵宾、刘珂在零售门店岗位需求、门店运营等方面提出了参考意见和建议。高等教育出版社的王沛编辑为本教材编写提出了许多建设性的意见和建议，确保了本教材的高质量出版。同时，本教材编写团队在编写过程中参阅了国内外大量的图书、报刊、网站、文献，在此一并致以真诚的感谢！由于时间及编者水平有限，教材中难免存在不足之处，敬请广大读者提出宝贵意见，以使本教材日臻完善。

编　者

2024 年 10 月

目录

第　一　章

零售门店全渠道运营概述

学习目标

素养目标

- 面对零售企业数字化转型，树立守正创新的价值观
- 在零售门店全渠道运营中爱岗敬业，肩负起社会责任与担当
- 放眼零售门店的未来发展，培养勇于探索、敢于创新的精神

知识目标

- 了解零售业的演变和数字化进程
- 熟悉零售全渠道的产生与发展
- 掌握零售门店O2O的内涵与运营模式
- 掌握零售门店全渠道运营新趋式

技能目标

- 能够正确辨析零售数字化转型阶段
- 能够清晰区分单渠道、多渠道与全渠道的异同
- 能够对比分析零售门店O2O运营模式
- 能够建立零售全渠道运营的新思维

思维导图

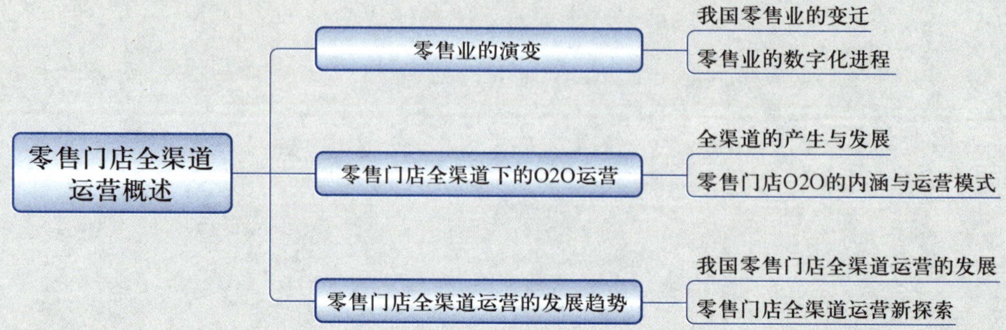

学习计划

■ 素养提升计划

■ 知识学习计划

■ 技能训练计划

【引导案例】

传统老字号借数字化转型焕发新活力

老字号是我国工商业发展历史中诞生的“金字招牌”，在塑造以国内大循环为主体、国内国际双循环相互促进的新发展格局下正重新被擦亮。国家先后出台保护、支持、壮大老字号的相关政策，让老字号品牌不断走出国门，走向国际，支持通过线上线下同步、创新营销推广手段等，来推动老字号的数字化转型。如今，拥有近200年历史的中华老字号——边福茂（见图1-1），通过开设线上门店的方式，将江南布鞋的工艺及其呈现的中式生活带进了数字世界，并在数字化浪潮中再度创业。

图1-1　中华老字号边福茂布鞋

手工布鞋在改革开放以后，面临工厂成品、新式鞋履的冲击，进入数十年的低谷期，再回归已是千禧年。2009年，“千层底手工布鞋制作技艺”被列入《国家级非物质文化遗产名录》，逐步被社会重视。与此同时，以“95后”“00后”为主的“新生代”逐渐成为新型消费主体，更愿意通过网络尝试新事物，更加追求品质与个性化，消费理念的变化让不少传统“消费品”有了重回大众视野的机会，而国内一些领先的零售商更是主动拥抱这种消费趋势，积极在线上开展数字零售业务，并尝试将线上线下打通。于是，蛰伏多年后，2022年边福茂再次出发，开启了数字化转型。

中华老字号是弘扬优秀传统文化的重要载体，尤其面对习惯数字消费、社交互动的新消费群体，老字号需要在保持特色、品质的同时，在产品内容及营销上推陈出新。具体来看，老字号可以通过数字化转型SaaS（Software as a Service，软件即服务）产品及全链路增长服务，在全渠道经营和数字化营销上实现突破和创新，更好地迎合新消费主体重视体验、追求个性的消费理念。

围绕消费场景的变化和江南布鞋的鞋服特征，边福茂从业务侧寻求变革，采取年轻人听得懂、接受度高的数字营销，引进数字营销人才，开启了边福茂的数字化转型。在业务线上化过程中，边福茂展开了一系列布局，拓展了天猫直营店、淘系直播间、抖音直播间等销售渠道，并在小红书、知乎等社区展开营销推广。

除了布局公域渠道，边福茂结合江南布鞋小众的特征，特别注重转化、沉淀，通过搭建小程序官方商城，采取“线下门店会员＋公域导流＋私域运营”的方式，运营了相关社群。特别在小程序商城搭建中，将重点产品、主推产品、高端定制产品、流量产品等都导入其中。

为了更好地配合全域业务线上化，边福茂也在组织变革、团队搭建方面积极发力。一方面，其将数字化转型提升为“一号位工程”；另一方面，招聘学历更高、拥有数字化经验的销售人员和运营人员，采取“培训＋激励”的方式加速营销团队观念的转变。业务与组织的契合共同驱动了品牌发展。目前，边福茂在公域渠道和小程序商城均获得用户、销量的双增长，站稳了中华老字号数字化转型的第一步。

边福茂通过完成线上全域运营布局，逐步沉淀数据资产，基于客户画像实时收集客户反馈和客户需求数据，并将通过 CRM（Customer Relationship Management，客户关系管理）系统、供应链系统等数字化手段与产品研发深度结合，同时让客户通过数字化定制，打造个人专属的国潮布鞋，通过柔性定制探索新的爆款打造路径。最终通过多产品线、工艺创新、数字化转型多线并举，实现产品的整体创新。在中华老字号的传承中注入新活力，将产品推向包括年轻用户在内的更广泛的用户群体和更广阔的市场。

近年来，随着数字经济和实体经济深度融合，老字号掀起数字化转型热潮。商务部流通产业促进中心发布的《老字号数字化转型与创新发展报告》指明了中华老字号品牌发展的方向，老字号未来将有五大发展方向，涉及加快推进数字化转型，大力开展全渠道运营，不断提升产品创新力，深入挖掘历史文化价值，持续推进体制改革。

随着数字中国建设、政策引导等多重因素叠加，越来越多的中华老字号品牌从数字化转型中寻找增长新动能，融入双循环格局的传动带，正在数字经济时代留下新的创业故事。

案例思考：传统零售企业数字化转型的意义是什么？电商如何赋能传统零售加速线上线下融合？

【引思明理】

党的二十大报告提出，加快发展数字经济，促进数字经济和实体经济深度融合，打造具有国际竞争力的数字产业集群。数字化转型为零售业带来了更多的可能性，拓展了更大的生长空间，重塑或创造了崭新的生产方式。随着新一代数字技术的推动，零售业经历了一次次更迭，正身处新一轮的数字化浪潮中。如今零售行业进入“以人为本”的时代，零售企业需要围绕消费者构建全新的运营模式，坚持守正创新，加快转型升级，以更好地满足消费者需求，推动零售业的高质量发展。

第一节　零售业的演变

零售的发展与人们的日常生活息息相关，每一次零售形态的改变都是一次成本、效率与效益的变革。零售业态的革新往往伴随着技术的更迭，其本质是运用更先进的技术实现零售成本最低化、效率和效益最大化，从而为消费者提供更好的体验和服务。

零售业的主要业态

一、我国零售业的变迁

零售业（Retail Industry）是以向消费者销售商品为主，并提供相关服务的行业，主要包括商品零售业和服务零售业。如果从历史视角来审视我国零售业的变迁，则其大致可以分为四个阶段。

（一）零售1.0阶段：传统百货时代（1978—1990年）

19世纪中叶，产业革命在西方国家的爆发，不仅改变了社会的生产方式，而且也改变了人们的生活方式，商业活动极大地繁荣起来，零售业由传统的小型店铺形态过渡到大型商场形态。百货商店是商场形态的典型代表，它的产生被称为零售业的第一次革命。

中华人民共和国成立后，全国范围内开始组建百货商店，尤其是在1978年改革开放后，百货商店开始大规模兴起，一直到20世纪90年代之前，我国的零售业主要是以国有大型百货店为主体的单一业态。

（二）零售2.0阶段：现代百货与专卖店时代（1990—2000年）

超级市场自20世纪30年代产生以后，便对当时的零售业产生了较大影响，起到了里程碑的作用。超级市场的组织形式一般包括两种：一是独立店，二是连锁店。世界各地超市较多采用的是连锁店的形式。

20世纪90年代中期，超级市场零售业态被引入中国。1992年外资零售企业被允许进入中国后，国内形成了百货店、超市、便利店、专卖店多种业态并存的市场格局。

（三）零售3.0阶段：电商与移动商务时代（2000—2015年）

在这一阶段，以淘宝为代表的本土电商开始发展起来，中国进入了电子商务时代。传统零售商也开始将业务重心向线上转移。随着网络购物行业的发展，以及用户使用习惯从PC端到移动端的迁移，人们进入移动互联网主导的消费升级时代，线上交易变得更加多元，国内网购迎来了迅猛发展的黄金年代。由此，中国快速进入数字消费时代。

（四）零售4.0阶段：融合体验的零售时代（2016年至今）

在零售4.0阶段，零售业线上线下的边界逐渐模糊。2016年，“新零售”的概念被提出。新零售主要是依托互联网、云计算、大数据等技术赋能传统实体店，通过互联网提升实体店的经营效率。2017年盒马鲜生开业，新零售时代拉开序幕，在消费结构优化及数据驱动的宏观背景下，线上和线下的协同场景越来越多，体验式购买、全渠道履约已经成为除产品之外的重要服务。目前，这种新零售模式已经成为零售业的必备模式。

随后智慧零售的概念出现。智慧零售就是运用互联网、物联网技术，感知消费习惯，预测消费趋势，引导生产制造，为消费者提供多样化、个性化的产品和服务。物联网和人工智能技术的普及推动零售业进入智慧零售时代，产生了以消费者体验为核心的服务型零售。

在2017年，第四届世界互联网大会上提出了无界零售的概念。无界零售不仅是“线下＋线上”，而且是将零售活动本身融入生活中，使其以一种“润物细无声”的方式融入生活的各个角落。它不仅是交易场景的碎片化，更是重新定义产业的边界，重新定义人和企业的关系。

从零售业的进化变迁来看，无论是新零售、智慧零售，还是无界零售，都是运用互联网、大数据等技术，去感知用户的消费习惯，从而为消费者提供多样化、个性化的产品和服务，核心是传统零售的数字化转型。

进德修业

始于公益初心，在中国式现代化中承担社会责任

作为中国零售行业的代表，华润万家不仅以商业实力和创新能力闻名，更以其坚守社会担当的承诺和卓越的社会责任贡献，树立了行业标杆。自成立以来，华润万家始终秉承“共创美好生活”的理念，响应国家号召，不断加强在社会责任领域的投入和影响，为乡村振兴、乡村美育、可持续发展等多个领域作出了卓越贡献。

在近期的华润万家焕乡计划助农实地直播中，真实的焕乡助农场景让消费者零距离体验到了优质农产品。仅在开播首日，观看人次就超过16万人，评论人数超过2.6万人，点赞次数超过190万次。在华润万家的推动下，华润万家焕乡计划2.0通过“一村一品”经营模式，已建成50个焕乡助农基地，为国家乡村振兴贡献了华润万家的力量，更引领着可持续消费的升级，打通了从田间地头到百姓餐桌的绿色通道。

二、零售业的数字化进程

现代零售业的发展与信息化、数字化的发展紧密相连。中国百货商业协会将零售业数字化发展历程总结为早期起步、快速提升、全面发展、激烈竞争、融合互补五个阶段。

（一）早期起步：解决基本管理需求的信息化和互联网启蒙（1990—2000年）

20世纪90年代初期的零售使用的是电子收款机，那时扫描枪还不是标配，有相当一部分商品还没有条形码，商品按大类划分，收银员收银时需要先敲入大类编码，再输入价格，收款机仅有“收款”功能，几乎没有信息采集功能。

大型百货商场的市场化发展以及连锁超市的规模化对信息化管理提出了更高的要求，于是商业应用信息化工作以20世纪80年代中期几个国有大型百货企业的管理信息系统（Management Information System，MIS）项目开发为标志而开始。随后发展的连锁超市，采取规模化经营，提出了统一进货、统一管理、进价核算等需求，进一步推进了零售信息化的发展。

这是零售业信息化的早期探索阶段，零售企业对信息化的内涵、目标、功能和作

用、与企业经营管理模式的关系都需要全新的认识，信息化需要的基础环境、技术路线因缺乏经验和安全措施，还处于摸索阶段。当时系统管理的核心是商品的流转系统，要完成商品进、销、调、存、盘点、变价等各项业务活动。相对应的信息化应用是合同管理与进货管理系统、库存管理系统、销售和促销管理系统、配送和仓库管理系统、商品核算系统等。

（二）快速提升：内部整合的信息化和第一次电商爆发（2000—2007年）

21世纪初，零售业增长迅猛，百货业购销两旺，在前后十几年时间里是百货业的黄金时代。零售企业快速发展，一方面是规模化快速增长，另一方面是企业开始多业态发展，很多企业同时经营百货、超市、大型综合超市、便利店等业态；同时，企业开始提高供应链能力，有的开始自建物流中心。这些变化对信息管理系统提出了新要求，当时的主要目的还是提升内部管理效率，是在前期进、销、调、存、盘基本需求基础上的健全与完善。随着企业规模的扩大，企业需要更为强大的管理系统，ERP系统随之出现，并在本阶段的中后期逐步被大型零售商应用。除了第一阶段的需求，企业也开始搭建围绕门店和总部之外的系统，如供应链管理（Supply Chain Management，SCM）、仓储管理系统（Warehouse Management System，WMS）、物流管理系统（Transportation Management System，TMS）等。

在这一阶段，中国早期的互联网企业家也纷纷行动起来，2000年前后中国市场出现了电商的第一次爆发，但在不到两年时间内，一批早期电商企业倒下。后期的分析普遍认为，当时的电商运营环境远未成熟，互联网用户数只有200万户左右，支付工具、物流系统、信用体系三座大山都没有解决。但是这一阶段在信息化方面已有积极探索，如2003年淘宝网上首次推出担保交易（支付宝）服务。

（三）全面发展：迈向效率管理的信息化和电商再次爆发（2008—2011年）

1. 线下追求效率

经过十多年的快速发展，实体零售业进入追求效率阶段，主要工具是强化信息系统和打造物流体系。信息系统的一个重点仍是健全、强化内部管理系统，强调对决策的辅助，如提出“企业仪表盘”等概念。

另外，大型ERP系统逐步上线，苏宁于2005年开始引入SAP（System Applications and Products）系统。此前，百安居（中国）、金海马等也都上线大型ERP系统。

此时的企业管理系统也大大提高，除了文字、电子表格处理以外，电子邮件、多媒体应用、网络会议、线上对账等也越来越广泛应用，对企业经营管理效果的提升和企业运作成本的降低起了很大的作用。

供应链物流建设在2008年前后形成高潮，例如：家家悦在2013年建成集加工、配送于一体的规模化中央配餐系统，美特好2011年建成现代化物流中心并投入使用。物流、加工和配送中心的建成和使用，对仓储系统和物流系统也提出了更高要求。

2. 电商初具规模

经历了第一次互联网的沉寂和恢复后，2008电商产业再次爆发。2008年4月，淘宝商城（后改为天猫）上线，随后一号店上线（后被京东收购），京东由3C家电垂直电商转向平台电商，之后苏宁易购也上线。众多电商公司纷纷成立，2008年也被称为电子商务B2C元年。随后的几年，很多实体商业纷纷开辟电商战线。

3. 实体零售触网

随着电商的快速发展，百货受到冲击最明显，特别是家电、数码、音像、服装等品类。因此，在这一阶段，上线触网的零售商中百货品类占较大比例。但是在这一阶段，线下零售触网总体来看是不成功的。接下来，迎接线下零售商的是更为激烈的竞争，市场份额进一步被线上零售切割。

（四）激烈竞争：移动商务时代来临和线上线下之争（2012—2020年）

1. 移动商务兴起

2012—2014年，网上零售额的增幅分别为67.5%、42.2%、49.7%，移动端增幅明显。2012年，手机成为网民第一大上网终端，标志移动商务时代的来临。到2015年，天猫、京东、苏宁等电商平台移动端订单量占比均超过50%，全行业移动订单占比首次超过一半。

2. 实体拓展全渠道

在线上快速发展过程中，百货业受到的冲击最为明显。在实体店中，家电、3C数码、服装的销售均大幅萎缩，超市逐渐感觉到压力，标准化包装食品的线上份额逐步扩大。此时，实体零售对线上渠道的探索进入高峰期，O2O、全渠道是热点话题。

3. 信息化支撑

（1）多业态整合。业态的多元化对企业的信息化战略提出了更高要求，比较有代表性的理念是“规模经营、集约管理、充分授权、全程监控”的原则。

（2）跨渠道。发展线上业务，需要信息化的支撑。数字化和线上发力，更需要信息化的有力支撑，进行资源整合与分配，支撑多触点与跨渠道融合。

（3）智慧零售。这是适应新的消费模式要求，包括提供个性化的消费促销活动，根据对顾客的深入了解来管理商品的分类，优化库存，降低缺货，驱动销售额与利润最大化。

（4）大数据。由于数据维度和范围的增加，数据量级发生巨大变化。2015年前后企业已开始关注大数据，重点关注数据处理的实时性、数据集中化。对数据挖掘、数据分析、数据应用的能力要求大幅度提升。

（5）云服务。尽管使用云服务的实体零售企业不多，但相关概念已深入人心。

（五）融合互补：实体零售企业的全面数字化与线上线下融合（2020年后）

1. 从线上向线下延伸

零售企业线上向线下的延伸，是数字化转型的重要策略。这一延伸通过技术创新与模式创新，将线上平台的优势资源精准导入线下实体店，实现线上线下无缝连接。线上平台利用大数据分析顾客行为，预测消费趋势，为线下门店提供精准选品与营销策略。同时，通过AR试穿、VR体验等前沿技术，线上平台为顾客打造沉浸式购物体验，激发其到店兴趣。此外，线上平台还通过优惠券、限时折扣等营销手段，引导顾客到线下门店消费，促进销售转化。这种延伸不仅提升了顾客满意度和忠诚度，还拓宽了零售企业的销售渠道，增强了市场竞争力。随着技术不断进步和消费者需求日益多元化，线上向线下的延伸将成为零售企业持续发展的重要动力。

2. 线下从轻重新开始

实体零售企业经历了前期的迷茫、冲动和失败，对线上业务和数字化采取了更为务实的态度。如抛弃投资大、运营重的PC端电商和App，采用更轻的小程序；重视私域流量营销，提升会员服务能力；借鉴社群营销、团购等新模式，拓展宣传和销售渠道等。

即学即问

零售企业为什么要进行数字化转型？

第二节 零售门店全渠道下的 O2O 运营

一、全渠道的产生与发展

（一）零售渠道的演变

零售渠道是指由向最终消费者出售商品和劳务的零售商组成的渠道，简而言之，就是生产者和消费者之间的桥梁。随着互联网和移动互联网的兴起，渠道在不断变革。零售业在渠道演变过程中主要经历了三个阶段，具体如下：

1. 单渠道（1990—1999年）

在传统营销模式下，零售企业需要消费者到店以后才能对消费者进行相关营销以及商品销售。单渠道（Single-Channel）模式因为渠道单一，所以销售范围仅仅覆盖周边的顾客，而随着商铺租金的上涨和人力成本的上升，这一类零售店铺的利润相对变薄，甚至连生存都变成了非常困难的一件事。随着科技的发展，消费者的消费场景日渐增多。无疑，这种单一的渠道模式已经不能够满足多消费场景下消费者日益增加的消费需求。

2. 多渠道（2000—2011年）

随着网上商店时代到来，零售商采取了线上和线下多渠道。多渠道（Multi-Channel）相比单渠道的路径更丰富，却也面临着一些问题，如销售渠道分散、资源浪费、管理成本较高；线上与线下价格不同，服务和消费体验有所差异。

多渠道模式虽突破了时空限制，地理范围大，包括进行了一系列旨在通过多个渠道接触不同客户群体销售商品或服务的活动。但这些渠道以一种仅仅是并行而非协调的方式运作，既不允许客户触发它们之间的任何互动，也不允许零售商控制它们的整合。

3. 全渠道（2012年至今）

全渠道（Omni-Channel）由多渠道模式演变而来。由于零售企业更加关注顾客体验，实体店的地位弱化，零售企业通过尽可能多的渠道类型满足消费者的多样化需求，包括门店、展厅等实体渠道，网络平台等虚拟渠道，以及微信、微博等社交媒体渠道。零售企业通过集成所有渠道，使得消费者在购物全过程中可以通过渠道组合和整合满足自身需求，致力于提供一致可靠的无缝集成服务。全渠道零售需要考虑售卖、娱乐、社交和客流等内容的变化，根据目标消费者进行营销定位，并在此基础上制定营销策略。

进德修业

服务型价值共享平台创造价值

胖东来从1995年一家40平方米的小型商店，发展成为如今在许昌、新乡等城市拥有30多家连锁店、近万名员工、年营业收入70亿元的连锁超市，已经成为零售业的标杆企业。

1. ESG是理念

ESG（Environmental，Social，Governance，即环境、社会和公司治理）的概念，强调企业经营要将环境、社会与管治等相关问题予以综合考量。

虽然胖东来并非上市公司，但其理念与ESG治理不谋而合。从环境方面来看，胖东来早在21世纪初期不断扩展分店时就提出了“保护环境，从我做起”的理念；作为零售企业，胖东来率先使用可降解包装袋，为解决“白色污染”贡献力量；在开门前打扫卫生时，不局限于店面内部，甚至街道、天桥也都有人专门清扫；商场内部更是摆放了数量众多的垃圾桶，随手捡垃圾成为胖东来员工的习惯。

从社会责任上看，胖东来积极履行社会责任，参与慈善和救灾，先后累计捐款达亿元；平时，胖东来为环卫工人提供爱心驿站和直饮水；在灾害面前，为许昌、新乡筹集物资并提供金钱援助；胖东来还把纳税额作为企业的第一经营指标。

2. 价值创造是导向

零售企业要创造价值，但这种价值创造并非零和博弈。企业应当树立正确的价值定位，将自己变为服务型价值共享平台，与员工和顾客积极合作，各取所需。胖东来重视并真正赢得了员工的满意和忠诚，员工为顾客提供了让顾客满意的服务，获取了顾客的忠诚度；顾客的消费实现了企业的价值创造，而胖东来又将获得的利润分配给员工，员工挣得多，便会继续优化为顾客提供的服务质量，由此形成良性循环，成功构建服务型价值共享平台，最终实现价值创造。

（二）全渠道的内涵

全渠道零售就是企业为了满足消费者任何时候、任何地点、以任何方式购买的需求，采取实体渠道、电子商务渠道和移动商务渠道整合的方式销售商品或服务，提供给顾客无差别的购买体验。全渠道的基本要素包括：

1. 信息传播全渠道

信息传播全渠道是指在消费者购物的整个过程中，将商品信息的获取、筛选和传播等渠道整合为一体，优化以消费者为中心的信息传播网络。

传统零售所能提供的是实体店里一对一真实的体验，而电子商务所提供的是网络上海量、便捷的信息收集与对比服务，极大地提高了信息传递的广度与深度。但这两种信息传递方式并不是孤立的，零售企业可以将线上线下的各种渠道有机结合，提高消费者的购物体验。例如，商家可以以顾客所在地理位置为圆心，将周边的优惠信息推送到顾客手机上，也可以在实体店内配备自助查询设备，让顾客自助查询商品信息、所在位置、商品评价等，实现随时随地线上线下多渠道信息收集，提升消费者的购物体验。

2. 订单处理全渠道

订单处理全渠道是指商家对各个渠道收集的订单进行统一处理，联系分布在全国的仓储中心就近配送。

全渠道的订单管理系统必须是一个能够实时共享渠道信息的统一系统。订单管理平台先接收来自各个渠道的销售订单，然后根据其所了解的各个仓库的货品情况，对不同订单进行调度、确认以及执行，因此，能否实现渠道信息的共享决定了能否以最低成本、最高服务执行订单。例如，一些门店在线下实体店安装了移动终端，可以将很多因店面面积有限而无法摆设的产品放在线上，让顾客线上下单，后台集中处理订单并发货，这样充分利用线上线下两种渠道，尽可能多地留住客户，在提升整体绩效的同时很好地避免了渠道间的冲突。

3. 支付方式全渠道

支付方式全渠道是指将线上各交易平台和线下现金、其他支付方式全部整合为统一的财务管理中心，方便财务管理和订单分析。

随着科学技术的发展，未来一定会在目前电子支付、现金支付，以及银行卡支付的基础上衍生出更方便的支付方式。支付方式的多元化虽然让消费者购物更加方便便捷，但也产生了多支付工具以及账户的情况，且各个账户彼此独立，无法实现信息共享，这不仅影响购物体验，而且使企业收集分析消费者购物信息变得更加困难。

实现支付渠道的协同，将消费者的支付信息集中到一个购物账户中，是全渠道支付应该追求的目标。比如，线下实体店可以使用唯一的工具为刷卡、电子支付或现金支付的顾客结算等。

4. 仓储物流全渠道

仓储物流全渠道是指对原有的渠道资源不再进行分段式分配，而是采用终端分散的网状结构，将原有的线下渠道变成一个个联系消费者的网点。

以往的物流仓储先将产品送入大仓，然后根据各区域的销售情况将货物调拨到区域仓，最后由区域仓分发到终端仓。这种传统模式非常容易产生畅销产品断货、非畅销品积压在终端库的情况。全渠道的仓储物流改进了原有仓储物流的模式，将已有的终端仓库变为畅销品库，而将非畅销品置于区域仓当中。

另外，在全渠道仓储物流体系中，线下实体店不再只有销售产品的功能，产品提货以及配送也成为其非常重要的一项功能。消费者可以线上查看商品，线下体验付款及提货，或者线上付款、线下自取等。

5. 支援服务全渠道

支援服务全渠道是指在售前、售中和售后的援助服务实现渠道无缝连接，线上线下不同区域和不同层级的支援渠道根据计算机网络的智能分配，灵活调取资源，实施精准、快速的支援服务。

支援服务不只是简单的售后服务，而是销售全过程，零售商可以借助数字化的客户信息，使客户每一次接收到的服务都优于上一次，此外，所有的销售渠道都要实现由销售中心升级为真正的体验中心。

顾客可以在不同的渠道之间交叉体验、交叉购买，甚至交叉退换货物，即线上付款、线下提货甚至退换货，真正实现全渠道的销售、退换以及售后。另外，全渠道零售商应该搭建全渠道的申诉制度，降低交叉购买的风险，树立消费者对全渠道的信任。

6. 客户关系管理全渠道

客户关系管理全渠道是指对客户关系进行数字化转化，形成统一的数据库，实现高速的信息共享和信息提取。

目前，大部分企业的信息管理系统均为单渠道构建，同一顾客在不同渠道的购物数据处于分散状态，无法很好地反映消费者的购物偏好。而客户关系管理的基础和关键就是要通过分析顾客信息集成的数据集合，挖掘出顾客整体的购物偏好以及行为。

全渠道变化，不仅仅是在营销的某个环节渠道上进行进化和变革。随着企业更加追求线上线下多渠道融合以及商品供应链的共享，突出线上线下的融合与闭环的O2O（Online to Offline，线上到线下）模式更加能够满足企业和消费者的需求，有效实现线上线下流量的互导与闭环，实现线上多种渠道、手段和线下实体店的融合。O2O生态体系可以通过“五流一体化”，即订单流、信息流、物流、服务流、资金流从线上到线下的一体化打通，来实现线上线下的融合与闭环。

二、零售门店O2O的内涵与运营模式

（一）O2O模式的内涵与特点

电商的发展不断裂变出各种业态模式，O2O模式就是其中一种。O2O模式是指线上营销、线上购买或预订（预约）带动线下经营和线下消费。O2O本质上是一种模式，即通过PC端、移动端互联网与传统行业结合，衍生出更多新的商业模式和消费模式。这种整合有效弥补了单一线上或线下服务力的不足。

O2O模式的核心是将线上线下融合，在构建O2O运营体系时，这种线下与线上的融合，也实现了实体经济与虚拟经济的深度融合，由消费者、线上平台、线下实体店共同组成O2O生态圈，如图1-2所示。

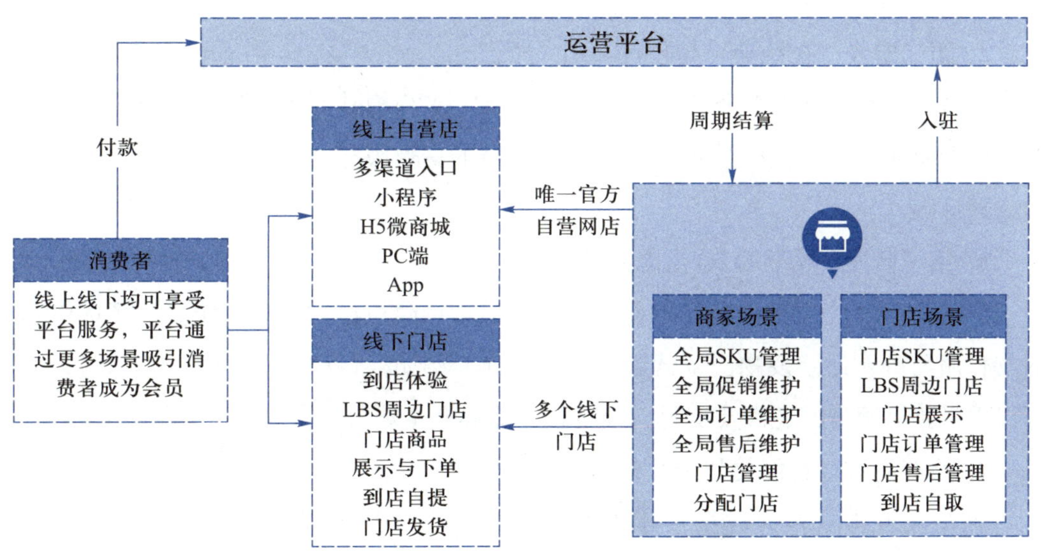

图1-2　O2O运营平台

O2O模式可以通过深入挖掘消费者的潜在需求并分析数据，最大限度地根据消费者开发相应的产品，提供更好的服务。其具有以下特点。

（1）消费场景多元化。线下门店支持用户先线上下单，然后进行物流配送或到店

自取；或到店消费，然后使用到店付款优惠买单。

（2）消费与收益并存。线下门店可结合平台各种分销机制，让用户在消费的同时也能获得收益。

（3）营销工具多样化。线下门店支持使用优惠券和会员卡，为平台和门店拓展新用户，维护老用户，提升客户忠诚度，积攒固定消费群体。

（4）独立后台、个性化运营。基于每个零售门店的独立管理后台，可以进行个性化运营；完善的自动化、数据化管理，让零售实体门店快速完成数字化转型，运营起来更有效率。

（二）O2O模式的发展

随着科学技术的发展和消费者需求的变化，O2O模式在不同阶段有不同的特点，主要分为以下几个阶段。

O2O模式的发展

1. 第一阶段：信息展示与线下引流

在这个阶段，O2O模式主要起到信息展示的作用，将线下门店的信息通过线上平台进行展示，吸引消费者线下消费。例如，早期的团购网站和点评网站就属于这一类别。

2. 第二阶段：在线交易与预订

随着移动互联网的普及和支付技术的成熟，O2O模式开始实现线上交易和预订功能。消费者可以在线支付并预订服务，然后线下享受服务。例如，在线餐饮预订、电影票预订等。

3. 第三阶段：构建O2O生态系统

在这个阶段，O2O企业开始整合各种资源，构建自己的生态系统。除了提供基本的支付服务外，还涉及物流、营销等多个方面。例如，各种打车平台、美团等，它们不仅提供预订服务，还涉及支付、评价、物流等多个环节。

4. 第四阶段：智能化与个性化服务

随着人工智能和大数据技术的发展，O2O模式开始提供智能化和个性化的服务。例如，通过用户画像为消费者推荐更符合其需求的服务，或者利用AI（Artificial Intelligence，人工智能）技术优化服务流程，提升服务体验等。

O2O模式的发展演变是一个不断创新和进步的过程，它一方面不断地适应和满足消费者的需求，另一方面也推动了线下实体门店和线上平台的深度融合。未来O2O模式会更加注重线上线下的无缝衔接，以及跨界的资源整合。例如，线上平台与线下实体门店更加紧密地合作，实现资源的共享和互利共赢。同时，O2O企业也将涉足更多的领域，进行跨界整合，为用户提供更加全面和便捷的服务。

（三）O2O运营体系的运作模式

O2O运营体系有多种运作模式，每种运作模式的实施方式和路径并非孤立，而是相互作用后形成线上线下融合的闭环，进而形成一个连续、完整的O2O模式。O2O模式主要细分为下述四种运作模式。

1. Online to Offline（线上营销和交易到线下体验）

这种运作模式也称为先线上后线下模式，零售企业先搭建起一个线上平台，以这个平台为依托和入口，将线下商业流导入线上进行营销和交易，同时，用户又到线下享受相应的服务体验。这个平台是O2O模式运转的基础，应具有强大的资源流转化能力和促使线上线下互动的能力。在现实中，很多本地生活服务性企业都采用了这种模式。比如，大众点评凭借其积累的资源流聚集和转化能力，以及经济基础，构建的O2O平台生态系统即是如此。

2. Offline to Online（线下营销到线上完成交易）

这种运作模式也称为先线下后线上模式，就是企业先搭建线下平台，然后以这个O2O平台为依托进行线下营销，让用户享受相应的服务体验。同时，将线下商业流导入线上平台，在线上进行交易，由此促使线上线下互动并形成闭环。在这种O2O模式中，企业需要自建两个平台，即线下实体平台和线上互联网平台。其基本结构是：先开实体店铺，后自建网上O2O商城，再实现线下实体店与线上网络O2O商城的同步运行。在现实中，采用这种O2O模式的实体企业居多，苏宁云商所构建的O2O平台生态系统即是如此。

3. Online to Offline to Online（线上营销到线下体验，再到线上交易）

这种运作模式也称为先线上后线下再线上模式，就是先搭建起线上平台进行营销，再将线上商业流导入线下让用户享受服务体验，然后让用户到线上进行交易或消费体验。在现实中，很多团购、B2B电商企业都采用这种模式，比如京东商城。

4. Offline to Online to Offline（线下营销到线上交易，再到线下体验）

这种运作模式也称为先线下后线上再线下模式，就是先搭建起线下O2O平台进行营销，再将线下商业流导入或借力全国布局的第三方线上平台进行线上交易，然后再让用户引到线下享受消费体验。在这种O2O模式中，所选择的第三方平台一般是现成的、颇具影响力的社会化平台，比如微信、微淘、大众点评网等，且可同时借用多个第三方平台，这样就可以借力第三方平台引流，从而实现自己的商业目标。在现实中，餐饮、美容、娱乐等本地生活服务类O2O企业多采用这种模式。

即学即练

请根据所学知识对比分析零售企业中传统商务、电子商务B2C模式与O2O模式，并填写表1-1进行总结。

表1-1　传统商务、电子商务B2C模式、O2O模式比较

比较项目	传统商务	电子商务B2C模式	O2O模式
代表企业			
特色			
优势			
劣势			
用户管理			
销售渠道			
物流配送			
信息提供			
交易支付			
当前现状			
未来发展			

第三节　零售门店全渠道运营的发展趋势

一、我国零售门店全渠道运营的发展

消费者需求的变化驱动了零售业线上线下融合发展，而技术的发展、基础设施的完善和开放则为零售业转型升级提供了强有力的支撑。线上线下存在互补与相互促进的关系，线上线下融合已成为零售业的发展趋势，线下传统零售企业开始接受并拥抱互联网，线上零售商也积极开展与线下零售企业的合作，线下零售企业与线上零售商合作愈发紧密，零售业进入线上线下融合新阶段。

全渠道融合向消费者提供了多场景、多种方式的购物体验，丰富了零售供给的服务内容，促进居民消费结构由商品消费向享受/服务型消费转型。零售业将发展成面向线上线下、各业态门店全客群，提供全渠道、全品类、全时段、全体验的新型零售模式，为消费者提供最佳购物体验。

目前，全渠道零售已成必然趋势，消费者对购物便利性、服务体验价值，以及商品多样性的需求，对企业在战略、物流、仓储、供应链等方面提出了更高的要求。未来全渠道发展将面临更多的挑战和机遇。

（一）5G将不断创造全新消费场景，提升用户购物体验

随着5G技术的飞速发展与普及，人们正步入一个前所未有的数字经济消费新时代。5G作为高带宽、低时延、广连接特征的网络基础设施，使万物互联成为可能，赋能智能设备的数据集合、连接和交互，为消费者创造新的购物场景，变革消费体验。

从虚拟试衣间到全息投影展示，消费者无须亲临现场即可通过5G网络享受沉浸式购物乐趣，让商品选择更加直观、便捷。同时，结合AI智能推荐与大数据分析，5G能够精准捕捉用户偏好，实现个性化商品推荐。此外，5G还加速了物联网技术的融合应用，让智能家居、智能穿戴等设备无缝接入购物生态，进一步丰富了消费场景，使得购物行为可以随时随地发生，极大地提升了购物的灵活性和效率。由此可见，5G能够使消费者的购物体验更加丰富多彩、高效便捷。

（二）利用无人零售打造新竞争力，创造更多价值

在快速迭代的零售行业中，利用无人零售技术打造新竞争力已成为众多企业探索的前沿领域，正悄然改变着消费者的购物体验和企业的运营模式。随着技术的不断成熟和应用的持续深化，无人零售将为企业创造更多价值。

通过部署无人零售终端，企业能够突破传统零售的空间与时间限制，实现24小时不间断营业，极大地拓宽了销售渠道和服务范围。同时，无人零售减少了人力成本，提升了运营效率，使得零售企业能够将更多资源投入到产品创新和顾客服务上，进而提升顾客满意度和忠诚度。无人零售平台还能够收集并分析消费者的购物行为数据，为企业提供精准的市场洞察和决策支持。基于这些数据，零售企业可以定制推送促销信息，实现个性化营销，进一步提高市场竞争力。

此外，无人零售还展现了其独特的社交属性。在社交媒体上分享无人零售的新鲜

体验已成为一种趋势，为企业带来了额外的品牌曝光和口碑传播。

（三）全渠道将加快普及新型云ERP管理应用，更为网络化智能化

未来，随着数字化转型的不断深入，全渠道销售与服务模式将成为企业竞争的核心。在这一过程中，新型云ERP管理应用的普及将显著加速，为企业带来更为网络化、智能化的管理体验。

全渠道零售不仅仅是线上下单、线下交付等渠道的融合，其最主要的特点是“四个拉通”，即线上线下的消费者数据拉通、线上线下的商品主数据拉通、线上线下的库存信息拉通、线上线下的价格和促销策略拉通。为实现这些拉通，云ERP管理应用以其云端化、集成化的特性，能够无缝对接企业线上线下的销售数据，实现全渠道的库存、订单、物流等信息的实时同步与共享。这不仅极大提升了企业的运营效率，还帮助企业精准掌握市场动态，快速响应消费者需求。

更为重要的是，新型云ERP管理应用深度融合了大数据、人工智能等先进技术，通过智能化分析与预测，为企业提供精准的管理建议和决策支持。这些智能化的功能使得企业的管理决策更加科学、高效，有力推动了零售企业的数字化转型进程。

（四）全渠道将向供应链全面渗透延伸，“一盘货”模式将成为竞争热点

在当今商业环境的快速变革中，全渠道战略正逐步向供应链的深层全面渗透与延伸，这一趋势不仅重塑了零售行业的面貌，也深刻影响了供应链的构建与运作方式。其中，“一盘货”供应模式作为全渠道战略的核心组成部分，正逐步成为企业间竞争的新热点。

“一盘货”的实现主要有三种形态：第一，品牌商与经销商线下一盘货；第二，广域电商与近场电商一盘货；第三，线上与线下一盘货，为客户提供电商、直营、KA（Key Account，重点客户）、流通、新零售等所有渠道的一盘货服务，实现库存共享、统一调配。

随着消费者对购物便捷性、即时性要求的日益提高，以及市场竞争的日益激烈，企业越来越意识到，只有构建起高效、灵活的供应链体系，才能在市场中立于不败之地。而“一盘货”供应模式正是实现这一目标的关键所在，它不仅能够帮助企业更好地应对市场变化，快速响应消费者需求，还能够提升供应链的整体效能，提高企业的市场竞争力。

行业发展与瞭望

即时零售推动“数实融合”，助力长三角高质量发展

近年来，国家相关政策的出台推动了即时零售发展进入快车道。2023年年初，中央一号文件首次明确提出“大力发展共同配送、即时零售等新模式”。2023年7月，商务部等13部门联合印发《全面推进城市一刻钟便民生活圈建设三年行动计划（2023—2025）》，明确提出“支持发展线上线下融合的即时零售模式”，赋能实体门店，拓展服务半径。

国家层面鼓励即时零售的发展，为行业带来重大利好。即时零售的本质是零售外卖化，即时零售高效的供给满足和快速应答，让其成为一种高确定性的生活方式，成为消费者购物的主力渠道。

“即时零售中国行”长三角站活动现场，美团在商务部流通司的指导下，发布了《美团支持“一刻钟便民生活圈”建设报告》，并在长三角区域合作办公室的见证下，在长三角各地政府部门协同下，共同举行“‘一刻钟便民生活圈’长三角·美团共建项目”启动仪式，并推出四大举措助力长三角“一刻钟便民生活圈”三年建设。

美团提出的四大举措包括：社区中小商家数字化赋能、社区零售前置仓创新、社区居民便利消费促进、一刻钟便民生活圈建设监测。

美团四大举措的推进，意味着即时零售业态支持“一刻钟便民生活圈”发展有了最新的落地举措。以长三角为代表的城市群，率先开创了一条通过携手即时零售平台共同服务线下商业，借力数字化赋能实现零售高质量发展的共创、共建、共享之路，对其他地区具有参考意义。

二、零售门店全渠道运营新探索

（一）VR+零售：VR线上零售店铺

虚拟现实技术（Virtual Reality，VR），又称虚拟实境或灵境技术，其基本实现方式是以计算机技术为主，利用并综合三维图形技术、多媒体技术、仿真技术、显示技术等多种高科技最新发展成果，借助计算机等设备产生一个具有逼真的三维视觉、触觉、嗅觉等多种感官体验的虚拟世界，从而使处于虚拟世界中的人产生一种身临其境的感觉。

随着时代的发展，VR虚拟现实购物的出现给人们带来了全新的购物体验，利用VR技术将传统的在线购物元素与3D体验结合在一起，使消费者获得沉浸式体验，从而增加其参与度，提升购物体验舒适度。通过VR技术让实景再现，实现在家中就能看到店铺的真实环境，助力电商零售商家通过线上线下多渠道营销传播，促成转化。

数实融合新视界

5G＋云VR催生零售新模式

中国电信四川公司与华为公司联合打造的成都大悦城云VR店铺成功上线，这是中国电信四川公司自主打造的第一家商业综合体5G＋云VR店铺，也是华为在中国西部开通的首家云VR店铺。

1. 5G＋云VR助力手机渠道转型，线上＋线下营造“沉浸式”购物体验

华为授权体验店Plus成都大悦城分为上下两层，包括华为全系列产品展示厅和自由体验区，总面积达740m^2。该店最大的不同在于通过中国电信5G＋云VR全景虚拟导购平台，实现线上线下融合的新型消费模式。

打开云VR店铺（见图1-3），店面的全景布局和商品陈列实现还原。通过拖拽屏幕或点击右上角缩略点位图，可前往感兴趣的“线上柜台”，点击该产品，可了解商品的详细信息。在中国电信5G网络的支持下，线上VR店铺的分辨率和清晰度也有所提高。整个浏览体验过程非常流畅。

图1-3　华为授权体验店Plus成都大悦城VR店铺

在云VR店铺中用手机购物非常方便，商品都进行了标注，点进去后，每件商品都有详细的商品介绍和购买链接，可点击付款，完成交易。当用户下单后，店长即可收到订单信息进行派送。

据介绍，中国电信四川公司以大悦城华为店的VR店铺打造为契机，承接集团数字孪生规划，通过本地“XR实验室”快速实施，率先推出8K分辨率，配合电信5G网络，实现全新的“云逛店”体验。

2. 5G＋云VR助力新消费，让用户享数字经济发展红利

作为客流聚焦的消费场景和商家必争之地，商业综合体借助5G＋云VR、大数据、AI等信息技术，实现消费业态数字化转型升级的诉求十分强烈。集线上线下营销于一体，通过线上引流为门店带客，促进门店销售，帮助实体门店多方位获取客源。此次5G＋云VR店铺的开通，为传统商业体增强营销获客增添了新手段。

VR零售店是对新零售的一种升级，让消费者对新零售的“人、货、场”这三个概念有了更深层次的理解，吸引更多用户下单购买。

（二）AI＋零售：AI无人店铺

2020年，AI从“小模型＋判别式”转向“大模型＋生成式”，从传统的人脸识别、目标检测、文本分类，升级到如今的文本生成。3D数字人生成、图像生成、语音生成、视频生成。AI技术助力各行各业升级，比如，在商业领域，智能化的产品、店铺和购物体验，诸如“人脸识别”“看图寻物”之类的人工智能技术正在革新传统商业的体验感，颠覆传统的商业格局。

AI无人店铺作为新零售领域的创新实践，正逐渐改变着人们的购物体验。它融合了人工智能、物联网、大数据等先进技术，实现了店铺的自动化运营和智能化管理。

1. AI无人店铺的类型

（1）全自动化无人超市。这类店铺从商品陈列、选购、支付到离开，全程无须人工干预。顾客通过扫描二维码进店，使用智能购物车或手机App选购商品，最后通过自助结账系统完成支付。Amazon Go就是这一类型的典型代表。

（2）无人便利店。与全自动化无人超市相比，无人便利店通常规模较小，主要面向社区、办公区等特定场景。它们通过智能门禁、监控系统和自助收银机等技术，实现无人值守。云拿AI无人店（Mini店型）就是一个很好的例子，只需要几平方米的空间即可开店，灵活适应各种场景。

（3）智能售货机。智能售货机是无人店铺的一种简化形式，通过集成支付系统、库存管理系统和远程监控等技术，实现24小时自助销售。这类售货机通常放置在人流密集的区域，如地铁站、机场、商场等。

2. AI无人店铺的优缺点

（1）优点。AI无人店铺的优点包括：

① 降低成本。无人店铺省去了大量的人工成本，包括店员薪资、培训费用等。同时，通过智能管理系统，还能有效减少库存积压和损耗，提高运营效率。

② 提升购物体验。顾客可以根据自己的需求自由选购商品，无须排队等待结账，大大提高了购物效率。此外，智能推荐系统还能根据顾客的购物历史和偏好，向其提供个性化的商品推荐。

③ 灵活适应市场。无人店铺的规模和布局可以根据市场需求灵活调整，快速响应市场变化。例如，在节假日或特殊活动期间，可以临时扩大售货机或扩大无人便利店的规模，满足消费者的购物需求。

（2）缺点。AI无人店铺的缺点包括：

① 技术门槛高。无人店铺需要集成多种先进技术，如人脸识别、智能监控、自助收银等，技术门槛较高。对于中小企业来说，可能难以承担高昂的研发和维护成本。

② 依赖数据。无人店铺的智能化运营依赖于大量数据的支持。如果数据质量不高或数据量不足，可能会影响店铺的运营效果。此外，如何保护顾客隐私和数据安全也是一个亟待解决的问题。

③ 监管难度大。无人店铺的监管难度相对较大。由于缺少人工监督，可能会出现商品丢失、损坏等问题。同时，如何确保商品质量和安全也是一个需要关注的问题。

数实融合新视界

无人零售的二次进化

上海好德便利有限公司（简称好德便利）成立于2001年2月，是由上海农工商超市（集团）有限公司全额投资的、从事便利店业态的子公司，曾创下“225天开出150家门店”“990天开出1 000家门店”等纪录，一度成为上海乃至全中国便利店行业快速发展的缩影与写照。好德便利通过融入各个街角和社区，成为人们日常生活中无所不在的一部分。

伴随年轻一代成为消费主力军，人们的消费习惯逐渐发生了改变，不再一味追求性价比，也开始展现出对便捷度、品质感等要素的关注。对此，好德便利深挖消费需求，陆续与“饿了么”“京东到家”“美团”等线上平台达成合作，以全渠道融合进一步提升响应效率；上线光明城市厨房，通过提供优质早餐完善“一刻钟便民生活圈”。

上海云拿智能科技有限公司（简称云拿科技）是一家为实体企业提供数智化升级解决方案的企业，致力于帮助实体零售商打造高度数智化的智慧商店。“让人们有更多时间去享受生活”是好德便利的使命。“提升人类生活幸福感”是云拿科技的使命。双方对线下零售的看法不谋而合：围绕“便利”，但又不止步于“便利”。因此，在门店设计中，一方面，希望借助AI技术简化购物流程，让快节奏的都市人不用把时间浪费在不必要的环节上；另一方面，希望融入更多人文关怀，聚焦当下“社交恐惧”“拒绝外卖”等年轻消费者的特征，以全新的便利店业态传递精神层面的慰藉和生活温度。

老牌便利店与新兴“黑科技”的融合，改变的不只是购物方式，更是都市人群的生活方式。好德便利的AI智能无人店采用基于AI计算机视觉、深度学习、多传感融合等前沿技术打造出云拿AI数智化解决方案：

（1）AI智能无人店：基于计算机视觉、机器学习和多传感融合技术，精准识别顾客拿放动作和商品信息，出门自动结算，打造区别于RFID（Radio Frequency Identification，射频识别）技术和自助结算的新型购物方式。

（2）云拿门店数智化管理系统：经营者可以随时随地查看门店经营情况，在线订货、调整价格、设置活动，以及获取缺货提醒等，实现远程控店。

基于AI系统，门店可以精准识别顾客购物行为和商品信息，将拿取的商品自动添加到与该顾客关联的虚拟购物车中，放回商品则又被同步移除，实时掌握买了什么。即使在急着上班的情况下，或是在购买午餐的高峰期，消费者都能通过刷脸/扫码方式快速进店，并在挑选完毕后直接走出闸机完成结算，不用担心收银台前队伍过长，也不用手忙脚乱逐一扫描商品自助结算，真正感受到无感支付的畅快。

得益于货架、咖啡机、吐袋机等各类智能IoT（Internet of Things，物联网）设备的互联互通，门店可以凭借自动化管控轻松实现7天×24小时全天候营业。店长能够随时随地在线获取经营状况和销售情况，一旦出现缺货现象，只需要通过智能耳麦提醒相关人员及时补货，保证商品供应。通过拿放分析、区域热力分析等诸多增值服务，店长不仅能掌握最终的销售数据，而且能洞悉顾客决策的全过程，基于对消费者喜好的把握，精准优化选品及陈列。

更快的支付方式、更长的待命时间、更精选的品类、全方位的安全守护……当这些关键词组合在一起，好德便利“未来店”也就有了清晰的轮廓。

（三）元宇宙+零售：元宇宙店铺

“元宇宙”一词由meta（超越）和universe（宇宙）两个词组合而成，是由虚拟增强的物理现实和物理持久的虚拟空间融合而成的集体虚拟共享空间。

元宇宙是虚拟时空的集合，是由增强现实（Augmented Reality，AR）、虚拟现实（Virtual Reality，VR）和互联网组成的虚拟世界，它既是在扩展现实（Extended Reality，XR）、数字孪生、区块链和AI等技术推动下形成的虚实相融的互联网应用和社会生活形态，也是一个平行于现实世界运行的虚拟空间。

元宇宙店铺可以被看作是实体店在互联网平台的虚拟店铺，即“实体店+虚拟店铺”的跨时空组合。实体店+虚拟店铺可实现跨时空双店运营，职能不同，便于分工协作，相得益彰。元宇宙店铺既有产品看得见，摸得着，质量过硬，及时交付，服务点对点、门对门的线下传统店铺的优点，又有互联网电商网络冲浪的沉浸式体验，以及省时省力的优点。元宇宙店铺的作用主要体现在四方面：

（1）连接。既让货找到人，也让人找到货。这是客户主动搜索、浏览的平台数字化推广过程。网络平台是充满能量的流量场，这种连接的数量会很大。

（2）沉浸式体验。在大量连接中，让客户在网上冲浪，在虚拟店铺中进入沉浸状态，从而实现锁客和引流。

（3）拉式营销。客户在线上对虚拟店铺深入了解，实现品牌黏性，产品吸引力得到强化，从而提高订单的转化率。

（4）数字化运营。利用平台数据进行精准推广，实现引流和快速成交，并且不断重复这个流程，进行系统化智能管理。连接—体验—成交，形成了销售过程的闭环，数字化运营为这个闭环不断重复和裂变提供了推广和管理保障。

数实融合新视界

淘宝元宇宙“未来城”

一年一度的“双11”购物节开启，一个名为“未来城”的虚拟空间在淘宝App上线，用户可以“淘宝人生”的虚拟形象进入“未来城”（见图1-4）。

图 1-4　淘宝元宇宙“未来城”入口

在这个虚拟空间中，有商业街，有广告屏，用户可以直接带着“淘宝人生”中的虚拟形象进入这个全新的虚拟世界，逛街、购物、抽奖，和陌生人互动。

与传统浏览图片视频、直播购物不同，以3D虚拟购物为核心的“未来城”给用户带来了全新的购物体验。在“未来城”中设立了多家3D品牌馆，用户可进入品牌馆360度浏览商品，在服饰品类场馆中进行虚拟试穿。“未来城”还打通了直播间和淘宝购买页，用户点击场馆内的直播海报就可跳转至相关直播间，点击商品可跳转至淘宝购买页面进行支付购买。除此之外，结合“双11”营销的特点，“未来城”还设置了收集水晶、红包抽奖等互动小游戏以供兑换“双11”优惠券。

不难看出，“未来城”的打造有明显的商业指向，以元宇宙的新颖概念和沉浸式体验强化用户的品牌感知，是服务于淘宝现有电商体系的创新模式。

即学即问

以小组为单位讨论，从新一代零售门店未来发展趋势的角度看，零售企业需要在哪些方面承担社会责任？作为零售从业人员应该如何做？

知识与技能训练

一、单选题

1.（　　）不在零售业变迁阶段之列。

A. 传统百货时代　　B. 现代百货与专卖店时代

C. 电商与移动支付时代　　D. 全渠道零售时代

2.（　　）和人工智能技术的普及，推动零售业进入智慧零售时代。

A. 云计算　　B. 大数据

C. 物联网　　D. VR 技术

3. O2O 模式的核心是（　　）。

A. 线上线下相融合　　B. 营造线上场景

C. 打造线下渠道　　D. 网络支付的普及

4. 线上营销到线下体验，再到线上交易是（　　）。

A. Online to Offline　　B. Offline to Online

C. Online to Offline to Online　　D. Offline to Online to Offline

5.（　　）的销售范围仅仅覆盖周边的顾客。

A. 单渠道模式　　B. 双渠道模式

C. 多渠道模式　　D. 全渠道模式

二、多选题

1. 超级市场的组织形式有（　　）。

A. 独立店　　B. 连锁店

C. 便利店　　D. 加盟店

2. 零售业在渠道演变过程中经历了（　　）。

A. 单渠道时代　　B. 多渠道时代

C. 全渠道时代　　D. 电商渠道时代

3. 全渠道的基本要素包括（　　）。

A. 信息传播全渠道　　B. 订单处理全渠道

C. 支付方式全渠道　　D. 仓储物流全渠道

E. 支援服务全渠道　　F. 客户关系管理全渠道

4. O2O 模式的运作模式可以细分为（　　）。

A. Online to Offline　　B. Offline to Online

C. Online to Offline to Online　　D. Offline to Online to Offline

5. O2O 生态体系的“五流一体化”中的五流指的是（　　）。

A. 订单流　　B. 信息流

C. 物流　　D. 服务流

E. 资金流

三、判断题

1. 智慧零售就是新零售。（　　）

2. 虚拟现实技术（Virtual Reality，VR），又称虚拟实境或灵境技术。（　　）

3. AI 已从“小模型 + 判别式”转向“大模型 + 生成式”，从传统的人脸识别、目标检测、文本分类，升级到如今的文本生成、3D 数字人生成、图像生成、语音生成、视频生成。（　　）

4. 元宇宙店铺就是实体店在互联网平台的虚拟店铺，即“实体店 + 虚拟”店铺的跨时空组合。（　　）

5. O2O 模式本质上是一种交易，即通过 PC 端、移动端与传统行业结合。（　　）

四、简答题

1. 简述零售业在渠道演变过程中主要经历的阶段。

2. 简述 O2O 模式的内涵与特点。

3. 举例说明 O2O 运营体系的主要运作模式。

五、案例分析

腾讯云串联线下零售全场景，永辉超市实现全链路数字化部署

永辉超市是国内500强企业，也是中国大陆首批将生鲜农产品引进现代超市的流通企业之一。同时，永辉也是积极拥抱数字化的零售企业，一直在积极引领行业创新。

面对快速变化的消费需求和零售升级的大趋势，永辉需要数字化创新以更科学地支持业务发展和运营决策。在门店管理、会员体系搭建、消费者洞察、O2O 业务拓展等细分场景中，永辉希望通过大数据和AI技术，为企业经营带来更多数字化运营方面的提升。

经过与腾讯云的全方位交流，腾讯云为永辉带来了全链路数字化部署方案，串联线下零售全场景以助力永辉智慧化升级。具体而言，这个方案主要在六个维度助力永辉的数字化升级：

（1）门店运营优化。通过大数据分析套件获取消费者在门店的游逛行为，为门店陈列、导购服务等提供数字化工具。

（2）门店商品优化。基于永辉生活门店的销售情况进行会员选品优化，深入洞察人货关系，关联

消费者画像和商品偏好。

（3）智慧门店打造。通过数据加工与分析，对商圈及门店的热销商品和顾客偏好进行数据化展示。

（4）消费者门店全链路研究。构建消费者在店外停留、进店游逛和交易等线下门店全链路行为研究。

（5）线下营销指导。提供精准潜客分布，为地推营销地理位置选择提供科学指导。

（6）会员研究。对永辉消费会员进行分类研究，深度分析消费者行为。

通过全链路数字化部署，永辉获得更多的科学工具以支持日常业务决策，实现了门店管理成本降低，试点门店的销量提升、消费者数字化洞察等目标，全面拥抱智慧化升级。

思考：

1. 你从永辉超市的数字化升级中得到什么启示？

2. 请列举永辉超市在哪些场景中打通了线上和线下？

调查研究与善作善成

调研项目：

零售门店岗位认知。

调研目的：

通过本次调研活动，使学生系统了解零售门店的主要岗位及其工作职责，明确未来的就业方向，做好自己的职业规划。

调研要求：

1. 分组进行，每3~4人一组，合理分工，团队协作，共同完成。
2. 通过招聘网站收集相关信息，归纳整理招聘岗位及职责要求。
3. 通过收集企业网站招聘信息或走访校内合作企业，调研了解其岗位设置及职责要求。
4. 小组对收集的信息进行总结提炼，并分享展示调研结果，教师进行点评。

调研内容：

以小组为单位分组进行调研，分析零售门店的主要岗位名称及岗位职责，填写表1-2进行总结，结合具体岗位谈谈未来的职业规划并进行汇报。

表1-2　零售门店的主要岗位名称及岗位职表

岗位类别	岗位名称	岗位职责	调研企业
运营管理			
客户关系管理			
数据分析			

续表

岗位类别	岗位名称	岗位职责	调研企业
全渠道销售			
数字营销			
其他岗位			

第　二　章

零售门店O2O运营生态系统

学习目标

素养目标

- 建立零售门店数智化运营思维，树立数字赋能、创新发展的意识
- 积极拥抱新技术、新模式，勇于探索和实践零售业的转型升级
- 培养团队协作和跨界合作精神，学会与他人合作，共同解决问题

知识目标

- 熟悉零售门店O2O系统前台触点的类别
- 熟悉零售门店O2O系统中台运营中心的功能
- 熟悉零售门店O2O系统后台管理中心的资源
- 掌握零售门店O2O闭环生态体系的搭建策略

技能目标

- 能够优化零售门店O2O系统前台的触点
- 能够运营零售门店O2O系统中台的数据和业务
- 能够有效管理零售门店O2O系统后台管理中心资源
- 能够策划并搭建零售门店O2O闭环生态体系

思维导图

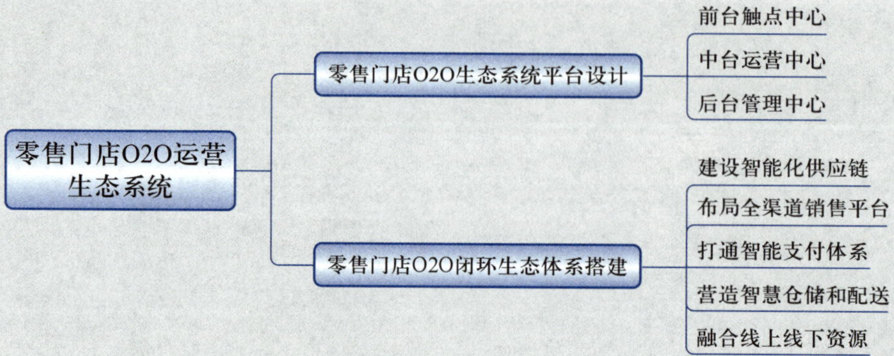

学习计划

■ 素养提升计划

____

____

■ 知识学习计划

____

____

■ 技能训练计划

____

____

【引导案例】

苏宁易购前中后台深度变革，加速升级零售服务

苏宁易购将打造更加开放的零售服务平台，通过前台、中台、后台的深度变革，推动行业聚焦用户价值，实现提质增效。

一、回归零售本质：搭建更开放的零售服务平台

国家陆续出台了多项提振消费的政策。家电家居行业再迎政策利好。同时，产业升级、数字经济、绿色转型、下沉扩容等市场新机遇不断涌现，消费品质化、多元化、场景化升级也加速了产业进阶的步伐。

面对消费领域的深刻变革，苏宁易购表示，将回归商业本质，提升主业的核心竞争力，全面提升服务用户和供应商的能力。在战略定位上，苏宁易购加速从零售商升级为零售服务商，即服务型的零售商。这既是升级，也是回归，回归服务初心。苏宁易购将搭建更加开放的零售服务平台，链接更丰富的生态合作伙伴，服务更广阔的用户和供应商。据了解，苏宁易购零售服务平台将通过四大运营机制，“共情”用户需求、“共创”平台规则、“共理”平台机制、“共营”平台发展，实现平台的共生共荣。零售服务商战略将在前中后台的各个领域，开展触及发展模式、组织管理、核心能力的深度变革。

二、深化中台变革：破层级、近前线、技术驱动

为了“由内而外”地提升服务用户的效率，苏宁易购将重点以中台建设，驱动组织管理变革。通过“破层级、近前线、技术驱动”，构建内部生态体系。

苏宁易购的中台变革，首先将在经营领域取消组织层级的概念，中台不做经营管理和决策，而是支撑和赋能各个经营单元，规则透明，资源共享，价值共创。同时，苏宁易购也将充分向各个经营单元授权，发挥和调动内部团队的主动性和自驱力，将所有的管理团队、业务支撑点前移，更加贴近市场一线，提高决策的敏捷度，提升面向合作伙伴的协作效率。值得一提的是，基于过去十年全渠道经营过程中沉淀的技术团队和零售科技能力，苏宁易购也将持续加大数字化能力建设投入。

在中台支持下，苏宁易购将搭建供销平台，实现商品、合同、采购、结算、运营、售后的全程数字化，提升供应链的对接效率。同时，搭建用户运营平台，实现用户画像、营销活动、促销资源、费用结算的全程数字化，提升运营的对接效率。

三、夯实后台服务：云仓免费开放，发力一站式体验

苏宁易购将持续加大对后台服务能力的投入，升级两大服务能力。

针对合作伙伴，苏宁易购将强化云仓服务能力。在原有 36 个中心仓的基础上，规划建设 600~1 000 个县级前置仓，提升消费者的服务响应能力，降低农村市场物流配送成本。在一二线城市，苏宁易购还将建设 800~1 000 个商圈及社区前置仓，提升 3C 和生活电器的即时服务能力。在合理的商品周转天数内，苏宁易购将开放所有的物流云仓服务，让合作伙伴免费使用。

值得一提的是，苏宁易购的售后服务，将成为零售云平台最重要的新赛道。未来三年，苏宁易购将发展 2 万个专业的社区服务店，为消费者提供便利、即时的服务。

四、发展云网万店：全方位链接，全触点布局

在中台和后台的支撑下，前台将按照云网万店的模式开启新发展。云网就是中后台能力以云平台的方式全面链接赋能上下游合作伙伴，万店就是通过自营、加盟、联盟等方式构筑线上店、线下店的全渠道布局。

在线下，苏宁易购将形成以苏宁易家为中心旗舰、零售云全域开放全面密布的店面集群。未来三年，苏宁易购将新开和升级 300 个苏宁易家广场及城市旗舰店，实现家电家居一体化的场景体验，提供一站式整体解决方案的置家服务，打造趋势新品展陈选购的首选平台。苏宁易家也成为零售服务平台的线下赋能中心，店面场景、专业培训、获客引流等资源和能力将全面对外开放，提升合作伙伴的经营效率。

在线上，苏宁易购将以主站为依托，针对县镇市场重点打造智慧零售赋能平台“零售云”，为上游的中小制造商和代理商提供一站式的资金平台、店铺代运营、多平台零售接入服务，充分发挥苏宁万店的全触点优势，把更多的资源投入用户服务，繁荣平台生态。

独行快，众行远。零售服务平台不是自己的，而是行业和社会的。苏宁易购将以利他之心，持续携手生态伙伴，一起共生向上，共赴新程，共同探索中国消费大市场新机遇。

（资料来源：光明网）

案例思考：苏宁易购前中后台深度变革的意义是什么？对零售企业数字化转型有什么启示？

【引思明理】

网络零售的迅猛发展，对传统零售业提出了新的标准。国家也在不断出台众多相关政策，推进传统零售业的创新升级。党的二十大报告提出，要“推动货物贸易优化升级，创新服务贸易发展机制，发展数字贸易”。随着现代商业和数字技术的发展，消费升级等需求侧的变化催生了诸如 O2O 模式等新的商业模式。数字贸易使生产者与消费者之间联系更加紧密，居民消费结构升级有利于带动生产端的技术革新。零售企业利用数字化全面赋能零售业务，借助数字信息管理系统推动零售企业实现数字化转型，实现企业管理的高效整合和信息化。

第一节　零售门店 O2O 生态系统平台设计

在数字技术快速发展的推动下，传统零售业一直在不断探索如何将传统零售业与数字技术相结合，并从多方面尝试向电子商务转型，转型方向可以分为三类：一是全面转入电子商务模式；二是在保留传统零售业务的基础上，单独开辟新的电子商务相关业务，两大业务板块齐头并进；三是线上线下相结合的O2O创新模式。这种商业闭环模式将线下的实体店和互联网有机结合在一起，形成了线上与线下双向流通的商业闭环模式。

O2O模式的核心在于连接线上线下的环节，实现消费者和商家的共赢。对于消费者来说，可以通过线上平台获得更便捷、更个性化的消费体验；对于商家来说，既可以通过O2O模式获得更多的流量和销售机会，也可以更好地了解消费者的需求和行为，进而优化自身的产品和服务。这种线下与线上的融合，实现了实体经济与数字经济的对接，由消费者、线上平台、线下实体店共同组成了O2O生态圈。

进德修业

夯实绿色基石，履行社会责任

鸿星尔克自成立以来，一直将社会责任纳入企业文化内核，致力于通过科技创新和绿色可持续发展等方式，为社会作出贡献。

1. 科技创新夯实绿色基石

鉴于创新在绿色发展中的核心作用，鸿星尔克将绿色技术研发放于首位，致力打造“科技鸿星尔克”，鸿星尔克不断通过生产线改造，提升生产工艺水平，并通过最新技术落地应用，实现节能减排目标。为了让制造工艺同步跟上科技变革的脚步，公司引进吊挂生产线、自动传输唛架板及国际先进的自动拉布机，保证科技变革和设计感的呈现都是最佳“智造”。在此基础上，以管理创新为抓手，推动生产、零售、物流智能化升级，建设智慧型企业。

此外，鸿星尔克还积极推进绿色能源应用，在8个基地和12个区域仓加快分布式光伏的使用，从源头降低能源使用产生的碳足迹。公司还依托6 000多家线下门店及线上销售平台开展宣传推广，将环保理念有效传递给消费者，从末端形成绿色消费之风，与企业的绿色低碳循环生产相呼应。

2. 多维履行社会责任

党的二十大报告明确提出：“引导、支持有意愿有能力的企业、社会组织和个人积极参与公益慈善事业。”鸿星尔克在公益慈善持续发力。一方面，鸿星尔克关注残疾人事业发展。自2013年携手福建省残联基金会开展助残行动以来，累计捐赠逾1.8亿元，助残范围涵盖18个省（区、市）。公司还设立“鸿星有爱助残同行”项目，捐赠1亿元物资和善款。另一方面，鸿星尔克投身脱贫攻坚和乡村振兴，先后参与“资助贫困大学生”“资助中小学校教育”等几十项活动，累计捐款捐物超过亿元。

在抗震救灾中，鸿星尔克善举频频：从捐赠物资到“跨界”生产、提供公寓，集团累计捐赠款物2 300万元。在驰援河南、山西抗洪救灾中，鸿星尔克第一时间投入其中，合计捐赠7 000多万元款物。未来，鸿星尔克将继续以创新为抓手，持续推动绿色发展，加速培育新质生产力，开辟企业高质量发展的崭新未来。

建设O2O生态系统是为了更好地推进O2O模式的发展，实现更加智能、便捷和高效的零售服务。O2O生态系统建设主要分为两个方面，即平台设计和生态体系构建。在零售业中，O2O生态系统也因企业需求不同而各有差异，从整体布局来看，主要包括前台、中台、后台。前台主要解决实体门店、购物App、官方商城等渠道触点问题；中台作为运营中心，根据实际业务需求，为前端提供可复制、即插即用的业务运营支撑或技术解决方案（如供应链、商品管理等）；后台则是企业已经基本具备、相对长期稳定的基础能力和共享服务（如财务、人力资源等）。由此，从消费者接触，到数据流协同运营，至后台管理体系，形成统一闭环，来满足零售门店线上线下相互赋能的需求。

一、前台触点中心

前台是指由各类前台系统组成的前端平台。每个前台系统就是一个用户触点，即企业的最终用户直接使用或与用户交互的系统，是企业与最终用户的交点，也可以说是用户与产品或服务进行交互的地点或方式，包括人与人的互动点、人与物理环境的互动点等，如用户直接使用的网站、手机App、微信公众号、线下实体店（营业厅）等。

触点的重要性在于对企业形象的维护、客户关系的维护和营销目标的实现。有效的触点可以帮助企业建立品牌形象，扩大产品或服务的影响范围，提高市场份额。同时，触点也能够建立消费者对品牌的认可度，增强其对品牌的忠诚度。

在数字经济时代，一个典型的购物场景会跨越多个触点渠道。搭建前台触点中心（Front End Contact Centers）主要体现的就是与消费者的接触、互动、交易与服务。前台触点中心是展现业务应用、直接连接需求的商业生态系统。

（一）前台触点中心的作用

1. 满足消费者的需求

前台触点中心改变了企业与用户之间的沟通方式，缩短了沟通时间，再造了沟通空间，能够即刻满足用户的购买需求，即刻反馈用户的真实体验。例如，消费者在购买产品的同时会查看商品信息、评价、口碑等，通过建设触点满足消费者需求，同时这些也是吸引消费者注意力的触点因素。

2. 建设企业品牌形象

在数字经济时代，可以通过创新口碑、展示特色产品等方式创造新的触点，以此来彰显企业的品牌形象，传递品牌各项主题活动。企业要持续创造“品牌化触点”。通过多样化触点的创造，扩大品牌的覆盖范围和传播效果，使企业品牌形象能够在更多场景中被消费者感知和记住。

3. 提高市场竞争力

了解竞争对手的触点策略，可以帮助零售企业确定自己的独特策略，并找到一个可以区分自身品牌的方法。通过分析竞争者触点的方式，寻找自身优势缺乏的触点，从而进行补充，以不断改善和创新。

4. 提升触点价值

随着新技术的出现，新触点也会随之增加，触点范围已大大拓展。在数字技术广泛而深度的影响下，品牌和消费者之间的距离越来越短，接触点越来越多元，用户接受的相关信息越来越扁平、越来越碎片化。每个触点的价值便成为关键所在，进一步推动了零售业的数字化转型与升级。同时，所有触点在数字化之后都能被统一管理，并且可评估、可量化，由此对供给端提出了打通前后链路，以及更加柔性化的要求。

（二）前台触点中心的触点类型

零售企业需要根据自身的特点和目标客户的需求，结合客户群体的行为习惯和营销业务的特点，选择适合的触点类型搭建前台触点中心。前台触点中心从不同的角度有多种不同的分类，具体如下：

1. 从渠道的角度划分

从渠道的角度，可以分为线上触点和线下触点。

（1）线上触点即电子渠道上的触点，如企业网站、社交媒体、电子邮件、即时通信等。它们可以帮助企业快速建立品牌知名度，与客户进行无障碍交流，并通过数据分析了解客户需求。

（2）线下触点即实体渠道上的触点，如零售店、展览会、营销活动等。它们可以让企业更加接近客户，加强交流，给客户留下更深刻的印象。

2. 从接触方式的角度划分

从接触方式的角度，可以分为直接触点和间接触点。

（1）直接触点即企业直接与客户接触的方式，如销售人员、客服热线等。直接触点让客户能够更加直观地感受到企业的服务和产品，提高了客户的信任度和满意度。

（2）间接触点即企业与客户之间通过第三方渠道联系的方式，如广告、新闻报道等。间接触点可以扩大企业的知名度，但难以直接接触客户。

3. 从功能上划分

从功能上划分，可以分为以下几种。

（1）以营销为主的社交媒体（SNS）：微信、微博、搜索引擎、视频（含短视频）网站、社区论坛、内容推送平台、点评网站、行业垂直网站、企业官网等；

（2）以销售为主的线上电商平台（Online）：自建电商平台或App、微信公众号或小程序、第三方电商平台、团购平台、众筹平台等；

（3）以销售为主的线下实体店（Offline）：综合大卖场、商超、专营店、便利店、

仓储店等;

(4) 以服务为主的服务平台:企业呼叫中心、自建电商平台或App、微信公众号或小程序、阿里旺旺等。

4. 从营销的角度划分

从营销的角度,还可以分为:

(1) 广告类触点。广告是向大众传递信息的一种方式。通过投放广告,可以向目标群体传递品牌形象、产品信息等。广告类触点主要包括:

① 电视广告。通过电视媒介向广大观众投放广告,适用于面向大众的品牌或产品。

② 网络广告。通过网络媒介向广大网民投放广告,适用于针对特定目标人群的品牌或产品。特别要注意的一点是,广告不作为典型的消费者触点,而是作为消费者进入触点的入口。网络广告的消费者数据主要包括广告的统计数据(即曝光数据)和点击数据。

(2) 内容类触点。内容类触点是以内容为主要形式进行营销的触点,包括文案、视频、图片等多种形式。内容类触点主要包括:

① 品牌网站。创建品牌网站,在网站中发布品牌相关观点、活动、文章等内容,加强品牌与消费者的互动。

② 社交媒体。通过社交媒体平台,发布与品牌相关的内容,吸引消费者的关注并与消费者建立联系。

(3) 促销类触点。促销类触点主要是为了刺激消费者购买产品而设立的营销方式,主要包括:

① 优惠券。向消费者提供一定金额的折扣,吸引消费者购买产品。

② 限时促销。通过在一定时间内对产品进行打折促销,吸引消费者在规定时间内购买产品。

(4) 体验类触点。体验类触点主要是通过让消费者实际体验产品或服务,来传递品牌信息或者销售产品,主要包括:

① 展示厅。通过展示产品或提供互动体验,吸引消费者对产品产生兴趣。

② 活动体验。通过举办活动,让消费者有机会亲身体验产品或服务,加深对品牌的了解和认知。

(5) 门店类触点。门店类触点是指实体店面或线下活动场地等,主要用于向消费者展示品牌形象、营销产品或提供服务。

① 实体店面。在具体的位置开设门店，向消费者展示产品，提供服务，同时加强品牌形象传播。

② 展会。通过参加展会，向大众展示品牌形象和产品特点等，并吸引消费者了解和购买产品。

消费者触点服务的是消费者的不同消费路径，以上单个触点或多个触点组合形成触点网络，构建了零售企业与消费者之间连接的桥梁。

数实融合新视界

超级触点：微信支付智慧导购

导购数字化绝不是一蹴而就。目前的市场环境快速变化，消费者的购物习惯在改变，导购模式也在改变。零售企业需要及时洞察变化，不断升级迭代，做长期布局。大家熟悉的冷酸灵牙膏，在市场上已经取得较高的知名度和美誉度。面对当下数字化趋势和国货崛起的浪潮，冷酸灵决定在智慧导购方面发力，以持续保持市场领先地位。

过去，导购是分散的单兵，每个人的能力模型都不一样，很难对其进行统一提升并考量；过去消费者对于品牌是单链路消费，没法跟踪和及时反馈信息，难以持续提升消费者的复购率和消费体验。

接入微信支付智慧导购之后，冷酸灵为每位导购的专属工牌都配置了重点新品券，引导消费者去核销，让整个消费链路都变得实时可控。导购主动向用户推荐优惠券，消费者领了优惠券后，就会变成会员，沉淀到私域流量池。从成绩上看，其数据增长更是相当明显，可以直接反映接入智慧导购前后的效果对比。比如，在有实时激励的情况下，领券核销率大幅度提升，目前，单店的日均核销翻了6倍。

作为消费者前端最直接的触点，导购员扮演了品牌商与消费者之间“关键人”的角色。但传统导购员只是通过相对单一的场景进行销售，针对推广营销活动，不仅效率低下，链路也非常单一，流量不能有效留存。

微信支付智慧导购是实现导购数字化的高效工具。品牌方可以为每位导购员设计一人一码的“用户领优惠，促销员得激励”的工牌，导购员引导消费者扫码，消费者领取代金券，单品券核销完成交易，导购实时激励到账。

从应用场景来看，微信支付智慧导购能为品牌带来直接效益。例如，新品上市时，如何保证新品的成功率，是每个品牌绞尽脑汁想做好的事。智慧导购能做好前端，激发更多消费者体验新品，后端掌握更多的会员数据，实现复购率等数据跟踪，提高新品上市的成功率。

随着零售商业数字化的加速，品牌商对于智慧导购的角色定位也发生了转变。智慧导购已然成为品牌构建私域流量的核心抓手和超级触点。线上流量成本越来越高，从公域到私域流量的运营是关键。品牌导购作为品牌触点的“代言人”，消费者对其有更高的信任度。智慧导购能更高效地将商流转化，并沉淀到企业微信的私域流量池。

智慧导购从单一销售到全场景营销，实现了提效和增收。传统导购依赖线下的销售渠道，需要等客上门，更多被理解为被动式销售。而智慧导购要实现线上线下打通，可以通过线上邀请、线下实体店活动提升门店流量和销量，同时用线下流量继续反哺线上，实现全场景营销赋能渠道。

（三）触点数字化升级策略

触点的优化

触点能够让商家突破门店的时空界限，在线上线下构建一套完整的触达、销售、服务和扩散体系，实现业绩的持续增长。全渠道的出发点在于改善与消费者的触点，如今全渠道的建设不再强调基于渠道本身的搭建，而是基于消费者和服务、仓储等对接的最优化。通过O2O模式让线上线下互补，优化产业链，打破信息不对称，撮合供需双方，实现资源的优化配置。

随着数字经济的不断发展，零售企业数字化也在不断升级，数字化零售已经成为消费市场的大势所趋。前台触点中心的数字化升级，能为零售企业节约成本，数字化触点可以减少实体空间的租金、人员成本等开支；通过互联网等渠道，可以触达更多的潜在用户，扩大市场范围；通过数字化触点，可以根据用户的个性化需求进行定制化服务，提高用户满意度；利用数字化触点还可以收集用户行为数据，进行分析和挖掘，为零售企业决策提供有力支撑。

即学即问

零售门店进行触点数字化升级的好处体现在哪些方面？

随着消费者生活方式的变迁和消费诉求的不断升级，为了能够建立有效的消费连接触点，可以通过多种方式实现零售门店的触点数字化升级，下面提供了几种参考。

（1）支持线上商店：将传统实体店铺的商品和服务搬到互联网上，通过网站、手机应用等形式进行销售和交互。

（2）开展虚拟展览：将传统的展览馆、博物馆等场所的展品和资料数字化，通过虚拟现实、增强现实等技术呈现给用户，实现在线观展。

（3）组织数字化活动：将线下的活动（如会议、演讲等）转化为线上直播，通过在线参与形式，使更多人参与其中。

（4）拓宽移动应用：通过手机应用程序提供各种线上服务，如购物、预约、支付等，实现随时随地的交互和服务。

（5）梳理前端触点：对于业务前台的触点进行深度梳理，并结合实际情况适当取舍，科学构建和升级触点，尽可能多地通过数字化交互界面沉淀用户，如零售企业可以通过线上云商城、导购直播，以及私域流量运营提供社区团购、到家服务等多种形式触达消费者。

数实融合新视界

阿里零售的全触点数字化

随着数字经济时代的到来，消费者需求变了，消费者的行为路径变了，商家与消费者接触的触点变了。传统零售商供给端无法快速满足消费端需求，导致业绩增长乏力。而通过技术生态赋能商业生态的消费端和供给端，有望推动中国商业由“消费红利”经济向“数智创新”经济进化，以及商业生态的全链路数智化转型。

阿里提出的全链路数智化转型定义了五个一级能力（五部曲），即基础设施云化、触点数字化、业务在线化、运营数据化和决策智能化。

在这五部曲中，基础设施云化作为起点和基础，支撑弹性和高算力需求，并通过触点数字化、业务在线化、运营数据化和决策智能化赋能感知、认知、洞察和行动的智能化闭环。

五部曲赋能商业操作系统，从生态全链路端到端视角对各个环节进行价值重构，将物流、资金流、信息流与商流进行有机融合，构成全生态要素的价值共振，实现增量式创新发展。

触点的数字化是零售企业数智化转型的关键一环，反映了企业数智化转型过程中，企业与各方交互触点数智化水平的成熟度。实现与消费者的高效连接，深度洞察消费者，企业首先要实现全触点的数字化转型。

全触点数字化，是零售企业借助AIOT（人工智能物联网，即“AI+IOT”）等技术，让全产业各个要素（品牌、商品、生产、渠道、营销、零售、服务）均通过大数据参与构建与消费者的连接。全触点数字化的前提是企业要搭建完整的双中台“业务中台+数据中台”，整合全渠道和全触点数据体系，赋能和指导前台触点的应用。

二、中台运营中心

（一）中台运营中心概述

中台运营中心（Intermediate Operations Center）承接前后，负责全渠道数据流的协同与分配。跨渠道的融合使业务再无边界。原先不同渠道所获取、掌控的行为或数据信息，如商品、订单、库存、结算、会员等，在新的全渠道时代应该是一体的、互通的、共享的。中台运营中心的本质就是让企业的数据对内实现共享，对外实现开放。通过构建中台减少沟通成本，提高协助效率。中台运营中心的位置如图2-1所示。

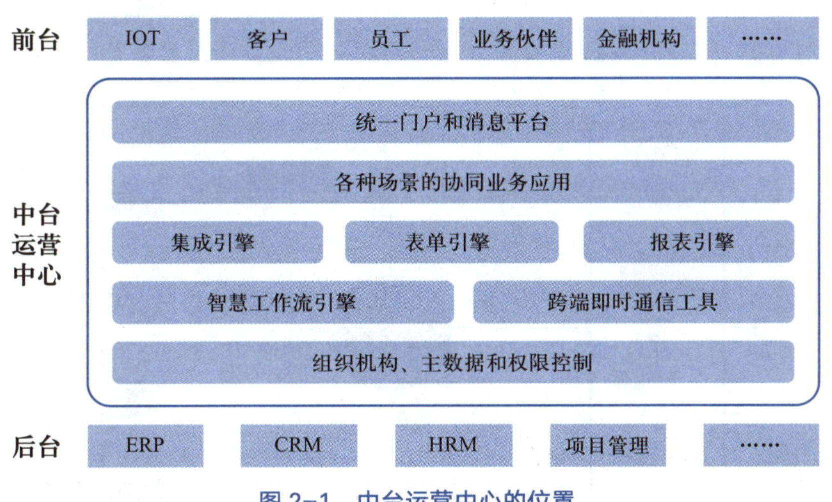

图2-1 中台运营中心的位置

零售企业的中台体系通常由三个关键部分组成：业务中台、数据中台和技术中台。业务中台是企业级可复用能力的主要承载；数据中台通过海量数据的采集、存储、计算和产品化应用，服务于业务中台及前台的数据需求；技术中台则通过统一、便捷的基础设施能力接口，助力业务中台和数据中台的快速建设。其中，数据中台与业务中台是相辅相成的，数据中台从业务中台的数据库中获取数据，进行清洗和分析，从数据中台中得到的结果能够支撑业务中台上的智能化应用，这些智能化应用产生的新数据又流转到数据中台，形成闭环。

在全渠道运营中，零售企业通过统一商品、统一交易、统一库存、统一结算优化供应链，通过统一会员、统一营销提升用户体验，通过用户画像、店铺选址实现数据驱动精准营销，不论消费者从任何一个渠道入口进来，都能享受到完善的售前售后服务体验。数据中台是实现企业数据驱动运营的基础，向下整合企业内部子系统数据，提升决策效率和精准性，向上利用“人、货、场”优化应用场景，提升转化率与复购率；而业务中台与数据中台实现企业数据闭环，服务引擎提供特定场景中的大数据服务通过标准接口服务前端应用。

业务中台所包含的内容和消费者在整个交互过程中所关注的信息紧密相关，一般有商品中心、订单中心、价格中心、库存中心、内容中心、营销中心、服务中心、财务中心等。例如，图2-2是一个商超业务的流程，此流程以全渠道中台为中心枢纽，可实现各个相关业务的相互流转，会员可以在线上线下每个触点下单。下单后订单统一汇总到业务中台，中台根据会员权益、商品促销活动等计算该笔订单实际支付金额。会员确认订单、成功支付后，业务中台先根据订单情况、商品情况、配送要求等拆单，然后派单到门店，门店管理员发起拣货，然后通知物流发货或者等待会员到店提货。

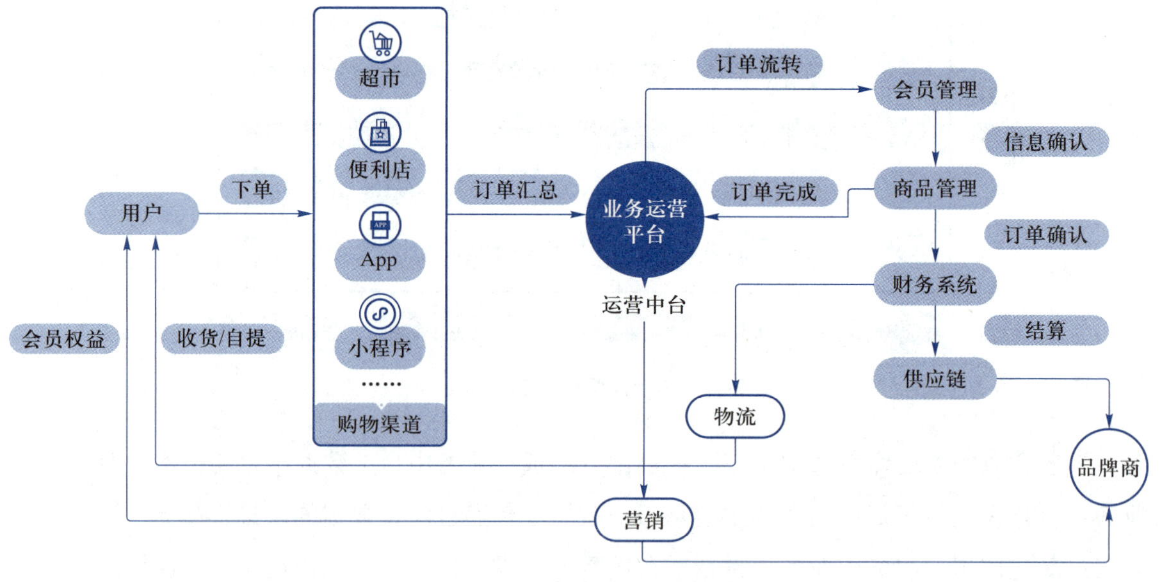

图2-2　某商超的业务流程

（二）中台运营中心功能

中台运营中心主要包括以下功能：

1. 商品中心

统一设置商品的分类、类型、规格、品牌，形成完整的商品管理体系。可快速发布商品，支持商品批量上下架操作。支持内外不同的商品分类划分，前台分类用于消费者展示使用，可根据需要随时更改。

2. 会员中心

会员管理也是中台运营中心的核心功能模块，可以根据会员的线上线下消费行为形成会员标签，由会员标签再形成会员的清晰画像，进而对会员进行精准营销。

中台运营中心能够统一管理会员信息，对不同终端的会员进行清洗和筛选，保证会员数据的唯一性。例如，对线上线下的会员设置统一的标识，整个中台系统将其识别为同一个人，线上线下的权益可以在每个渠道共享；将线下和线上会员信息都汇集至云端会员中心，门店和网店都可以从云端获得会员信息用于各自渠道的营销。

3. 订单中心

订单管理系统是整个中台的核心，管理着所有的交易。传统零售门店订单是从收银台设备获取的，大部门都是独立的系统，和线上的电商没有实现互通。因此，全渠道中台的订单需要做到各渠道的订单互通，然后可以通过统一中台系统进行实时管理，从而可以做到共享库存和售后管理，并且统一并单、拆单。同时，会员在每个触点和应用场景都可以看到自己的所有订单，商家可以统一管理订单。

4. 支付中心

在传统门店中支付为交易的入口，收银支付有多种方式，如现金、银行卡刷卡、储值卡刷卡、二维码扫码支付等。在中台运营中心，要建立线上线下统一的支付网关，提供统一的支付服务。

5. 营销中心

中台运营中心可以根据门店要求自由设置各种促销活动，可以围绕会员、商品、订单、区域、渠道等各维度，从促销类型、促销方式、促销对象、适用范围、促销条件、优惠方式中自由组合促销方式，满足企业不同的业务场景，帮助企业实现销售目标。

6. 内容中心

通过支持广告图片、文章、商品等多种内容形式，中台运营中心可根据需要自定义页面内容和跳转链接。例如，只需要设置一次页面内容，即可一键发布 WAP、App、微商城、小程序等多个终端。

由此可见，中台运营中心是能够进行归集和支撑的，把需要展现给消费者的内容统一，把消费者与企业的互动归集。通过中台运营中心支撑前台，实现相关业务数据与后台的互联互通，建立销售数据与生产、采购、财务等数据的集成。

数实融合新视界

服装行业的全渠道智能中台布局

随着零售全渠道模式在时尚行业的实战普及，供应链上下游的生存困境及新环境下产生的新需求催生了服装企业的转型升级。无论是传统服装品牌，还是新兴的电商品牌，都希望通过数字化转型实现小批量、多款式、多批次生产的柔性供应链。由数字化、智能化转型推导出实体服装企业转型发展路径为：发展“新业态＋搭建全渠道＋重构供应链＋推进渠道下沉”，该转型发展路径离不开全渠道智能中台的布局。

智能中台串联前端获客和技术后台，高效对各类数据进行统一收集、处理、储存、计算、分析和可视化呈现，对时尚行业在供应链改造、全域营销、新品孵化、门店管理、渠道拓展等方面都有落地性价值。智能中台一般包含商品中心、库存中心、订单中心、结算中心、营销中心、促销中心六大核心中台服务，集中管理统一视图，打通线上线下，实现货品通、订单通、财务通、终端通。如图2-3所示。

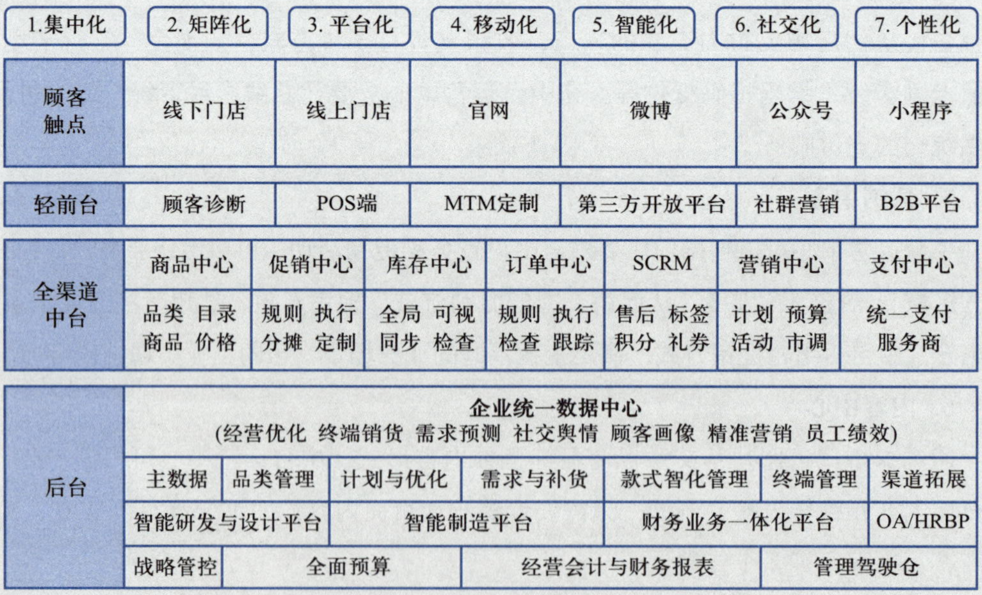

<table>
<tr><td></td><td>1.集中化</td><td>2. 矩阵化</td><td>3. 平台化</td><td>4. 移动化</td><td>5. 智能化</td><td>6. 社交化</td><td>7. 个性化</td></tr>
<tr><td>顾客触点</td><td>线下门店</td><td colspan="2">线上门店</td><td>官网</td><td>微博</td><td>公众号</td><td>小程序</td></tr>
<tr><td>轻前台</td><td>顾客诊断</td><td colspan="2">POS端</td><td>MTM定制</td><td>第三方开放平台</td><td>社群营销</td><td>B2B平台</td></tr>
<tr><td rowspan="2">全渠道中台</td><td>商品中心</td><td>促销中心</td><td>库存中心</td><td>订单中心</td><td>SCRM</td><td>营销中心</td><td>支付中心</td></tr>
<tr><td>品类 目录
商品 价格</td><td>规则 执行
分摊 定制</td><td>全局 可视
同步 检查</td><td>规则 执行
检查 跟踪</td><td>售后 标签
积分 礼券</td><td>计划 预算
活动 市调</td><td>统一支付
服务商</td></tr>
<tr><td rowspan="4">后台</td><td colspan="7">企业统一数据中心
(经营优化 终端销货 需求预测 社交舆情 顾客画像 精准营销 员工绩效)</td></tr>
<tr><td>主数据</td><td>品类管理</td><td>计划与优化</td><td>需求与补货</td><td>款式智化管理</td><td>终端管理</td><td>渠道拓展</td></tr>
<tr><td colspan="2">智能研发与设计平台</td><td colspan="2">智能制造平台</td><td colspan="2">财务业务一体化平台</td><td>OA/HRBP</td></tr>
<tr><td>战略管控</td><td colspan="2">全面预算</td><td colspan="2">经营会计与财务报表</td><td colspan="2">管理驾驶仓</td></tr>
</table>

图 2-3　某服饰企业全渠道中台规划图

三、后台管理中心

后台管理中心（The Backstage Management Center）是企业核心资源与管理系统的聚集。后台一般管理企业的核心资源（数据＋计算），如财务系统、产品系统、客户管理系统、风险管控系统、战略指挥系统、生产建设系统、仓储物流系统等，这些系统构成了企业的后台。基础设施和计算平台作为企业的核心计算资源，也属于后台的一部分。后台管理中心模拟图如图2-4所示。

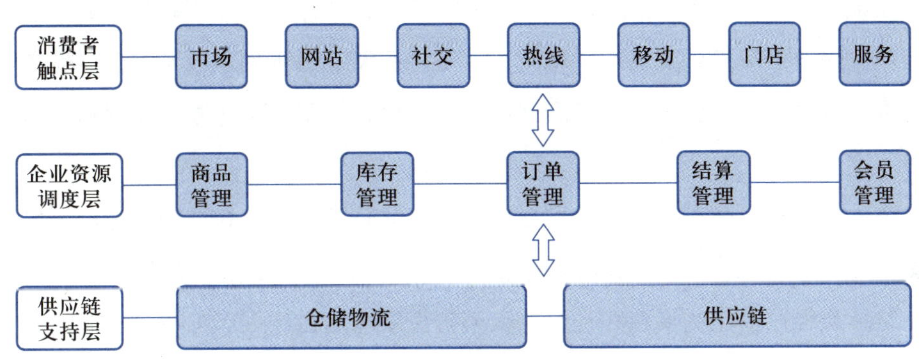

图 2-4　后台管理中心模拟图

后台系统（例如CRM、ERP、财务系统等）在建设之初往往是以规范处理企业底层资源和企业的核心可追溯单据（如财务单据、订单单据）为主要目的，它们的变更周期比较长。企业后台往往并不能很好地支撑前端快速创新，响应用户需求，无法满足由用户驱动所导致的快速变化的前端系统要求。中台要解决的是前端的创新问题，后台更多解决的是企业的管理效率问题。很多企业的后台系统在创建之初，并不是主要服务于前端系统创新，而是为了实现后端资源的电子化管理，解决企业管理的效率问题。在全渠道运营中，后台的供应链、仓储物流的每一个细节改善都可以提效节能，助力实现线上线下管理运营一体化。

数实融合新视界

数智化推动系统性降本增效，提升经营能力

全面拥抱数字化，彻底回归商业本质，由数智化引领线上线下一体化是零售业可预见的未来。

数字化推动降本增效

物美以数智化引领线上线下一体化，数字化解构重构零售业务，系统性降本增效。以智能防损为例，物美充分应用远程监管、自助夜收、智能巡检、门店异常监测、智能灯杆等数字化升级的最新成果，做到数据驱动、任务到人、逐级解决、实时响应。物美通过“技防”替代“人防”，进一步降本增效，用AI技术发现漏扫错扫情况，并将异常问题推送至核查人手机，通过十余人就可以监控上百家门店，人效大幅提升。融合多种安防设备、安防系统和AI技术，物美实现了对安防系统“智慧”技术的革新，真正做到数字化推动降本增效。

数字化提升经营能力

物美位于北京市昌平区的直采基地建立了严格的生产管理体系和质量控制体系，从生产、研发、加工到配送，从施肥、起垄、播种、灌溉到采收、加工、储存、农残检测、有机认证，全程实现了高标准和规范化，使用大量的数字化设备进行全程管控。

在生产车间，蔬菜处理工正配合机器对新鲜蔬菜进行包装处理，部分人员负责对蔬菜进行分类归纳，之后放入传输带上，称重、打包、贴标签依序完成。实际上，物美包装菜经过多年的摸索和升级，除了与直采基地合作，还形成了一套自有加工体系，在食品安全方面下足功夫。

物美在保证食品安全的同时也反对食品浪费，真正发挥了引领和规范的作用。由于上架的蔬菜只在当天售卖，为应对叶菜损耗，门店会根据库存数量从下午开始启动提醒机制，通过大数据等技术手段提前预知进货量和地区的销售量，保证门店每日蔬菜的进货量与销售持平。若门店出现剩余库存，会在当日20：00开启5折秒杀等促销活动，并依据门店的数字化手段判断存货情况，从而做出实时调整。

第二节　零售门店O2O闭环生态体系搭建

平台生态系统指的是由平台及其参与者构成的相互依存的价值生态网络。平台生态系统的价值性体现在该系统中的参与者支持彼此的价值创造与价值获取，创造了更多的流量入口、数据入口、服务入口，突破产业限制，联合第三方生态，实现跨产业共荣，形成跨领域合作、跨平台合作生态共融模式。

零售门店O2O闭环生态体系涉及将线下门店与线上平台紧密结合，形成一个互相促进、互相补充的生态系统。搭建零售门店O2O闭环生态体系不仅可以提升顾客体验、扩大市场份额和优化库存管理，而且可以提高营销效果和品牌影响力，提升消费者对品牌的认可度和忠诚度。这些优势将有助于提升消费者的购物体验，提高门店的竞争力和盈利能力，推动零售业的转型升级和可持续发展。

行业发展与瞭望

零售门店数字化赋能

中国连锁经营协会发布的《零售门店数字化赋能专项报告》中提出了零售门店数字化管理5P模型（见图2-5），即用户互动（People）、员工赋能（Personnel）、供应链高效（Process）、商品展现（Product）和设施完备（Premise）。

用户互动模型关注消费者交互数字化场景，提升用户体验；员工赋能模型关注零售企业内部员工数字化赋能，提升操作效率；供应链高效模型关注商品流转数字化，提升商品周转效率；商品展现模型关注商品展示的数字化赋能，提升商品动销率；设施完备模型关注门店设施的数字化应用，提升全面性。另有四项驱动力将促进各类数字化场景不断迭代，即零售业态创新发展、企业蓝图协同一致、零售生态开放合作和数字技术领先升级。

整体零售门店数字化技术方案围绕5P场景展开，旨在建立以业务需求为导向、以门店设备为抓手、以边缘计算为支撑的蓝图（见图2-6）。

从5P数字化场景维度来看，每种零售业态都有着各自不同的关注点。在用户互动领域，零售各业态均重视用户互动数字化场景，其中，百货与购物中心及专业店更关注导购管理与用户体验互动；在员工赋能领域，零售各业态中超市及百货与购物中心应用场景更多元，便利店和专业店聚焦在员工管理相关场景；在供应链高效领域，数字化场景广泛应用于各业态，基于各业态到家业务模式的不同，相关场景有一定差异；在商品展现领域，除百货特有的商户规划、超市特有的门店布局执行与商品上架测试等场景外，各数字化场景被广泛应用于超市、便利店与专业店业态；在设施完备领域，不同零售业态建筑空间的不同决定了相关设施管理数字化场景的应用，如自助结算、AI防损、停车管理等。

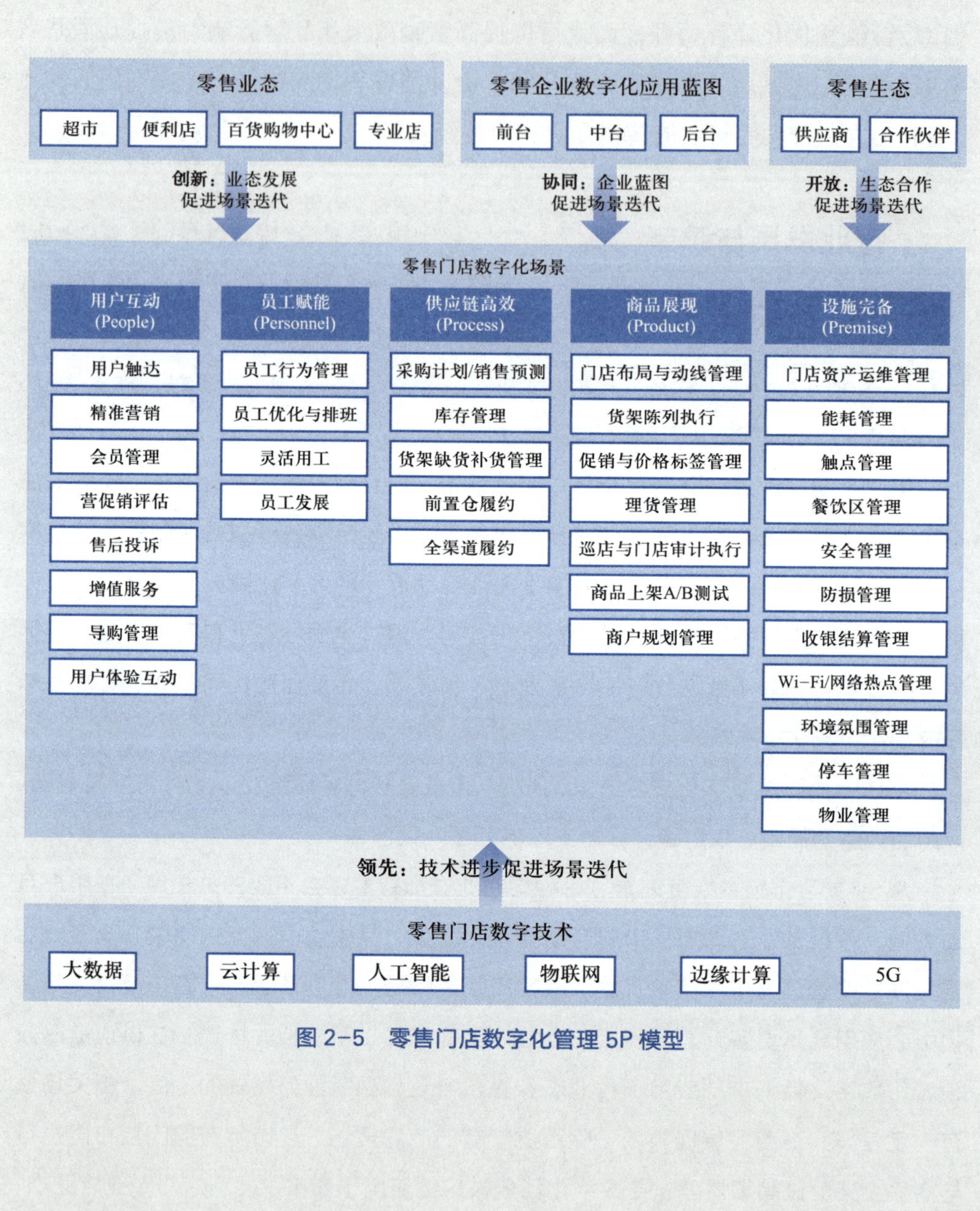

图 2-5 零售门店数字化管理 5P 模型

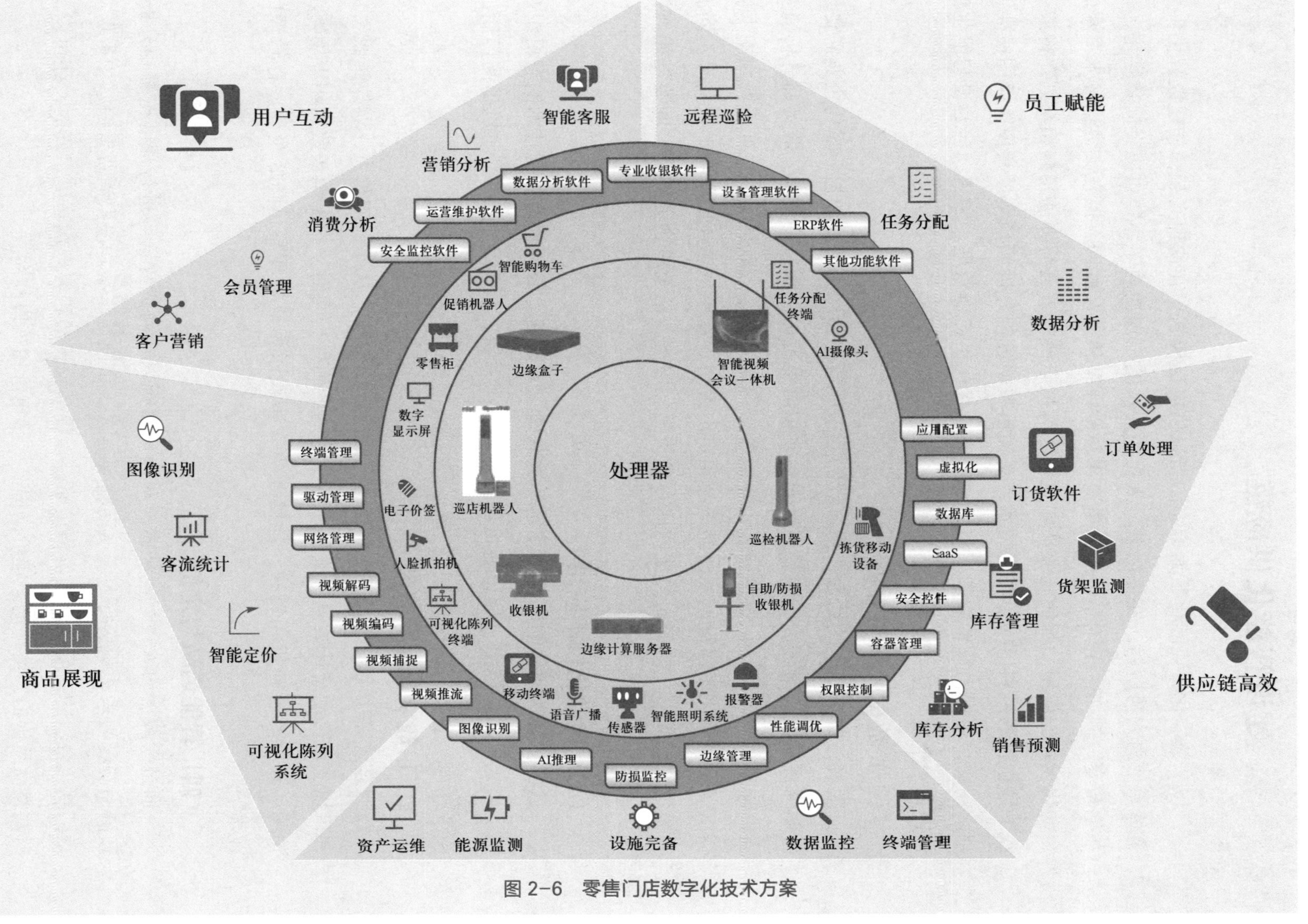

图 2-6　零售门店数字化技术方案

一、建设智能化供应链

以“数字化+智能化”为标志的新兴供应链模式正在快速兴起，构建数智化供应链体系成为大势所趋。在供给端，大量新技术的出现加速了零售供应链向数字化、智能化转变。例如，无论是传统的电商平台，还是移动互联网，以及大数据技术、仓储自动化设备的应用，都使企业能够更好地对供应链需求进行提前预测和规划，将线上线下数据打通。利用人工智能技术，对销售数据进行分析和预测，实现库存的精准管理。同时，根据消费者需求调整采购策略，优化供应链管理。零售门店建设智能化供应链是一个复杂且关键的过程，要重点做好以下五方面：

（一）数据收集与分析

随着与数字技术的结合，供应链的各个环节都会产生海量数据，零售企业需要思考如何更好地利用有价值的数据，为企业和消费者提供服务。例如，收集并分析消费者的购物行为、偏好、库存情况、销售数据等信息，这些数据可以更准确地预测市场需求，从而优化库存管理、商品选品和定价策略。零售企业还要思考如何共享不同流通渠道之间数据，如何为企业的库存备货提供服务，甚至跨企业实体之间数据如何打通，形成共享与交易机制。

（二）自动化技术应用

数字化是智能化的前提和基础。物联网、大数据、云计算等关键技术的有机组合，加上引入自动化技术（如智能货架、自动分拣系统、智能支付等），可以提高门店的运营效率，减少人力成本，提高客户满意度。

（三）数字化库存管理

通过数字化手段可以实现库存的实时追踪和管理，从库存的盘点、调拨到收发货，都可以实现自动统计数量，确保库存信息的准确性。同时，根据销售数据和市场需求预测，进行智能补货和调拨，能够避免库存积压和缺货现象，降低企业库存管理的成本。

（四）智能选品与定价

通过大数据和人工智能技术，对消费者行为、消费数据等进行深度挖掘和分析，预测消费者需求和购买行为，从而精准地选择和推荐商品。根据消费者偏好和市场需求，制定合适的商品组合和价格策略，以提高销售额和客户满意度。同时，还可以实时调整商品价格，实现动态定价，提高商品售价和销售利润。

（五）供应链协同

通过与供应商建立高效紧密的协同合作，确保提供稳定的货源和高质量的产品，实现供应链的协同管理。通过共享数据、协同计划和执行等方式，提高供应链的响应速度和灵活性。同时，采用先进的仓储管理系统和物流技术，提高运营效率和响应速度，为客户带来更好的服务体验。

二、布局全渠道销售平台

零售门店布局全渠道销售平台是一个综合性的平台，建立完善的全渠道体系，实现与消费者线上线下的全接触，涉及多个方面的整合和优化。零售门店布局全渠道销售平台可以参考以下步骤：

（一）明确全渠道的价值定位

零售门店需要首先明确全渠道的价值定位，即确定全渠道销售平台的目标和方向。通过深入了解消费者的行为和需求，以及市场趋势和竞争态势，制定出符合自身特点和市场需求的全渠道策略。

（二）制定全渠道销售策略

根据价值定位，制定具体的全渠道销售策略。这包括确定销售渠道组合、优化产品组合和价格策略、制订促销和营销活动计划等。同时，需要考虑如何整合线上线下销售渠道，实现互补和协同作用。

（三）构建线上销售渠道

（1）建立官方网上商城，为消费者提供线上购物的便利。可以自建电商平台或入驻第三方电商平台。

（2）利用社交媒体平台开展销售活动，如通过微信、微博等社交媒体平台发布产品信息、促销活动等，吸引消费者关注和购买。

（3）与电商平台合作，拓展线上销售渠道。与电商平台建立合作关系，将产品引入其平台，利用电商平台的流量和用户基础进行销售。

（四）优化线下实体店面

（1）提升店面形象和服务质量，创造吸引消费者的购物环境。通过装修升级、增加服务设施等方式提升店面形象，提供更舒适、便捷的购物体验。

（2）引入智能化技术，如智能导购、自助结账等，提升购物体验。利用人工智能和物联网技术，提供个性化的购物推荐、智能导购等服务，提高购物效率和便利性。

（3）开展线下促销活动，吸引消费者到店购物。组织各类促销活动，如限时折扣、满额赠品等，吸引消费者到店购物，增加销售机会。

（五）实现线上线下融合

（1）通过会员系统、积分兑换等方式，在线上线下实现与消费者的互通和互动。建立统一的会员系统，实现线上线下会员信息的共享和互通，为消费者提供一致的优惠和权益。

（2）利用大数据和人工智能技术，分析消费者行为和需求，实现精准营销和个性化推荐。通过收集和分析消费者的购物数据、浏览数据等信息，了解消费者的偏好和需求，为其提供更加精准的购物推荐和个性化服务。

（3）优化物流配送体系，实现线上线下订单的快速配送和退换货服务。建立完善的物流配送体系，确保线上线下订单能够及时、准确地送达消费者手中，并提供便捷的退换货服务。

（六）建立完善的售后服务体系

提供退换货、维修保养等售后服务，保障消费者权益和满意度。建立完善的售后服务体系，为消费者提供退换货、维修保养等售后服务，解决其在使用过程中遇到的问题和困难。

通过客服热线、在线客服等方式，建立高效的客服体系，为消费者提供便捷的咨询和解决问题的渠道。

通过以上步骤，零售门店可以逐步布局全渠道销售平台，实现线上线下融合，提升销售效率和客户满意度。需要注意的是，在执行过程中需要保持与市场和消费者的紧密联系，不断调整和优化销售策略和服务体系，以适应不断变化的市场环境。同时，还需要关注新技术和新趋势的发展，不断引入新的销售渠道和服务模式，保持竞争优势。

三、打通智能支付体系

随着AI、区块链、大模型等新技术、新场景不断涌现，并向着实体领域快速渗透。在零售业，传统的商业模式已经不能满足企业与消费者的需求，消费者需要更多的交互感、场景感、体验感、信任感，企业则面临着支付、沟通、结算、合作、辅助经营等各业务链条的技术化升级。数字领域的颠覆性创新带给零售业更多可能，加快拓展全新赛道。零售门店打通智能支付体系，可以从以下几个方面入手：

（一）选择合适的智能支付解决方案

根据门店的实际情况和消费者需求，选择适合的智能支付解决方案。可以考虑与支付机构、技术提供商等合作，引入先进的支付技术和设备，如移动支付、扫码支付、NFC（Near Field Communication，近场通信）支付等。

（二）升级支付终端设备

将传统的支付终端设备升级为智能支付终端设备，支持多种支付方式，并具备支付安全、交易数据分析等功能。同时，确保设备的稳定性和易用性，提升消费者的支付体验。

（三）优化支付流程

优化支付流程，减少消费者的等待时间和操作步骤。可以通过提供自助结账、快速结账等服务，提高支付效率。同时，优化支付界面和操作流程，确保消费者能够方便快捷地完成支付。

（四）加强支付安全保障

确保智能支付体系的安全性，采取多种安全措施，如数据加密、身份验证、风险监控等。保护消费者的支付信息和资金安全，防止支付风险和欺诈行为的发生。

（五）提供个性化支付服务

根据消费者的需求和偏好，提供个性化的支付服务。例如，为消费者提供定制化的支付方案、优惠活动等，提升消费者的忠诚度和满意度。

（六）建立与智能支付体系相配套的运营管理体系

确保智能支付体系的顺畅运行，需要建立与之相配套的运营管理体系。包括支付数据的收集和分析、支付风险的监控和管理、支付设备的维护和升级等。通过科学有效的运营管理，提升智能支付体系的稳定性和可靠性。

数实融合新视界

无感支付系统实现AI便利店产品模型创新

罗森便利店（以下简称“罗森”）凭借对市场发展趋势的敏锐洞察，一直跑在创新前沿。罗森早期与火星兔子App合作，在门店设置了自助收银系统，消费者在选购商品时，可以直接使用相关应用程序扫描商品条形码、加入虚拟购物车，选购完毕后进入支付页面结算并生成聚合码，向工作人员出示该聚合码即可离店。这种方式虽节省了排队的烦恼，但每次最多选购5件商品的条件限制使得体验仍不够友好。因此，在手机扫码购外，罗森又通过推出自助收银机给予消费者更多选择。消费者可以在选购完毕后前往自助收银机统一扫描商品条形码，出示付款码，完成支付便可离店。

为了进一步提升线下消费的流畅度和便利性，罗森又将视线转向了AI便利店，探索无感支付、远程巡店、智能管控、个性化导购等经营新模式，打造数字经济时代的购物新体验。通过在门店内安装AI摄像头、闸机、货架、货柜、吐袋机、咖啡机等智能硬件设备，罗森无感支付门店可以对整个线下物理空间进行实时的三维重构，轻松识别消费者的购物行为和商品信息，随时掌握消费者购买了什么。如此一来，消费者只需扫码或刷脸进店，挑选完毕直接出店，无须扫描商品条形码或者出示聚合码、出示付款码等，且数秒之内就能在手机端收到本次消费订单，最大限度地简化了购物流程。

罗森首家无感支付门店的亮相（见图2-7），借全球顶尖技术的力量，创新了经营链路和消费体验，同时进一步升级了品牌形象。

图2-7 罗森无感支付门店

营造智慧仓储和配送的关键

四、营造智慧仓储和配送

零售企业营造智慧仓储和配送的关键在于整合先进技术、优化流程、提高效率和满足消费者需求。以下是具体步骤：

（一）引入智能仓储管理系统

采用自动化、智能化的仓储管理系统，如使用RFID（无线射频识别）技术、自动化货架、无人搬运车等设备，进行商品入库、存储、出库等作业，以提高仓储作业的效率和准确性。

（二）优化仓储布局

根据商品的销售数据、特性和流转频率，合理规划仓储布局，确保商品能够快速、准确地送达消费者手中。同时，通过大数据分析，预测未来销售趋势，动态调整库存和仓储布局。

（三）建立智能配送系统

利用先进的路径规划算法、智能调度系统等技术，实现配送作业的自动化和智能化。系统可以根据订单信息和配送路线，自动规划最优配送路径和时间，提高配送效率和准时率。

（四）整合线上线下订单

将线上和线下的订单进行整合，统一进行仓储和配送管理。这样可以避免线上线下渠道之间的冲突和重复工作，提高整体运营效率。同时，通过大数据分析，预测消费者需求，提前进行仓储和配送规划。

（五）强化数据分析与优化

通过收集和分析仓储和配送数据，了解运营情况和瓶颈所在，有针对性地进行优化和改进。同时，可以利用数据分析结果预测未来销售趋势和需求变化，提前进行仓储和配送规划。

（六）加强与供应商和物流合作伙伴的协同

与供应商和物流合作伙伴建立紧密的合作关系，共同打造高效的供应链体系。通过信息共享、协同作业等方式，提高供应链的响应速度和灵活性。

（七）持续创新与技术升级

不断关注行业发展趋势和前沿技术，持续进行创新和技术升级。通过引入新技术、新设备和新模式，不断提升智慧仓储和配送的水平和竞争力。

数实融合新视界

全渠道、全链路数智化经营

在生鲜行业面临重重挑战的今天，悦邻生鲜新零售系统凭借其前瞻性的战略眼光和创新的业务模式，正在引领一场新的革命。通过全方位打通总部（总仓）、生鲜供应链、生鲜线下门店、社区团购、公域获客等环节，构建了一套高效、智能的新零售系统，实现了全渠道、全链路数智化经营。

悦邻生鲜新零售系统将信息化技术与生鲜行业深度融合，为经营者带来了显著的效益提升。首先，通过智能订货功能，有效降低了商品的损耗率，实现了更加精细化的库存管理。同时，总部与门店之间的数据全打通，使得商品信息和财务数据可以无缝衔接，为经营者提供了更加全面、准确的数据支持，从而更好地进行业务决策。

前店后仓的经营模式在悦邻生鲜新零售系统得到了充分发挥。这种模式充分发挥了采购规模优势：一方面可以向后端获取采购规模优势，降低采购成本；另一方面，通过向前端零售获取价格优势，实现了更高效的盈利模式。同时，对外开放的供应链也能让企业在市场上的竞争力得到进一步提升。

悦邻生鲜新零售系统的智能化和信息化不仅提升了经营效率，也为消费者带来了更好的购物体验。无论是线下门店，还是社区团购平台，消费者都可以享受到更加方便快捷的购物服务。同时，公域获客策略也使得悦邻生鲜新零售系统能够更好地吸引和触达潜在客户，提升企业影响力。

五、融合线上线下资源

O2O模式实现了线下经营与线上消费者之间的双向互动，买卖双方可同时满足自身的需求。这种模式既有利于卖家更快、更便捷地宣传产品、传播品牌，聚集强大的消费群体，又有利于买方满足自身的特色化、个性化需求。

O2O模式对线上线下资源的融合主要包括四个部分，分别为用户资源融合、产品资源融合、购买环节融合，以及宣传手段融合。这四个部分共同构成了O2O运营体系的一个完整链条。

（一）用户资源融合

O2O模式下的用户来源有两个：一个是线上，一个是线下。经营者要树立这样一个观念，线下消费者是目标消费者，线上消费者也是目标消费者，不能因为建立了线上营销渠道而忽略线下消费者。O2O运营中消费者可以分化，但运营不可以分化，必须实现线上用户和线下用户兼顾和融合。这与以往网店只做线上、实体只做线下的思路是完全不同的，在O2O运营体系中，线上线下不能完全隔离开来。

（二）产品资源融合

产品资源能否转化为实际经济效益，取决于流通速度。流通速度越快，转化率越高。O2O运营体系就是帮助产品尽快流动起来，实现渠道、资源优化和调配。产品资源得到互动，产品的流通速度变快了，资金也就增多了。

（三）购买环节融合

所谓的购买环节融合，是指线上和线下两个渠道的相互弥补，即线上浏览、线下购买，线下体验、线上购买。很多消费者在消费时无法只凭线上或线下一端的信息就马上作出购买决定。有些消费者在某网店看到一款中意的衣服，但由于对尺寸把握不准，会到线下实体店试穿，进一步鉴别；也有些消费者在实体店看中了一款包，但考虑到价格差异，会决定到线上购买。总之，现在的消费者越来越理性，不再凭单一的信息作出决定。但如果线上线下融合后，这种顾虑就会得到缓解。

O2O运营体系将线上线下充分融合，大大解放了消费者在购买环节的自主性，丰富了消费者的购物体验。

即学即问

实体店如何让现有线下零售业务与线上平台深度融合，相互赋能？

（四）宣传手段融合

对产品进行宣传主要有两种方式：一是线下，二是线上。实体店基本上只做线下宣传，或者以线下为主、线上为辅。随着互联网、移动互联网的普及，就宣传效果而言，线上宣传逐渐占据上风，线下宣传的弊端也越来越明显。相比而言，现在的企业更青睐线上宣传。建立O2O运营体系后，线上线下宣传可以更好地结合，增加了产品推广的广度和深度。

在整合现有资源的基础上，从用户、产品、购买环节、宣传手段等角度去思考、执行，力争构建一个完善的、科学的O2O运营体系。只有不断优化、改进和丰富O2O模式，不断提升和丰富用户体验，才能实现O2O生态系统建设的可持续发展。

数实融合新视界

近远场、内外场深度融合

在零售行业中，通常按照距离将零售分为两种不同的形态：远场零售（线上电商）拼价格，近场零售（商场/超市/线下门店）拼体验、拼便利。如今，全天候、多场景的消费需求成为主流。消费者既要线上购物的便捷迅速，也想要线下门店的优质体验。企业开始转向近远场深度融合的商业布局，以实现对消费者需求的全场景满足。而实现近远场联动的关键是线上线下全渠道打通的业务模式升级，以及全域数字化能力的支撑。

作为大型零售商，屈臣氏的数字化建设独具样本价值。目前，屈臣氏聚合超2亿名用户、6 000万人以上付费会员，用户群体以18~45岁的都市女性为主。在屈臣氏的数字化战略中，基于用户日益增长的多元渠道体验和要求，创新性地布局“O+O（Offline and Online）”零售模式。通过与腾讯公司的深度合作，屈臣氏将线下门店与小程序、企业微信、社群等多元化数字触点进行有机融合，实现线上线下贯通一体，为用户提供多平台一致的产品体验、服务及购物需求闭环。

在“O+O”模式下，实体门店依然是屈臣氏业务的基石。通过实体门店，屈臣氏为消费者提供优质的试用与购物体验，如免费的化妆、修眉、SPA（水疗养生）等服务，与消费者建立紧密的情感联系，赢得他们信任，从而获得较大的自然流量来源。屈臣氏充分发挥线下门店这一天然的流量入口，将流量源源不断地引入私域，实现线下线上的流量互通。

屈臣氏更多层次地满足消费者的多元需求。消费者可随时通过屈臣氏小程序下单、选择到门店提货，或在家享受快至30分钟内送货上门服务，还能线上预约门店服务。

因此，无论是线下还是线上模式，只要是顾客所希望的消费场景，屈臣氏都可以让他们随时、随地、随心地购买到需要的商品和服务。

知识与技能训练

一、单选题

1. (　　)主要解决实体门店、购物 App、官方商城等渠道触点问题。

A. 前台　　B. 中台

C. 后台　　D. O2O 系统

2. (　　)是企业核心资源与管理系统的聚集。

A. 前台　　B. 中台

C. 后台　　D. O2O 系统

3. 下列(　　)是促销类触点。

A. 优惠券　　B. 积分

C. 展厅活动　　D. 体验活动

4. (　　)是整个中台的核心，管理着所有的交易。

A. 会员中心　　B. 营销中心

C. 订单管理系统　　D. 内容中心

5. (　　)指的是由平台及其参与者构成的相互依存的价值生态网络。

A. O2O 系统　　B. 平台生态系统

C. 订单管理系统　　D. 客户管理系统

二、多选题

1. 以销售为主的线上电商平台作为触点主要有(　　　)等。

A. 自建电商平台或 App　　B. 微信公众号或小程序

C. 第三方电商平台　　D. 团购平台、众筹平台

2. 零售企业的中台体系通常由(　　　)三个关键部分组成。

A. 业务中台　　B. 数据中台

C. 技术中台　　D. 服务中台

3. 业务中台所包含的内容和消费者整个交互过程所关注的信息紧密相关，一般有(　　　)和财务中心等。

A. 商品中心　　B. 订单中心

C. 价格中心　　D. 库存中心

E. 服务中心　　　　F. 营销中心

4. O2O 模式对线上线下资源的融合主要包括（　　）。

A. 用户资源融合　　　　B. 产品资源融合

C. 购买环节融合　　　　D. 宣传手段融合

5. 后台一般管理企业的核心资源有（　　）以及生产建设系统、仓储物流系统等。

A. 财务系统　　　　B. 产品系统

C. 客户管理系统　　　　D. 风险管控系统

E. 战略指挥系统

6. 搭建零售门店的 O2O 闭环生态体系可以（　　）。

A. 提升顾客体验　　　　B. 扩大市场份额

C. 优化库存管理　　　　D. 提高营销效果和品牌影响力

E. 提升消费者对品牌的认可度和忠诚度

三、判断题

1. 每个前台系统就是一个用户触点，即企业的最终用户直接使用或与用户交互的系统，是企业与最终用户的交点。（　　）

2. 有效的触点可以帮助企业建立品牌形象、扩大产品或服务的影响范围、提高市场份额。（　　）

3. 内容类触点主要是为了刺激消费者购买产品而设立的营销方式。（　　）

4. 后台中心是承接前后，负责全渠道数据流的协同与分配。（　　）

5. 订单管理系统是整个中台的核心，管理着所有的交易。（　　）

四、简答题

1. 简述零售门店建设触点的原因。

2. 简述零售门店 O2O 生态系统平台的组成。

3. 简述 O2O 模式对线上线下资源的融合包括哪些内容？

五、案例分析

李宁搭建全渠道业务中台与数据中台

在新零售和大数据时代的浪潮中，传统零售企业纷纷通过数智化转型来寻找新的业务增长点。李宁公司（以下简称李宁），作为传统零售商排头兵，率先意识到传统零售门店缺乏对市场的感知力和全局把控力，对消费者洞察不足，数据积累零散、碎片化严重，无法快速响应消费者需求的问题。

于是，李宁开始与阿里巴巴集团控股有限公司合作建设基础设施云化，搭建全渠道、全触点的业务中台与数据中台；开启门店数字化建设，借助云货架、云码、IoT（物联网）、刷脸支付等技术，实现消费者和门店洞察，用数据驱动做触点布局和优化产业链各端，从而持续推动改善运营。企业全渠道“业务中台＋数据中台”示意如图2-8所示。

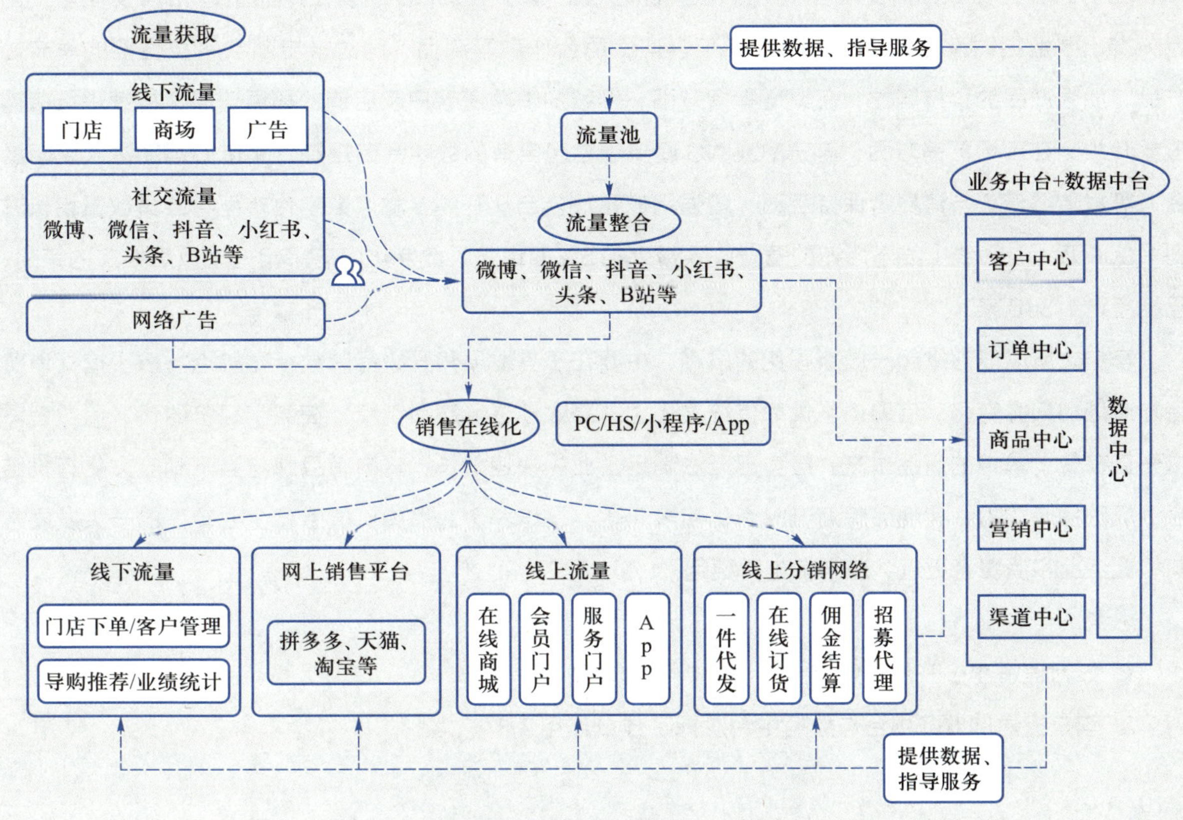

图2-8　李宁数字化“业务中台＋数据中台”

1. 通过触点联动和会员体系，实现用户进店和转化

（1）终端触点吸引消费者到门店。与云码等渠道合作，辐射门店周围3公里内的商圈，消费者通过自动售卖机、租借充电宝、分众传媒、OTT等终端与门店连接，终端布放广告、活动、优惠券等，主动出击精准匹配消费者进店；消费者还可以参与互动橱窗体验趣味、互动小游戏，吸引用户进店。

（2）打通全渠道线上与线下会员体系。消费者在线下门店购买商品后，付款时会建议用户微信关注李宁公众号，免费注册会员；顾客离店之后，李宁还可以通过会员系统继续触达消费者。每当上新品时或有营销活动时，顾客会收到个性化商品推荐或优惠券，持续与李宁进行互动和连接。

2. 发展品牌数字化触点，建立消费者与品牌的连接

（1）品牌潮流时尚化。李宁借助CBA赛场推出了“中国李宁”这一新的概念及产品，并借助纽约、巴黎时装周和潮流快闪店推出潮流新品。一系列融合了李宁当年在吊环、鞍马项目上比赛画面的

标志性潮流新品，让年轻人愿意为李宁和红旗最新的联名限定款排队、抽签、等待，还会通过各种渠道购买热销的爆款系列，成功塑造李宁全新的市场形象和调性。

（2）跨界合作，品牌组合多元化。在产品方面，李宁YOUNG继续在产品主题和科技性能上创新，推出了包括时装周亲子款、BADFIVE、迪士尼合作款等潮品，同时推出蕴含科技性能的季节性产品，加强产品的科技属性；在渠道零售方面，继续加快渠道客户及店铺的拓展速度，持续进行店铺形象升级；在市场营销方面，李宁YOUNG逐步建立起自有的数字营销矩阵，并借助运动达人、明星名人等宣传渠道，与消费者保持互动，增强用户黏性。自从开展全触点数字化转型，会员数量增长达到1 000万人，为线上线下店铺的营业收入带来约5%的增长。数字化门店采用先试点后推广的策略，已经超过1 300家。

李宁之所以能够掀起一股新国货的风潮，主要在于其发展和升级品牌数字化触点，敏锐捕捉消费者与市场的细微变化，借助中华优秀传统文化，并高效地进行产品创新。在数字经济时代，消费者需求一直在变，单纯的商品生产、售卖已无法满足企业的快速增长，将自有品牌与当下潮流文化有机结合，巩固品牌实力，实现品牌潮流时尚化和多元化，是培养企业品牌价值感和企业转型的一大发展方向，让企业和消费者更近，在未来走得更远。

思考：

1. 如何理解李宁开展多触点全渠道的数字化转型？

2. 李宁搭建的业务中台与数据中台发挥了什么作用？

调查研究与善作善成

调研项目：

零售门店O2O运营情况调研。

调研目的：

通过本次调研活动，让学生了解本地部分零售门店目前的O2O运营情况，结合数智化转型的趋势，为零售门店的未来发展提出可行性建议，并培养敏于观察、勤于思考、勇于实践的素养和团队合作精神。

调研要求：

1. 分组进行，每3~4人一组，合理分工，团队协作，共同完成。

2. 选择2~3家零售门店，通过网络调研了解各零售门店的基本情况，收集相关数据和信息。

3. 通过实地调研，按照表格中涉及的栏目内容归纳整理数据和信息，分析不同零售门店的具体运营情况。

4. 各小组对收集的信息进行总结，提出可行性优化建议，并分享调研结果，教师进行点评。

调研内容：

以小组为单位分组进行实地调研，分析不同零售门店的具体运营情况，包括前台触点建设情况、业务中台主要功能、目前布局的销售平台、使用的支付体系、配套的仓储和配送条件、用户资源融合等情况。填写表2-1进行总结，并提出可行性优化建议，助力零售门店的可持续发展。

表2-1　不同零售门店的具体运营情况

项目	零售门店A	零售门店B	零售门店C
前台触点			
业务中台（主要功能）			
销售平台			
支付体系			
仓储配送			
用户资源			
其他方面			
优化建议			

第 三 章

零售门店商品规划与运营

学习目标

素养目标

- 深入了解用户需求，尊重消费者权益，加强对消费者个人信息保护的意识
- 合理制定商品规划，重视国货品牌的发展，坚定文化自信
- 优化品类和选品，关注环境保护和资源节约，树立绿色低碳环保意识
- 做好商品数字化管理，勇于探索新技术，树立数智化管理意识

知识目标

- 掌握用户需求洞察的方法和应用
- 了解商品规划方案制定的原则和步骤
- 熟悉智能选品的概念与实施步骤
- 掌握商品配置的具体策略
- 掌握品类运营策略与优化方法
- 掌握商品数字化与商品数字化管理的实施

技能目标

- 能够运用常用方法和工具进行用户需求洞察
- 能够根据用户需求洞察结果，制定有效的商品规划方案
- 能够运用智能选品技术，提高商品选购的效率和准确性
- 能够根据零售门店的实际情况，制定合理的商品配置策略
- 能够有效管理商品品类，实现品类结构的合理化和商品组合的优化
- 能够运用商品数字化工具对商品信息进行管理和精准决策，提高运营效率和盈利能力

思维导图

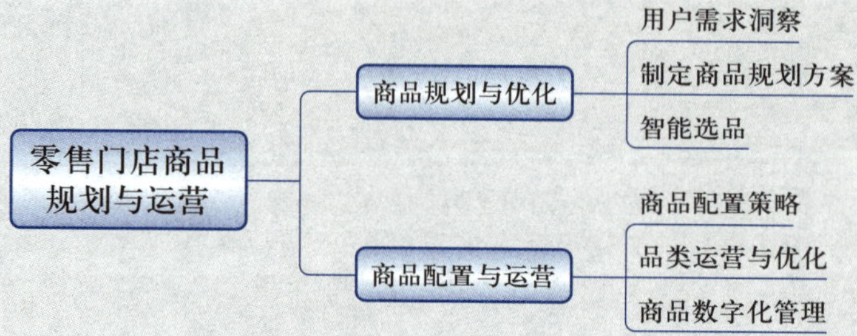

学习计划

■ 素养提升计划

■ 知识学习计划

■ 技能训练计划

【引导案例】

永辉超市围绕商品力推进门店调优

永辉超市发布的一组数据显示，自 2023 年围绕“商品、场景、服务”开展门店调优以来，永辉超市单店每月可上架近 400 款新品，其中既包括首次进入线下渠道的品牌，也包括品牌在永辉渠道首发的新品。

目前，永辉超市基于“一店一议”打造出的新品孵化区、正品折扣区，以及门店内的现制餐饮，吸引了不少新顾客驻足。以北京通州万达店为例，该店开启调优后，客流持续增长，日均客流破万人。

“商品变了”是顾客的第一感受。最近几个月，顾客们发现门店的商品似乎正在变得更有趣。尤其是在饮品和休闲零食区域，阿华田的夹心饼干、汉口二厂的橘子汽水、瑞幸咖啡的冷萃咖啡液等以往只在品牌官网或其他线上买得到的网红商品，如今陆续出现在了永辉超市的货架上。

这一变化可以看作是永辉超市门店调优项目中围绕商品力进行的提升。永辉超市对供应链进行了优化调整，通过对外部市场调研和内部商品结构分析，增加了大量网红商品和趋势性商品的引入。

基于阳光供应链准则，首次进入永辉系统的新品，会经历 6 个月的试销期。其间，永辉超市买手团队会根据商品的销售毛利率、库存周转率、渗透率等指标综合分析商品的销售情况，达到标准后的商品会进入永辉超市正常的销售货架中。

同时，永辉超市优化了商品的更新逻辑。如依靠其自研的全链路零售数字化系统 YHDOS，永辉超市能依据商品标签及关键指标，对标签重复或在品类中表现不佳的商品进行系统自动淘汰，以最大程度减少人为操作，提高商品更新的效率，逐步实现商品力调优。

匹配商品力的提升，更清晰的指引、更有特色的场景呈现，以及更有趣的主题设置，也是如今零售业线下门店优化购物体验的途径之一。以永辉超市通州万达店为例，门店内以黄色为主题色的“新品孵化站”是为消费者“尝鲜”而打造的新品展示区。在永辉超市通州万达店，新品孵化区日常可呈现的新品 SKU（库存量单位）近 200 个，主要以快消品为主。根据动态的新品标识，该区域内的展示产品会定期更新，时刻满足消费者对新品的“尝鲜欲”。

以红色为主题色的“正品折扣店”是专为注重性价比的消费者提供的“羊毛区”。

在超百平方米的空间内，上百种商品经过永辉自由供应商系统、全链路数字化系统等数字化手段的评估后，仅以原价的七折、五折、三折在该区域内销售，能够让消费者随时随地发现新惊喜。

店内还推出了集合北京品牌的地标产品区，为本地消费者选购年货节商品、外地消费者选购旅游伴手礼提供了专属场景。

截至目前，永辉超市已经在全国 200 家门店中设置了“新品孵化区”，同时，还将持续增加“正品折扣店”的数量，计划完成 600 家“正品折扣店”改造。

此外，永辉超市结合近年来日趋兴盛的户外、露营等趋势，在北京部分门店中推出了“露营烧烤”的主题场景布置，利用相关产品及场景元素搭建主题展示，帮助消费者高效完成一站式购物。与线上渠道相比，线下渠道除了提供可感知的购物场景和解压空间外，更重要的在于其能够为消费者提供互动功能，这种互动不仅在于导购与消费者之间的基础沟通，更在于线下零售空间所能提供的各种便民服务。

永辉超市坚持围绕“商品、场景、服务”对既有门店进行逐步调优升级。在这一战略背后，也是永辉超市始终聚焦零售主业，稳扎稳打的势能和决心。

案例思考：永辉超市打造出“新品孵化区”“正品折扣区”的意义是什么？永辉超市增加大量网红商品、趋势性商品的引入对门店运营起到了什么作用？

【引思明理】

零售门店作为商品流通的终端环节，其商品规划与运营直接影响着门店的销售业绩和顾客满意度。科学合理的商品规划、商品配置、品类优化，及数字化管理，不仅能够帮助门店提升销售额，优化库存结构，而且能够增强顾客的购物体验，提升门店的市场竞争力。零售门店要积极借助信息化手段提升供应链管理水平，实现精准采购、快速配送和库存优化，推动商品规划的科学化、规范化发展。积极响应国家关于促进消费升级的号召，根据市场需求和消费者偏好，优化商品结构，提供更多高品质、高附加值的商品，不断实现人民对美好生活的向往。

第一节　商品规划与优化

随着消费者需求日益多元化和个性化，零售门店必须紧跟市场趋势，通过商品规划与优化来满足不同消费者的需求。通过深入了解用户购买偏好、使用场景等信息，零售门店可以更有针对性地选择和调整商品，制定商品规划方案，确保所售商品与市场需求紧密契合。零售门店还可以借助大数据分析和人工智能技术进行智能选品，解决传统选品过程中存在的精准度低、效率低下、库存管理不善等问题，为零售门店提供更加科学、高效的选品方案，提升零售门店的竞争力，树立良好的口碑和形象。

一、用户需求洞察

在零售业中，用户需求洞察是商品规划与优化的基石。深入了解用户需求不仅能够帮助零售企业准确把握市场趋势，而且能够提升顾客的购物体验，从而增强品牌黏性和市场竞争力。

（一）用户需求洞察的意义

用户需求洞察是零售门店商品规划与运营中的关键环节。它不仅涉及零售企业的销售业绩和市场份额，更直接影响企业的长期竞争力和可持续发展。其重要意义体现在以下几方面：

1. 提升市场竞争力

通过深入了解用户需求，零售企业可以更加精准地定位目标市场，选择符合消费者需求的商品品类和款式。这有助于零售企业在激烈的市场竞争中脱颖而出，提升市场份额。同时，基于对用户需求的把握，零售企业可以制定有针对性的营销策略，提高营销效果，进一步巩固市场地位。

2. 优化商品结构与库存

用户需求洞察有助于零售企业了解消费者的购买偏好和消费趋势，从而更加科学地规划商品结构。零售企业可以根据用户需求调整商品品类、款式和价格，确保商品与市场需求相匹配。此外，通过对用户需求的实时跟踪和分析，零售企业还可以更加精准地预测库存需求，避免库存积压和浪费，降低库存成本。

3. 提升客户满意度与忠诚度

满足用户需求是企业赢得客户信任和忠诚度的关键。通过深入了解用户的期望和需求，零售企业可以不断优化产品和服务，提升客户满意度。当零售企业的商品和服务能够真正满足用户的需求时，用户就会形成对企业的信任和依赖，进而转化为企业的忠诚客户。这些忠诚客户不仅会持续购买企业的商品，而且会为企业带来口碑传播和推荐新客户等附加价值。

4. 指导产品创新与研发

用户需求洞察是产品创新和研发的重要依据。通过对用户需求的深入挖掘和分析，零售企业可以发现新的市场机会和潜在需求，为产品创新提供灵感和方向。同时，基于用户反馈和需求变化，企业可以及时调整产品设计和功能，确保产品始终与市场需求保持同步。

5. 降低市场风险与成本

在商品规划和运营过程中，如果零售企业未能充分了解用户需求，可能会导致商品与市场需求脱节，造成库存积压、销售不佳等问题，进而增加市场风险和成本。而通过用户需求洞察，企业可以更加准确地把握市场脉搏，降低市场风险。同时，基于用户需求的精准营销和库存管理，也可以有效降低企业的运营成本。

（二）用户需求洞察的方法

1. 市场调研法

市场调研法是一种收集用户需求和反馈的常用方法。通过设计问卷、访谈、小组讨论等形式，直接收集消费者的购买习惯、喜好、价格敏感度等信息，将用户需求、态度等因素量化。这种方法可以快速获取用户的反馈结果，从而按照用户需求来改进、提高产品和服务质量。问卷调查可以覆盖较大范围的消费者，而深度访谈和小组讨论则能更深入地了解消费者的心理和动机。

2. 数据分析法

数据分析法是通过对销售数据、用户行为数据、库存数据等进行深入挖掘和分析，揭示出消费者的购买偏好、消费趋势，以及商品的销售规律。例如，通过分析销售数据，可以了解哪些商品销售火爆，哪些商品滞销；通过分析用户行为数据，可以了解用户的浏览习惯、购买路径等，为商品推荐和页面优化提供依据。

3. 社交媒体监测

社交媒体是现代人获取信息、表达观点的重要平台。通过监测社交媒体上的用户讨论和反馈，可以及时了解市场动态和用户需求变化。企业可以利用社交媒体监测工具，收集用户对商品的评价、意见和建议，以便及时调整商品结构和运营策略。同时，也可以通过社交媒体进行品牌推广和营销活动，吸引更多潜在消费者。

4. 客户反馈

直接收集客户反馈是了解用户需求的重要途径。这一点可以通过设立客户反馈渠道，如电话、电子邮件、在线表单等方式实现。客户反馈往往直接反映了他们对商品和服务的满意度，以及他们对未来商品和服务的期望。对于收集到的客户反馈，企业需要进行分类、整理和分析，以便找出共性的问题和需求，为商品规划和优化提供依据。

进德修业

拼多多积极推动平台生态健康发展

拼多多积极践行社会责任，推动平台生态的健康发展，加大对环保、公益等领域的投入力度，支持社会公益事业的发展。在环保领域，拼多多将推广绿色消费，鼓励消费者购买环保产品，减少一次性塑料制品的使用，推动可持续发展。同时，拼多多还将建立绿色物流体系，采用可再生能源和环保材料，减少物流环节对环境的影响。

党的二十大报告明确指出：“引导、支持有意愿有能力的企业、社会组织和个人积极参与公益慈善事业。”在公益领域，拼多多不断支持贫困地区的教育、医疗等公益事业。通过与慈善机构合作，拼多多将为贫困地区的学校提供教育资源，改善教育环境，为贫困地区的病人提供医疗援助，提高医疗保障水平。

同时，拼多多还将加强对商家和用户的权益保护，建立完善的权益保护机制。拼多多严格遵守相关法律法规，保障商家的合法权益，同时不断加强对商家的监管，防止不良商家对平台生态的破坏。对于用户，拼多多加强用户隐私保护，提高用户数据的安全性，保障用户的合法权益。

通过积极践行社会责任，建设更健康的平台生态，拼多多不断完善平台生态建设，推动电商行业健康发展，为社会创造更多的价值。

（三）用户需求洞察在零售业中的应用

1. 竞品分析

竞品分析主要是对市场上的竞争对手进行深入研究，帮助零售门店了解市场上类似商品或服务的情况，包括了解竞争对手的商品特点、价格策略、市场定位、销售情况等，进而分析出竞品在市场上的表现和用户反馈。通过竞品分析，零售门店可以更好地确定自身商品的市场定位和目标消费者，从而为自己的商品选品和定位提供参考和依据，选择具有竞争力的商品。通过制定出更加精准和有效的商品选品与定位策略，调整和优化自身的经营策略。

2. 商品选品与定位

基于用户需求洞察的结果，零售门店可以更加精准地选择商品品类和款式。例如，对于年轻消费者群体，可以选择时尚、潮流商品；对于家庭主妇群体，可以选择实用、性价比高的商品。同时，根据消费者的购买习惯和偏好，可以对商品进行定位，确定高端、中端或低端商品的占比，以满足不同消费者的需求。

3. 价格策略制定

通过洞察用户对价格的敏感度，零售门店可以制定合理的定价策略。对于价格敏感度较高的商品，可以采取薄利多销的策略；对于品牌溢价较高的商品，可以采取高价策略。同时，也可以根据市场需求和竞争状况，灵活调整价格，以保持竞争优势。

4. 促销活动策划

基于用户需求洞察，零售门店可以策划有针对性的促销活动。例如，针对节假日或特定消费群体，可以推出相应的优惠活动；针对新品上市或库存积压的商品，可以开展限时折扣或买一赠一等促销活动。通过精准策划促销活动，可以吸引更多消费者，提升销售业绩。

5. 店铺陈列与布局优化

了解用户的需求后，店铺的陈列与布局也可以相应地进行优化。例如，将热销商品或新品放置在明显的位置，便于消费者发现和购买；根据消费者的购物习惯和路径，合理安排商品的摆放顺序和区域划分，提高购物体验。

（四）用户需求洞察的注意事项

用户需求洞察是零售门店商品规划与运营的关键环节。随着市场竞争的加剧和消费者需求的不断变化，零售门店需要更加注重用户需求洞察的准确性和时效性。未来，随着大数据、人工智能等技术的发展和应用，用户需求洞察将更加智能化和精细化。在进行用户需求洞察的过程中，零售门店需要注意以下事项：

1. 数据质量

确保收集到的数据是准确、可靠且有效的，是进行用户需求洞察的首要前提。低质量的数据可能导致错误的洞察和决策，进而影响商品规划与运营效果。因此，在数据收集阶段，需要严格筛选数据来源，确保数据的真实性和完整性。同时，在数据处理和分析过程中，也需要采用科学的方法和技术，避免数据偏差和误差。

2. 实时更新

消费者需求是不断变化的，受到市场趋势、季节变化、社会文化等多种因素的影响。因此，零售门店需要定期更新用户需求洞察的结果，以确保商品规划与运营策略始终与市场需求保持一致。这要求企业建立有效的数据更新机制，及时收集和分析最新的用户数据。

3. 技术投入

进行用户需求洞察需要一定的技术支持和投入，包括数据分析工具、市场调研工具等。这些技术工具可以帮助企业更加高效地进行数据收集、处理和分析，提高洞察的准确性和效率。然而，对于一些中小型零售企业而言，技术投入可能成为一个挑战。因此，企业需要根据自身的实际情况，合理评估技术投入的成本和效益，选择适合自己的技术解决方案。

4. 隐私保护

在收集和分析用户数据时，零售门店需要严格遵守相关法律法规和隐私政策，确保用户的隐私权益不受侵犯。这包括明确告知用户数据收集的目的和范围，征得用户的同意，以及采取必要的安全措施保护用户数据的安全性和保密性。同时，企业也需要定期对数据进行清理和销毁，避免数据泄露和滥用。

除了上述注意事项外，零售门店在进行用户需求洞察时，还可能面临如市场调研的难度增大、用户反馈的收集和处理困难等问题。因此，零售门店需要建立完善的用户需求洞察体系，加强团队建设，提升员工的专业素养和数据分析能力，以更好地为商品规划与运营提供有力的支持。

即学即问

你知道哪些新技术可以用来洞察消费者需求？

二、制定商品规划方案

用户需求洞察为商品规划方案的制定提供了明确的方向。通过深入了解和分析用户需求，零售门店可以把握市场脉动，了解消费者的真实期望和购买意愿，从而制定出更加贴近市场需求的商品规划方案。

（一）制定商品规划方案的意义

商品规划是零售业务的核心组成部分，它涵盖了从商品选择、库存管理到销售预测等多个方面。商品规划的目的是通过在适当的地点和时间以适当的价格和数量提供适当的商品来满足消费者的需求，实现销售最大化和利润最大化。零售门店作为商品流通的终端环节，其商品规划方案的制定直接影响着门店的销售业绩和顾客满意度。洞察用户需求，制定一个科学合理的商品规划方案，不仅能够帮助门店提升销售额，优化库存结构，还能增强顾客的购物体验，提升门店的市场竞争力。

1. 精准满足市场需求

制定商品规划方案，零售门店会对市场进行深入的调研和分析，了解消费者的购买习惯、需求和偏好。通过这些信息，零售门店能够更有针对性地选择和规划商品，确保所售商品与市场需求相匹配，还能有效避免商品积压或脱销情况的发生。这不仅可以提升消费者的购物体验，还能增加他们的满意度和忠诚度，为门店带来更多的回头客。

2. 提升经营效率和盈利能力

制定商品规划方案有助于零售门店优化商品结构，减少库存积压和滞销商品，降低库存成本。通过合理的陈列布局和营销策略，吸引更多消费者关注，提高商品的曝光率和转化率。科学的采购计划和库存管理制度也能确保商品的及时供应，避免出现断货或积压现象，提升门店的运营效率。通过制定科学的定价策略，零售门店能够确保商品价格与市场需求和成本相匹配，实现利润最大化。同时，促销活动能够吸引消费者购买，提高销售额和市场份额，进一步增强门店的盈利能力。

3. 塑造品牌形象和特色

通过制定商品规划方案，零售门店能够形成独特的商品组合和特色，打造出独特的品牌形象。这有助于门店在竞争激烈的市场中脱颖而出，吸引更多消费者的关注和认可。同时，门店还可以根据市场趋势和消费者需求的变化，不断调整和优化商品规划方案，保持品牌的活力和竞争力。

4. 实现可持续发展

制定商品规划方案是一个长期的过程，需要零售门店不断关注市场动态和消费者需求的变化。通过定期的市场调研和数据分析，门店可以及时调整商品规划方案，以适应市场和消费者需求的变化。这有助于门店保持竞争优势，实现长期的可持续发展。

（二）制定商品规划方案的原则

在制定商品规划方案时，零售门店应遵循一系列核心原则，以确保方案的科学性、合理性和可操作性。以下是五个重要的原则：

1. 市场导向原则

市场导向原则是制定商品规划方案的首要原则。它要求零售门店必须密切关注市场动态，紧跟市场趋势，准确把握消费者的需求变化。零售门店应通过市场调研、销售数据分析等手段，了解市场的整体规模、增长趋势、竞争格局及消费者的购买行为、偏好和购买力等信息。基于这些信息，零售门店可以制定出符合市场需求的商品规划方案，确保所售商品与市场需求相匹配，避免商品滞销或脱销的情况发生。

2. 以顾客需求为中心原则

顾客既是零售门店的服务对象，也是零售门店经营的核心。在制定商品规划方案时，零售门店应以顾客需求为中心，深入了解顾客的购物习惯、消费偏好和需求特点。零售门店可以通过问卷调查、顾客访谈、社交媒体分析等方式，收集顾客的反馈意见，了解他们对商品的需求和期望。根据这些信息，零售门店可以有针对性地选择商品、组合商品，以满足顾客的个性化需求，提升顾客的购物体验和满意度。

3. 竞争差异化原则

在竞争激烈的零售市场中，零售门店必须具备差异化竞争优势。制定商品规划方案时，零售门店应充分考虑竞争对手的商品结构、价格策略、促销手段等因素，寻找自身在商品方面的独特性和优势点。零售门店可以通过选择具有独特设计、高品质、高附加值的商品，或者打造独特的商品组合和品牌形象，来形成与竞争对手的差异化竞争。这样不仅可以吸引更多的顾客，还能提升门店的市场占有率和竞争力。

4. 效益最大化原则

在制定商品规划方案时，零售门店必须考虑经济效益最大化。这意味着在满足顾客需求和市场需求的前提下，零售门店应合理控制成本，优化商品结构，提高库存周转率，以实现经营效益最大化。零售门店可以通过精准定位目标消费群体，优化采购渠道，降低库存成本，提高销售效率等手段，来提升商品规划方案的效益。同时，零售门店还应密切关注销售数据和顾客反馈，及时调整方案，确保效益的持续提升。

5. 灵活性与适应性原则

市场环境和消费者需求的变化是常态，因此，商品规划方案需要具备一定的灵活性和适应性。零售门店应定期评估方案的执行效果，根据市场变化和顾客反馈及时调整商品结构、价格策略或促销手段。同时，零售门店还应关注新兴市场和新兴消费群体的崛起，及时捕捉新的商业机会，为未来的商品规划做好准备。

（三）制定商品规划方案的步骤

制定商品规划方案是一个系统性的过程，零售门店需要按照一定的步骤进行。具体如下：

1. 市场调研与分析

零售门店需要进行深入的市场调研与分析，市场调研是制定商品规划方案的基础。零售门店需要通过市场调研了解市场的整体规模、发展趋势、竞争格局，以及消费者的需求特点。具体来说，零售门店可以通过问卷调查、访谈、观察等方式收集市场信息，分析消费者的购物习惯、偏好和购买力，以及竞争对手的商品结构、价格策略等信息。通过对这些信息的整理和分析，零售门店可以更加清晰地了解市场需求和竞争态势，为制定有针对性的商品规划方案提供依据。

2. 确定商品分类与定位

在了解市场需求的基础上，零售门店需要对商品进行分类和定位。商品分类是指将零售门店所售商品按照一定的标准进行划分，以便更好地管理和展示。常见的商品分类方法包括按品类、品牌、价格等进行分类。商品定位则是根据市场需求和门店定位，确定所售商品的目标消费群体、市场定位，以及价格策略。通过商品分类与定位，零售门店可以形成清晰的商品结构，以满足不同消费者的需求。

3. 商品组合与结构优化

在明确了商品定位后，零售门店需要进行商品组合与结构优化。为此，零售门店需要根据市场需求、竞争态势以及自身定位，选择合适的商品组合策略。例如，零售门店可以采用宽深组合策略，即同时经营多种商品，每种商品又有多个品种和规格，以满足消费者的多样化需求；或者采用窄深组合策略，即专注于某类商品，提供丰富的品种和规格，以满足特定消费者的需求。零售门店还需要考虑商品的季节性和周期性特点，合理安排商品的进货和销售计划。同时，对现有商品结构进行优化，淘汰滞销商品，引入新品，以满足消费者的需求变化。

4. 制定价格策略与促销计划

价格是影响消费者购买决策的重要因素之一。零售门店在制定商品规划方案时，需要制定合理的价格策略。价格策略的制定需要考虑成本、市场需求、竞争态势及品牌形象等多个因素。零售门店可以通过成本加成法、市场导向法等确定商品的基础价格，并根据市场需求和竞争态势进行灵活调整。同时，零售门店还需要规划好促销策略，包括折扣、满减、赠品等多种形式，根据商品的特性和市场需求选择合适的促销方式。另外，零售门店还需要注意促销活动的时机和频率，避免过度促销对品牌形象和利润造成负面影响。

5. 实施与调整

零售门店需要按照制定的商品规划方案实施，并在实施过程中密切关注市场变化、消费者反馈和销售数据等信息，确保商品规划的持续优化。零售门店需要定期评估其实施效果，通过监控销售业绩、库存周转率、客户满意度等关键指标，及时发现问题、调整商品规划方案，以适应市场变化，保持竞争优势。

（四）商品规划方案实施注意事项

在制定好商品规划方案后，零售门店还需要注意以下几个方面的问题，以确保方案的顺利实施：

1. 方案的灵活性

市场需求和竞争态势是不断变化的，零售门店在制定商品规划方案时需要保持一定的灵活性。当市场环境发生变化时，零售门店应及时调整商品结构和组合，以适应新的市场需求和竞争态势。

2. 动态调整与优化

商品规划方案并非一成不变，零售门店需要定期对方案进行动态调整和优化。通过对销售数据、库存情况、顾客反馈等信息的分析，零售门店可以发现方案中存在的问题和不足，并及时进行改进和调整。

3. 与其他运营策略的协同配合

商品规划方案是零售门店运营管理的重要组成部分，但并非孤立的。零售门店在制定商品规划方案时，需要与其他运营策略协同配合，如店铺布局、陈列设计、人员管理等。通过各方面的协同配合，可以实现整体运营效益的最大化。

数实融合新视界

运营向下，产品向上

国家促消费政策和“挖潜”“换新”举措的出台，进一步提振了家电市场。特别是在乡村振兴、促进县镇消费等政策的牵引下，三线以下城市、县镇与农村等下沉市场消费潜力加速释放。作为苏宁易购零售服务商战略扎根县镇的重要载体，苏宁易购“零售云”自2017年创立以来，借势乡村振兴的政策东风，联合超1 800个品牌、上万名加盟商，建立了覆盖全国31个省级行政区、上万个乡镇的实体销售网络。

在当前消费升级、渠道下沉发展的新机遇下，苏宁易购“零售云”聚焦用户体验，通过零售服务商模式升级，为品牌厂商和中小零售商打造交互协作的平台，提升上下游产业链在产品研发、用户服务、渠道运营等方面的合作效率。

为加强优质供给，促进县乡消费升级，苏宁易购“零售云”明确2023年产品供应链策略为“聚焦定制产品、强化品牌布局、充实趋势类目”，携手品牌商、加盟商搭建优质商品下沉新通道。据了解，苏宁易购不断深化与头部品牌的战略合作，基于下沉市场消费新需求的数智化分析，联合打造200款全品类家电C2M（Customer to Manufacturer，用户直连制造）新品，通过缩短供应链路提升效率，以更低的成本、更好的品质为县镇消费者提供更加个性化、更具性价比的“尖货好物”。

同时，“零售云”也将优化品牌布局，丰富倍科、西门子、三星、松下等品牌商品，并将增加中高端产品主推力度，推进海尔宁海、美的宁梦、格力宁系列等套系化产品进店。此外，“零售云”还将加大引入中央空调、洗烘套装、集成灶、智能清洁等新品类家电，打造前置类家电门店业态，为消费者提供一站式厨电、卫浴、净水等前置家电消费入口。

除商品结构优化外，苏宁易购“零售云”还升级了Super店模型，从消费者需求出发，打造全新的品牌专区，增强场景体验，进一步优化品类结构，增加中高端、趋势类家电产品的供应。

“零售云”将推动“运营向下”，强化县级服务体系、组织建设，进一步把运营支持平台下沉到县级体系，为加盟商户提供近距离的贴身服务，为品牌商提供更低成本的县镇市场网络建设服务；同时推动“产品向上”，深挖县镇市场用户需求，打通研发、制造、供应全链路，强化定制产品打造，为加盟商提供更有竞争力、适销对路的产品，保障产品供应，让商品更旺销。

三、智能选品

在零售业快速发展的过程中，随着科技的进步，特别是大数据分析、人工智能和机器学习等领域的突破，智能选品作为现代零售门店商品规划与优化的核心手段，正逐渐崭露头角。

（一）智能选品概述

智能选品

智能选品是指借助先进的大数据分析技术和人工智能算法，对庞大的商品数据进行深度挖掘和分析，从而实现精准的商品选择、组合和库存管理。这一过程不仅依赖于强大的技术支持，还需要对零售业务的深入理解和对市场趋势的敏锐洞察。智能选品的出现，是零售业数字化转型的重要体现。

随着大数据时代的到来，零售门店积累了大量的销售数据、顾客行为数据及市场趋势数据。这些数据蕴含着丰富的信息，能够帮助零售门店更好地了解市场需求、顾客偏好、商品销售规律。而智能选品正是对这些数据进行深度挖掘和有效利用的关键环节，是一种利用数据分析和算法模型来优化商品选择的过程。

智能选品算法模型定义了选品的关键性指标，如商品兴趣程度、销售情况等，并根据这些指标对商品进行自动打标。这样，零售门店可以区分畅销款和滞销款商品，筛选出需要优化流量的商品，以及需要提升曝光度的商品。通过智能选品功能，商家能够更快地选品，更精准地决策，并在竞争环境中找到新的机会点，持续获得市场增长。

此外，智能选品还可以为门店提供个性化的推荐服务，根据消费者的购物历史和浏览记录，为其推荐更符合需求的商品，进一步提升顾客的购物体验和满意度。

数实融合新视界

智能选品助力打造热款

为了更好地助力商家孵化热品，京东官方数据平台——京东商智推出了智能选品功能。该功能基于日常商品运营管理所沉淀的数据，整合选品时需要的核心参数，通过算法给商品打标，并给出不同场景的选品推荐，帮助商家节省人工整理数据、商品分层打标及选品时间，让具备竞争力的商品更快速、高效地触达目标人群。

智能选品功能具有两大亮点，一是热品的识别打造，商家通过该功能可以快速发现店铺的潜在热款商品，以此提升商家的运行效率和流量转化率；二是灵活调整策略，帮助商家快速、及时调整商品的销售及运营策略，进而助力商家实现业务的长期健康发展和销售增长。

目前，京东商智智能选品功能已在与多个商家的共建实践中，充分验证了可行性与有效性。例如，在迪卡侬品牌入驻京东时，利用智能选品功能，通过多维度数据对商品进行定位，合理主推热款，灵活调整销售及运营策略，实现精细化运营，新店开业当天就吸粉超过百万人。

此外，在助力迪卡侬打造热款的合作方面，京东商智依据迪卡侬运营期的表现和商品数据变化，运用热力图分析出店铺内商品“被感兴趣度”，并结合店内“关键词”、季节对销售影响等维度，分析出运动服饰、骑行运动、运动鞋包和健身训练为当下主推类目，帮助迪卡侬品牌提升了选品效率。

在调整策略方面，京东商智通过数据的变化，针对每个SKU作出及时的运营策略调整。比如，迪卡侬的运动服饰类目在热销矩阵模型中“T恤”品类的热度值和效率值都高于其他商品的平均值，再结合京东商智平台的运动服饰行业TOP款，得出结论，迪卡侬的T恤对比行业有极佳的性价比，适合做引流产品，吸引顾客消费。

在与迪卡侬品牌的合作中，京东商智充分运用其热款识别功能灵活调整策略，为迪卡侬超级品牌日创下多项佳绩提供助力。活动期间，迪卡侬官方旗舰店实现访客增长40%，转化率提升78%，日销增长222%，这不仅实现了粉丝数量的快速增长，而且超预期完成了销售任务。在超级品牌日活动结束后，京东平台上高质量用户的影响力也在持续释放。

（二）智能选品的技术基础

智能选品作为现代零售业的创新手段，其实现依赖于一系列先进技术的支持。其中，大数据分析、人工智能与机器学习技术是智能选品的关键技术基础。

1. 大数据分析

在智能选品过程中，大数据分析发挥着至关重要的作用。通过收集并整合来自各个渠道的数据，包括门店销售数据、顾客行为数据、市场趋势数据等，大数据分析技术能够揭示出商品销售的内在规律和顾客需求的潜在特征。

具体来说，大数据分析可以帮助零售门店识别出哪些商品在特定时间段内销量较高，哪些商品受到特定年龄段或性别群体的青睐，以及市场趋势的变化如何影响商品销售。这些数据不仅为零售门店提供了制定选品策略的参考依据，还能够帮助门店更好地了解顾客需求，优化商品组合，提升销售效率。

2. 人工智能与机器学习

人工智能与机器学习技术是智能选品得以实现自动化和智能化的关键所在。借助这些技术，零售门店可以构建预测模型，对未来的销售趋势进行精准预测。

通过机器学习算法，零售门店可以对历史销售数据进行训练，使模型能够自动识别和提取出影响销售的关键因素。随着数据的不断积累和模型的持续优化，预测的准确性将不断提高，从而为零售门店的选品决策提供更加可靠的依据。

机器学习算法还可以帮助零售门店优化库存管理。通过分析历史销售数据和库存数据，机器学习算法可以预测出未来一段时间内的库存需求，从而帮助门店合理安排采购计划，避免库存积压和浪费。

通过充分利用这些技术，零售门店可以实现对商品数据的深度挖掘和分析，从而制定出更加精准和有效的选品策略，提升门店的经营效率和顾客满意度。

（三）智能选品的实施步骤

智能选品作为零售门店商品规划与优化的关键环节，其实施过程需要遵循一定的步骤，以确保选品策略的科学性和有效性。

1. 数据收集与整理

智能选品的首要任务是收集并整理相关数据。这些数据包括门店销售数据、顾客购买记录、库存数据，以及市场竞争情况等。销售数据可以反映商品的销售情况，包括销售额、销售量、销售趋势等；顾客购买记录则可以揭示顾客的购买偏好、购买频率，以及购物行为模式；库存数据能够反映商品的库存水平、周转率等关键指标；市场竞争情况包括竞争对手的商品种类、价格策略，以及市场份额等信息。

在收集数据的过程中，需要注意数据的准确性和完整性。对于不准确或缺失的数据，需要进行清洗和补充，以确保后续分析的可靠性。同时，还需要对数据进行适当的分类和整理，以便更好地进行数据挖掘和分析。

2. 数据分析与挖掘

在收集到足够的数据后，零售门店需要利用大数据分析工具进行深度挖掘。这一过程旨在揭示商品销售的内在规律和顾客需求的潜在特征。具体来说，可以通过关联分析来发现商品之间的关系，从而优化商品组合；通过聚类分析来识别具有相似购买行为的顾客群体，以便进行精准营销；通过趋势分析来预测未来一段时间内商品的销售趋势，以便提前调整库存和采购计划。

在数据分析与挖掘的过程中，需要充分利用各种数据分析方法和算法，确保分析的准确性和有效性。同时，还需要结合业务知识和经验，对分析结果进行解读和判断，以制定出更加符合实际情况的选品策略。

3. 选品策略制定

基于数据分析结果，可以制定具体的选品策略。在制定选品策略时，需要确定商品种类、数量、价格，以及促销方式等关键要素。商品种类的选择应基于市场需求和顾客偏好，确保商品组合的多样性和丰富性；商品数量的确定应考虑到库存成本和周转率等因素，避免库存积压和浪费；价格的制定应综合考虑成本、竞争对手的价格策略及顾客的支付能力等因素；促销方式的选择则应根据商品的特性和市场需求来制定，以提高销售量和顾客满意度。

选品策略还要综合考虑市场需求、竞争态势及零售门店的定位和特色。不同门店的定位和特色不同，其选品策略也应有所差异，需要充分考虑到零售门店的实际情况和特点，以确保选品策略的有效性和可行性。

4. 实施与监控

将选品策略转化为具体的行动计划后，需要在实施过程中进行实时监控。需要密切关注销售数据的变化趋势，以及顾客对商品的反馈和评价。如果销售数据出现下滑或顾客反馈不佳，应及时分析原因并采取相应的措施进行调整。通过定期评估销售数据、顾客反馈等信息，及时了解选品策略的实施效果。同时，还需要关注竞争对手的动态和市场趋势的变化，并根据实际情况进行调整和优化，确保选品策略的有效性和可持续性。

即学即问

智能选品给零售门店选品工作带来了哪些变化？

第二节　商品配置与运营

商品规划与商品配置往往是相互影响的。商品规划为商品配置提供了指导和依据，它决定了零售门店应该引入哪些商品、如何定价、如何推广等。而商品配置则根据商品规划的要求，具体落实商品在门店内的布局和展示，确保商品能够按照规划的策略有效销售。因此，制定科学、合理的商品配置策略对于零售门店来说至关重要。它不仅能够提升门店的销售业绩，还能够增强零售门店的品牌形象和市场竞争力。通过合理的商品配置和运营，可以吸引更多的顾客，提高顾客的忠诚度和复购率，从而实现零售门店的可持续发展。

一、商品配置策略

商品配置是对各类商品在营业场所内的位置（包括在卖场的位置和在货架上的位置）和所占空间的管理。商品配置是自选式卖场销售的主要技术，通过合理的配置，既可以确保商品在营业场所得到全面展示，从而避免商品种类的缺漏，也能够合理掌握不同商品的存货数量和补货时间，从而防止商品脱销断档。

商品配置策略，简单来说，是指零售门店基于市场需求、竞争态势和自身条件，通过一系列科学、合理的规划和调整手段，对商品进行组合、陈列和布局，以实现销售最大化、顾客满意度提升，以及门店运营效益优化的目标。它涵盖了商品从选择到陈列的整个过程，是零售门店运营管理的关键环节。

（一）商品配置策略的核心要素

商品配置策略的基础是要具备商品配置的核心要素，这些要素影响着策略的制定与实施效果。具体而言，商品配置策略的核心要素包括以下几个方面：

1. 商品选择是商品配置策略的起点

在这一阶段，零售门店需要根据自身的定位、目标顾客群体的需求，以及市场趋势，精心挑选出具有竞争力、符合门店特色的商品。这不仅涉及商品的种类、品牌、质量等，还需要对商品的性价比和销售潜力等进行综合评估。

2. 商品组合是商品配置策略的重要组成部分

通过合理的商品组合，门店可以实现商品的互补与协同，提升整体销售效果。例如，可以根据季节、节日或促销活动等因素，将不同类别的商品进行搭配销售，以满足顾客的多样化需求。

3. 商品陈列与布局是商品配置策略中不可忽视的一环

商品陈列方式不仅影响着商品的视觉效果，还直接关系到顾客的购买意愿。因此，门店需要根据商品的特性、顾客的购物习惯，以及零售门店的空间结构，设计出具有吸引力、便于选购的陈列方案。

商品布局是商品配置策略中一个重要的方面。合理的商品布局可以使门店的空间得到充分利用，同时为顾客营造舒适、便捷的购物环境。在进行商品布局时，门店需要考虑商品的分类、顾客的动线，以及门店的整体风格等因素。

另外，商品配置策略还需要考虑零售门店的自身条件。商品配置往往与门店定位和目标顾客群体之间存在着密切关系。不同零售门店的规模、地理位置、顾客群体等因素都会对商品配置策略产生影响。零售门店定位决定了其经营方向、商品种类和价格定位，而商品配置则是基于零售门店定位来选择合适的商品组合和陈列方式。同时，目标顾客群体的需求和偏好也是商品配置的重要参考依据。通过对目标顾客群体的深入研究和分析，可以更加精准地配置商品，以满足顾客的购物需求，提升顾客的购物体验。因此，在制定商品配置策略时，零售门店需要充分考虑自身的实际情况，选择适合自己的商品种类、组合方式及陈列布局等。

（二）商品分类与组合

在零售门店运营中，商品分类与组合是商品配置策略的关键组成部分，对于提升销售效果、优化顾客体验，以及实现零售门店的整体定位具有至关重要的作用。

1. 商品分类的原则和方法

商品分类是将门店内的商品按照一定的标准或属性进行划分和归类。其目的在于使商品结构更加清晰、有序，便于顾客浏览和选购，同时为零售门店的库存管理、销售分析等工作提供便利。商品分类的原则主要包括：

（1）科学性，即分类标准要合理、客观，能够真实反映商品的特点和属性。

（2）系统性，即分类体系要完整、严密，能够涵盖门店内的所有商品。

（3）实用性，即分类方法要简便易行，能够适应门店的实际运营需求。

常见的商品分类方法包括按功能分类、按材质分类、按品牌分类、按价格分类等。例如，一家家居用品门店可以将商品按功能不同划分为厨房用品、卧室用品、客厅用品等；或者按材质划分为木制品、玻璃制品、金属制品等。这些分类方法可以根据门店的特点和需求进行选择和调整。

2. 商品组合的原则和实施

商品组合是指将不同种类的商品按照一定的比例和方式进行搭配，以形成具有吸引力和竞争力的商品结构。合理的商品组合能够提升零售门店的整体形象，满足顾客的多样化需求，从而实现销售最大化。具体来说，商品组合可以遵循以下几个原则：

（1）多样性原则，即商品组合要尽可能丰富多样，以满足不同顾客的需求。

（2）互补性原则，即不同商品之间要能够相互补充、相互提升，形成整体优势。

（3）季节性原则，即根据季节变化和市场需求，及时调整商品组合，确保商品的新鲜度和时效性。

(4) 创新性原则，即不断探索和尝试新的商品组合方式，以吸引顾客的关注和兴趣。

在进行商品组合时，零售门店可以根据自身的定位和目标顾客群体，结合市场调研和数据分析，制定出具体的商品组合方案。例如，一家定位于中高端市场的服饰门店，可以精选一些设计独特、品质优良的品牌服饰作为主打商品，同时搭配一些配饰、鞋包等辅助商品，形成完整的穿搭解决方案。这样的商品组合不仅能够提升门店的品牌形象，还能够吸引更多的高端消费者。另外，零售门店还需要密切关注市场动态和竞争对手的商品组合情况，以便及时调整和优化自身的商品组合。通过不断尝试和改进，零售门店可以形成独具特色的商品组合，提升在市场上的竞争力。

商品分类与组合是零售门店运营中的重要环节。通过科学、合理的商品分类和组合，零售门店可以形成清晰、有序的商品结构，提升顾客的购物体验，实现销售最大化。在实际操作中，零售门店可以借鉴成功的商品分类与组合案例，结合自身的实际情况进行改进和创新。同时，零售门店还可以利用现代科技手段来提升商品分类与组合的效率和准确性。例如，利用数据分析和人工智能技术，对顾客的购物行为和需求进行深入研究，以更精准地进行商品分类和组合。同时，通过优化零售门店的信息化系统，实现商品信息的实时更新和共享，提高商品管理的效率和准确性。

(三) 商品配置的空间布局

商品配置的空间布局直接关系到顾客的购物体验、商品的销售效果，以及门店的整体形象。因此，零售门店需要精心规划和设计商品的空间布局，以最大限度地提升销售效果和顾客满意度。

1. 零售门店空间布局对商品配置的影响

零售门店的空间布局不仅决定了商品的摆放位置和动线，还影响着顾客的浏览和选购行为。一个合理的空间布局可以使商品陈列更加有序、美观，便于顾客浏览和选购；反之，如果空间布局不合理，可能导致商品摆放混乱，动线不畅，影响顾客的购物体验和销售效果。在规划商品配置的空间布局时，零售门店需要考虑多个因素：

首先是零售门店的规模和形状，不同的零售门店规模和形状需要采用不同的空间布局策略。其次是商品的种类和数量，不同种类和数量的商品需要不同的陈列方式和空间安排。最后，还需要考虑顾客的购物习惯和动线，确保顾客能够方便地浏览和选购商品。

2. 常见的商品布局模式及其适用场景

(1) 网格布局模式。这种布局模式将零售门店空间划分为若干个等大的网格，每个网格内放置一种或多种商品。这种布局模式适用于商品种类较多、需要展示商品全貌的零售门店。它可以使商品陈列整齐划一，便于顾客浏览和比较。但是，网格布局模式可能显得较为呆板，缺乏灵活性。

(2) 自由流动布局模式。这种布局模式不设定固定的商品摆放位置，允许顾客自由流动浏览。它适用于商品种类较少、需要营造轻松购物氛围的零售门店。自由流动布局模式可以使零售门店空间更加灵活多变，提升顾客的购物体验。但是，它也可能导致商品摆放不够整齐，影响零售门店的整体形象。

(3) 主题式布局模式。这种布局模式将零售门店空间按照不同的主题进行划分，每个主题区域内放置与该主题相关的商品。这种布局模式适用于有特殊定位或品牌形象的零售门店。它可以使零售门店空间更加有层次感和特色，吸引顾客的注意力。但是，主题式布局模式需要零售门店具备较高的品牌策划和设计能力，否则可能难以达到预期效果。

除了以上几种常见的布局模式外，零售门店还可以根据自身的实际情况和需求进行创新和尝试。例如，结合零售门店的装修风格和品牌形象，设计出独具特色的空间布局；或者根据季节和促销活动等因素，灵活调整商品布局以吸引顾客。

在实际操作中，零售门店还需要注意以下几点，以确保商品配置的空间布局合理有效：一是保持动线畅通，避免商品摆放过于拥挤或遮挡通道；二是合理利用空间高度，将商品进行高低搭配或悬挂陈列，以增加空间的层次感和利用率；三是注重商品的视觉效果和陈列细节，如灯光照明、色彩搭配等，以提升商品的吸引力和顾客的购买欲望。

（四）商品配置的时间管理

商品配置的时间管理是指零售门店要根据季节变化、商品的生命周期，以及市场趋势，灵活调整商品配置，以满足顾客的需求并实现销售效益最大化。

1. 商品配置的季节性调整策略

随着季节更替，顾客的需求和购物习惯也会发生变化。因此，零售门店需要根据不同季节的特点，及时调整商品配置，以适应市场变化。例如，在夏季，零售门店可以增加冷饮、防晒用品等夏季热销商品的库存，并将其摆放在显眼的位置；而在冬季，则可以增加保暖用品、冬季服饰等商品的供应。此外，零售门店还可以通过季节性促销活动，吸引顾客关注，提升销售效果。

2. 商品的生命周期管理策略

商品的生命周期通常包括导入期、成长期、成熟期和衰退期。零售门店需要根据商品所处的生命周期阶段，制定相应的配置策略。

（1）导入期。商品刚刚进入市场，消费者对其了解较少。此时，零售门店应加大宣传力度，通过广告、促销等手段提高商品的知名度。同时，在陈列布局上，可以将新品放置在显眼位置，吸引消费者的注意。

（2）成长期。商品逐渐被消费者接受，销量开始上升。此时，零售门店应优化陈列方式，提高商品的曝光率。同时，通过加强售后服务和客户关系管理，提升消费者对商品的满意度和忠诚度。

（3）成熟期。商品销量达到顶峰，市场竞争也最为激烈。此时，零售门店应注重提升商品的品质和附加值，以区别于竞争对手。同时，通过差异化营销和个性化服务，满足消费者的多样化需求。

（4）衰退期。销量逐渐下滑，市场需求减少。此时，零售门店应逐渐减少库存，避免积压。同时，通过寻找新的市场机会或开发新产品，为零售门店带来新的增长点。

在商品配置的时间管理中，零售门店还需要注意以下几点：

（1）密切关注市场动态和消费者需求的变化。通过定期的市场调研和数据分析，了解消费者的购物习惯和偏好，为商品配置提供有力支持。

（2）加强与供应商的沟通和合作。确保商品的供应稳定、质量可靠，并根据市场需求及时调整采购计划。

（3）建立完善的销售数据分析和反馈机制。通过对销售数据的实时监控和分析，及时发现问题并采取相应的调整措施。同时，通过收集消费者的反馈意见，不断改进商品配置和服务质量。

通过合理的季节性调整策略和商品生命周期管理应用，结合先进的技术手段和创新的营销策略，零售门店可以不断优化商品配置，提升商品配置的效率和效果，为消费者提供更加优质的购物体验，实现持续稳健的发展。

（五）商品配置与库存管理

商品配置与库存管理紧密相连，二者相互影响，共同决定了门店的运营效率和利润水平。合理的商品配置需要考虑商品的种类、数量、陈列位置等多个因素，而这些因素都与库存管理水平息息相关。例如，零售门店在配置商品时，需要根据销售预测和库存情况来确定每种商品的进货量。如果进货量过多，可能导致库存积压，增加库存成本；如果进货量过少，则可能导致商品缺货，影响销售。因此，商品配置需要根据库存水平灵活调整，以确保库存的合理性和有效性。

为了实现库存的有效控制，零售门店可以采用多种方法。其中，定期盘点和实时跟踪是两种常见的库存控制方法。定期盘点可以帮助零售门店了解库存的实际情况，包括库存量、滞销品和畅销品等，从而根据盘点结果调整商品配置和进货计划。实时跟踪则可以通过现代化的技术手段，如RFID技术、智能货架等，对库存进行实时监控和预警，确保库存水平的准确性和及时性。

在商品配置中，库存控制方法的应用也十分重要。例如，零售门店可以根据销售数据和库存情况，对畅销商品适当增加库存，以确保供应充足；对于滞销商品，则可以通过调整陈列位置、进行促销活动等方式，提高商品的曝光率和销售量，从而降低库存积压的风险。此外，零售门店还可以根据市场趋势和季节变化，提前预测和规划库存需求，以应对可能出现的销售高峰或低谷。

通过合理的商品配置和库存控制，零售门店可以实现库存优化并降低库存成本。同时，这也能够提升零售门店的运营效率和顾客满意度。当顾客发现所需商品充足且陈列有序时，他们的购物体验会得到提升，进而增加对零售门店的信任和忠诚度。

（六）商品配置与营销策略

商品配置与营销策略是零售门店运营中的两大关键要素，二者相辅相成，共同推动着零售门店的销售业绩和品牌形象。

1. 商品配置是营销策略实施的基础

零售门店的营销策略往往围绕着产品定位、目标顾客群体、市场竞争态势等因素展开，而商品配置则是将这些策略转化为具体行动的关键环节。通过合理的商品配置，零售门店可以将符合营销策略的商品摆放在显眼位置，通过有效的陈列和布局，突出商品的卖点和特色，从而吸引顾客的注意力，提升销售转化率。

2. 商品配置有助于营造零售门店的购物氛围和品牌形象

不同的商品配置方式会营造出不同的购物氛围，进而影响顾客的购物体验和品牌感知。例如，高端品牌的门店往往采用精致、简约的商品配置方式，以突出品牌的高端定位；而快时尚品牌则更注重商品的多样性和更新速度，以吸引追求时尚潮流的年轻消费者。通过巧妙的商品配置，零售门店可以塑造出独特的品牌形象，提升品牌知名度和美誉度。

3. 商品配置还可以与促销活动相结合，提升营销效果

在促销活动中，零售门店可以通过调整商品配置，将促销商品摆放在显眼位置，利用价格优惠、赠品等促销手段，吸引顾客购买。同时，通过合理的商品组合和搭配，零售门店还可以激发顾客的购买欲望，提高客单价和销售额。

在提升顾客购物体验方面，商品配置同样发挥着重要作用。通过优化商品布局和陈列方式，零售门店可以使顾客更加便捷地找到所需商品，减少购物过程中的困扰和不便。同时，通过营造舒适、温馨的购物环境，零售门店还可以提升顾客的购物愉悦感，增强顾客的忠诚度和回头率。因此，零售门店在运营过程中应充分重视商品配置与营销策略的协同作用，以实现更好的经营效果。

（七）线上线下商品配置策略

零售门店线上线下商品的配置策略需要综合考虑多个因素，以确保两者的协同与互补，提升整体销售效果。以下是一些关键的配置策略：

1. 线上线下商品的差异化配置

由于线上线下消费者的购物习惯和需求可能存在差异，因此零售门店需要针对不同渠道的特点进行商品选择。例如，线上平台可以侧重于销售长尾商品、特色商品或独家商品，以满足消费者的个性化需求；而线下门店则可以注重展示畅销商品、新品或体验性强的商品，吸引顾客到店体验和购买。

2. 实现线上线下商品的互补性配置

通过深入分析消费者的购买行为和需求，零售门店可以找出线上线下商品的互补点，将两者结合起来，提供更完整的购物体验。例如，线上平台可以提供丰富的商品信息和用户评价，帮助消费者作出购买决策；而线下门店则可以提供商品试穿、试用等体验服务，增强消费者的购买信心。

3. 保持商品信息同步

确保线上线下商品信息的准确性和一致性，包括商品名称、描述、价格、库存等。这有助于提升消费者对品牌的信任度，避免产生信息不一致的困扰。

4. 库存管理与调配

建立高效的库存管理系统，实时监控线上线下库存情况，确保商品充足且分布合理。必要时，可以实现线上线下库存的灵活调配，以满足不同渠道的需求。

5. 制定线上线下融合的价格策略

（1）线上线下同价策略。这是一种简单直接的价格策略，即线上线下的商品价格

保持一致。这种策略可以消除消费者对线上线下价格差异的疑虑，增强其购买信心。

（2）线上线下差异化定价策略。根据线上线下的运营成本差异及消费者的行为特征，设定不同的价格。例如，线上运营因为省去了实体店的租金和人员成本，可以提供更低的价格；而线下运营则可以通过提供更好的服务和体验，设定稍高的价格。

（3）建立动态定价机制。通过收集和分析线上线下的用户购买行为、浏览记录等数据，零售企业可以制定更加精准的定价策略。例如，线上可以实施限时折扣、满减优惠等促销手段，而线下则可以根据库存状况、季节因素和节假日活动等调整价格，以实现销售最大化。

（4）会员优惠策略。通过设置会员制度，为会员提供专属的价格优惠和增值服务。这种策略既可以增加消费者的忠诚度，也可以提高复购率。

（5）捆绑销售和套餐定价策略。通过将相关商品捆绑销售或设定套餐价格，既可以提高单笔交易的金额，也可以让消费者感觉更加划算。

即学即问

讨论服装零售门店与生鲜零售门店的线上线下商品配置策略有什么区别？

二、品类运营与优化

品类运营与优化是指零售门店通过对商品品类的有效管理，实现品类结构的合理化和商品组合的优化。品类运营涉及品类的选择、定位、组合、定价、促销等多个方面，旨在通过科学的运营策略，实现品类销售额、毛利率等关键指标的提升，从而提升零售门店的经营效益和顾客满意度，为零售门店带来稳定的客流和收益。

（一）品类运营的基本概念

1. 品类的定义与分类

品类作为零售门店商品管理的基本单位，指的是按照一定标准，如功能、用途、价格、品牌等划分的商品集合。它反映了消费者对商品的认知和需求，也是零售门店进行商品配置和运营的基础。品类的分类多种多样，常见的分类方式包括：

（1）按商品属性分类，如食品、服饰、家居用品等，这种分类方式便于消费者按需寻找商品。

（2）按价格分类，如高档品、中档品、经济型商品等，这种分类方式有助于消费者根据预算进行选择。

（3）按消费者需求分类，如必需品、季节性商品、时尚潮流品等，这种分类方式能更好地满足消费者的不同需求。

2. 品类运营的目标与原则

品类运营的目标在于通过有效的品类管理，提高销售额和利润水平；优化库存结构，提高库存周转率；增强品类竞争力，提升顾客满意度和市场份额。为实现上述目标，品类运营需遵循以下原则：

（1）以顾客需求为导向。深入了解顾客需求，确保品类组合符合市场趋势和消费者偏好。

（2）差异化与个性化。注重品类的差异化和个性化，形成独特的竞争优势。

（3）成本效益分析。合理控制采购成本，确保品类运营的经济效益。

（4）动态调整与优化。根据市场变化和消费者反馈，及时调整品类结构和运营策略。

3. 品类运营与整体商品规划的关系

品类运营是整体商品规划的重要执行环节。整体商品规划是对零售门店商品进行全面、系统地规划和设计，包括商品定位、结构、组合、陈列等多个方面。而品类运营则是将整体商品规划的目标和要求落实到具体品类中，通过对品类的精细化管理和优化，实现整体商品规划的战略目标。具体来说，品类运营在整体商品规划中的作用主要体现在以下几个方面：

（1）落实商品定位。根据整体商品规划的定位要求，选择合适的品类和商品，确保门店商品与目标顾客群体相匹配。

（2）优化商品结构。通过对品类的精细化管理，调整商品结构，使零售门店商品更加丰富、多样，满足消费者的不同需求。

（3）提升商品组合效果。通过合理的品类组合和搭配，提升商品的整体吸引力和销售潜力。

（4）强化商品陈列与展示。根据品类特点和消费者心理，设计有效的陈列方案，提升商品的视觉冲击力和购买欲。

品类运营与整体商品规划相互促进、相互支持，共同推动零售门店商品管理的不断优化和提升。

（二）品类运营策略

1. 品类定位与角色划分

品类运营策略

（1）利润型品类。这种品类的特点是利润率高，是企业主要的盈利来源。它们通常具有独特的价值或品质，能够满足消费者的特定需求。因此，零售门店应对这种品类进行精心策划和营销，确保其市场份额和利润率。

（2）引流型品类。这种品类的价格相对较低，主要目的是吸引消费者进入店铺或网站，从而增加其他品类的销售机会。它们通常具有较高的市场认知度和消费者接受度，能够为企业带来稳定的客流量。

（3）形象型品类。这种品类代表零售门店的品牌形象和价值观，通常具有较高的知名度和美誉度。虽然它们不一定是零售企业主要的盈利来源，但却能提升企业的整体形象和品牌价值。

（4）基础型品类。这种品类是满足消费者基本需求的必备品，价格适中，销量稳定。它们是零售门店日常运营的基础，需要确保货源充足，品质可靠。

2. 品类组合与搭配策略

（1）宽度与深度的平衡。品类宽度指的是零售门店提供的品类数量，而深度则是指每个品类的产品种类和规格。零售门店需要根据市场需求和自身资源，合理平衡品类宽度和深度，以满足不同消费者的需求。

（2）季节性调整与趋势预测。零售门店应关注市场趋势和季节性变化，及时调整品类组合和搭配策略。例如，在节假日或特定季节，增加相应品类的促销和推广活动，以提高销售额和市场份额。

3. 定价策略与价格管理

（1）成本导向定价。这种定价策略主要基于商品的生产成本来确定销售价格。零售门店加上一定的利润加成，以确保盈利。这种策略简单易行，但可能忽视市场需求和竞争状况。

（2）竞争导向定价。零售门店根据市场上同类商品的价格来设定自己的商品价格。这种策略有助于零售门店在激烈的市场竞争中保持价格优势，但也可能导致利润空间受限。

（3）价值导向定价。这种策略基于消费者对商品价值的认知来设定价格。零售门店需要通过市场调研和品牌建设，提升消费者对商品价值的认可度，从而实现高溢价。这种策略需要零售门店具备强大的品牌影响力和市场营销能力。

在实施这些策略时，零售门店还需要关注品类之间的关联性和互补性，以便更好地满足消费者的需求并提高整体销售额。同时，零售门店还需要根据市场变化和消费者需求的变化，不断调整和优化品类运营策略，以确保持续的市场竞争力。

（三）品类优化方法

1. 品类销售数据分析

销售数据分析是品类优化的基础，通过收集、整理和分析销售数据，零售门店可以深入了解各品类的销售表现和市场趋势。

（1）销售数据收集与整理。零售门店可以通过多种渠道收集销售数据，如POS系统、第三方数据提供商等。零售门店要对收集到的数据进行清洗和整理，确保数据的准确性和一致性。

（2）销售趋势与周期性分析。通过对销售数据的分析，零售门店可以了解各品类的销售趋势和周期性变化。这有助于零售门店预测未来的市场需求，制定相应的采购和库存策略。同时，周期性分析还可以帮助零售门店识别季节性因素，以便在旺季和淡季采取不同的销售策略。

2. 滞销品处理与畅销品强化

（1）滞销原因分析。针对滞销品，零售门店需要深入分析其滞销的原因，可能是价格过高、款式过时、品质问题等。通过了解顾客反馈和市场趋势，企业可以制定有针对性的改进策略。

（2）促销策略与清仓方法。为了处理滞销品，零售门店可以采取多种促销策略，如打折、满减、赠品等。同时，清仓方法，如限时抢购、捆绑销售等，也有助于快速消化库存，淘汰滞销或过时商品。

（3）畅销品补货与陈列优化。对于畅销品，零售门店应确保充足的库存供应，并及时补货以满足市场需求。此外，通过优化陈列位置和方式，如增加排面、突出展示等，可以进一步提升畅销品的销量。

3. 新品引进与测试

新品引进是品类优化的重要手段，有助于提升品类的新鲜感和吸引力。

（1）市场调研与新品筛选。在引进新品前，零售门店需要进行充分的市场调研，了解顾客需求和市场趋势。通过筛选具有潜力的新品，零售门店可以丰富品类结构，提升市场竞争力。

（2）新品上市策略与效果评估。制定合适的新品上市策略，如定价、促销、宣传等，有助于新品快速打开市场。同时，零售门店需要对新品上市后的销售表现进行定期评估，以便及时调整策略并优化品类结构。

三、商品数字化管理

随着科学技术的发展，作为一种数字化转型的方式，商品数字化管理已经被越来越多的企业采用。商品数字化管理是将传统企业的商品管理转化为数字化管理的一种方式，是数字化转型思路在商品管理上的应用。通过实现商品的数字化、自动化、智能化管理，提高效率，降低成本。

（一）商品数字化管理概述

1. 商品数字化的含义

商品数字化是通过对商品视觉拍摄、字段提取等方式获取原始数据，并根据零售企业的业务需求，将这些原始数据经过设计、编排、输出，形成数字化的商品图文，并通过屏幕端（移动端、PC端、PAD端）直接展现给消费者，最终完成信息传达与商品交易的整个过程。

商品数字化利用自动识别技术、信息技术等，将商品从生产加工、运输、仓储、销售、配送到消费者等各环节进行数字信息处理和标识，以满足消费者对线上线下商品的一致性需求。也就是说，在数字经济时代，商品的标准配置，不仅是单一的实物或样品，还是一整套以虚拟形式存在的数字化信息，它是智慧零售得以实现的关键基础。

数实融合新视界

用数字化编码打破物理与虚拟世界的边界

数字化编码在物理世界中的表现就是条码（Barcode），它是由一组规则排列的条、空及对应的代码组成的。而消费者在零售门店时最常见的条码符号就是商品条码（GTIN）。

商品条码是商品在全球通行的唯一“身份证”和“国际通行证”，它所对应的13位数字代码是核心，根据不同的应用需求，可以承载和索引商品的生产厂家、生产日期、批号、物流等信息。商品条码被广泛应用于对零售商品、储运包装商品、物流单元、参与方位置进行可视化标识。商品条码结构如图3-1所示。

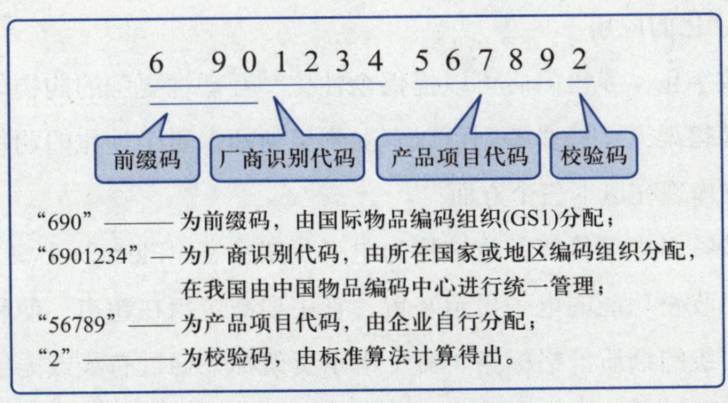

图 3-1　商品条码结构示意图

在京东的零售生态中，数字化编码深入更加底层。在京东系统后台，当商家在发布新品时填写和商品匹配的标准条码之后，系统就会自动帮助商家填补商品的大部分信息。这不仅极大地提高了上架效率，也最大化地保证了商品信息的准确率。效率与准确率的提升，为C端消费者做最终消费决策提供了关键参考。

通过数字化编码，可以让海量商品基础信息都实现标准化、"上传"与"下达"统一语言，更方便地去做全渠道、全场景的触达管理，实现线上线下的无缝融合。条码被采集后进入系统中，在"上传"层面，无论是京东线上自营、第三方商家，还是线下的基于地理区域的门店，都可以统一使用这种语言来共同调取条码索引的所有商品信息，实现可视化销售管理。在"下达"层面，京东整个供应链的各个环节，无论是仓储管理，还是物流运输监控，都可以使用这个条码来统一流程模式。这就大幅度提升了仓储和物流的运营效率。

"上传""下达"都统一了语言，当京东平台上的商品和品牌数量越来越多、类型越来越多元化的时候，数字化编码就可以通过这种语言识别出标品和非标品，从而可以快速而准确地搭建出内部的标品库。在标品库里，不同的商品对应到各自不同的具体卖家，以及消费者对这件商品的消费行为中，例如，比价、好评/差评、使用体验、售后服务反馈等。

对于京东而言，这种统一化的语言不仅提升了选择商品、商家时的效率，以及需求匹配的精准度，同时避免了平台上一些商家的恶意竞争。最为关键的是，数字化编码降低了由于商品信息错误导致消费者误购所触发的售后服务的比例。让售后服务这一通常滞后的措施，前置到营销环节和消费者最终决策购买的环节当中，降低了运营成本，提升了运营效率。

2. 商品数字化的应用

通过商品数字化，零售门店可以提供个性化、互动性更强的购物体验，优化供应链管理并拓展销售渠道；消费者则可以享受到更便捷、更个性化的购物体验。商品数字化的应用主要体现在以下三个方面：

（1）电子价签。电子价签，也被称为电子货架标签（Electronic Shelf Label，ESL），是一种带有信息收发功能的电子显示装置。它主要被应用在超市、便利店、药房等场所，用于替代传统的纸质价格标签。每个电子货架标签通过有线或无线网络与商场的计算机数据库相连，实时更新并显示最新的商品信息。

电子价签的出现成功地将货架纳入了计算机程序管理，它不仅简化了商品的变价流程，还摆脱了手动更换价格标签的状况，从而实现了货架的数字化管理。零售门店工作人员在PC端的云平台上可以进行实时的价格更改，使得变价更为便捷和快速，实现了灵活定价和实时促销。

电子价签背后是一整套打通线上线下、价格变动信息同步的电子价签系统。电子价签智能化的改价方式简化了以往复杂的商品改价流程，不仅实现了货架管理的数字化，而且赋予了实体店与线上商城价格同步、库存同步、促销同步的能力，大幅提升了门店的运营效率。因此，对于传统零售门店来说，电子价签是其实现数字化转型的重要工具。

此外，电子价签在不同的零售场景中都有其独特的应用优势。例如，在数码通信领域，电子价签可以直观展示商品价格，提升商品的科技感；在黄金首饰门店，电子价签与黄金珠宝相得益彰，提升了门店的档次；在便利店和生鲜商超，电子价签有助于商品管理和陈列，提升顾客的购物体验；在医药连锁店，电子价签可以实现药品信息的集成陈列，方便顾客选择，同时实现环保无纸化。

（2）智能货架。智能货架是一种集成了高科技技术的货物存储和管理系统。智能货架通过使用传感器技术（重量传感器、RFID射频传感器、红外光电传感器等）和物联网技术，能够实时监控货物状态，并实现货物的自动化存储、管理和分配。智能货架适用于物流仓储、企业仓库、医疗耗材管理、智能零售、智慧门店等多个领域。智能货架的核心功能有：

① 自动辨识。智能货架上的每件商品都附带着RFID标签，当商品通过货架时，RFID系统能够自动、迅速地辨识和追踪商品，无须进行人工扫描。

② 库存管理。智能货架能够随时监测商品的库存情况，如果发现库存量达到预先

设定的最低值，系统会自动发出补货提醒。

③ 摆放布局。智能货架能够根据销售数据进行分析，通过动态调整货架布局，将最受欢迎的商品放置在易于取得的位置。

④ 行为分析。通过智能货架，零售门店能够收集并分析消费者在货架前的行为数据，从而更好地了解消费者的购买习惯和喜好，以便更好地满足市场需求。

⑤ 防盗功能。使用RFID标签可以采取防盗措施，当未付款的商品离开零售门店时，系统会自动触发警报，帮助零售门店预防商品被盗。

智能货架在零售门店中的主要作用包括以下几个方面：

① 智能化监控。智能货架可以实现实时动态监测并追踪商品的销售状态、库存情况，以及顾客的购物行为等，真正做到“一物一码”，帮助零售门店更好地管理货物数量并发现盗窃行为。

② 商品促销。智能货架还可以通过内置显示屏或LED灯带等设备展示商品信息，提高商品的曝光率和购买者的购买欲望，增加销售金额。

③ 客流统计。利用RFID技术，智能货架可以对进入和离开店铺的顾客进行实时记录。通过分析顾客信息，如到访时间、区域、停留时间等指标，零售门店可以了解目标客户，从而根据客户需求进行优化服务。

④ 供应链管理。基于RFID设备所提供的物品标识数据和零售门店业务操作数据，零售门店可以对供应链上的物品进行全程监管，借此规避出现缺货、少货、溢货的情况，更好地扩大销售渠道并加速销售流程。

⑤ 财务分析。通过RFID系统采集的各类数据，智能货架可以实现多维度的财务分析，帮助零售门店更好地了解自身的业务运营情况并做出有针对性的策划。

(3) 智慧屏。商品图文信息可以通过线上平台或门店内的电子屏幕直接展示给消费者，让消费者能够更直观地了解商品详情。零售门店智慧屏的应用主要体现在以下几个方面：

① 商品展示与交互。智慧屏可以通过高清、动态的展示方式，将商品信息、促销活动等内容直观地呈现给顾客。这种交互式的展示方式不仅能够吸引顾客的注意力，还能够提供更加丰富和有趣的购物体验。

② 信息发布与更新。零售门店可以利用智慧屏实时发布最新的产品信息、价格变动、优惠活动等内容，确保顾客能够获取到最新、最准确的信息。同时，智慧屏还可以根据门店的运营需求，随时更新展示内容，提高信息传播的效率和准确性。

③ 顾客服务与互动。智慧屏可以作为零售门店与顾客互动的重要工具。例如，顾客可以通过触摸屏幕查询商品信息，参与互动游戏，获取优惠券等。这种互动式的服务方式不仅能够提升顾客的购物体验，还能够增加顾客对零售门店的黏性和忠诚度。

④ 数据收集与分析。智慧屏可以收集顾客在屏幕前的行为数据，如点击次数、停留时间、观看内容等，为零售门店提供宝贵的数据资源。通过对这些数据的分析，零售门店可以了解顾客的购物习惯、兴趣偏好等信息，为后续的营销决策提供有力支持。

⑤ 品牌宣传与推广。智慧屏还可以作为零售门店的品牌宣传工具，通过展示品牌形象、企业文化等内容，提升品牌的知名度和美誉度。同时，智慧屏还可以与社交媒体等线上平台联动，实现线上线下一体化推广。

进德修业

用电子标签探索低碳新模式

在第51个“世界环境日”到来之际，东鹏饮料集团股份有限公司宣布，东鹏特饮经典瓶装推出“环保版”，在“撕掉”实物标签后，取而代之以电子标签。东鹏饮料集团用数字化赋能环保的新方式开创了行业先河。

这是国内首款电子标签功能饮料，不仅以数字化方式解决了“去标”之后品牌难以识别的问题，而且为企业践行可持续发展提供了全新思路，将进一步推动行业“无标签”的绿色风潮。

“撕掉”了实物标签后，如何让消费者识别到品牌和产品信息？不同于其他无标签品牌以激光打印技术在瓶身上标识产品名称和保质期的做法，东鹏特饮独辟蹊径，采用电子标签的数字化方式。

东鹏特饮将二维码藏在瓶盖上，消费者通过扫描“无标签”版东鹏特饮瓶盖上的二维码，不但能对产品的原料、功效、规格、生产日期、批次、厂家等信息一目了然，而且能获得东鹏特饮颁发的“低碳奋斗者”光荣称号，让品牌和消费者直接对话，互动性更强。

东鹏饮料集团独创的电子标签环保产品，一瓶一码，扫码溯源，并非天马行空之举，而是源于企业强大的数字化基因。电子标签基于的“一物一码”底层技术并不复杂，但其背后所依托的是东鹏饮料集团领先行业的“五码关联”数字化营销管理体系。所谓“五码”是指生产批次码、瓶盖内码、瓶盖外码、纸箱内码、纸箱外码，每个码分别针对不同人群和业务场景，分别具有不同的功能。“五码关联”成为东鹏饮料集团连接消费者、终端商户和经销商的有力工具。

此次环保电子标签所依托的二维码是上述“五码”中的瓶盖外码，其原本主要是便于工厂生产时进行瓶箱关联，便于仓储与物流的溯源管理。随着实物标签的消失，电子标签的诞生，这款环保产品也自然融入了东鹏饮料集团的全渠道数字化管理体系中，不仅能够对产品进行全生命周期的高效管理，未来东鹏数字化营销平台上的各种福利也将给这款环保产品赋能。因此，东鹏特饮电子标签产品，是在顺应饮料行业“无标签”的趋势下，将数字化和低碳环保两者有机结合的创新之举。

党的二十大报告提出：“加快发展方式绿色转型。”作为国内功能饮料企业，东鹏饮料集团积极响应国家“双碳”政策，履行企业环境保护责任，积极实践节能减排。东鹏饮料集团以本次电子标签版东鹏特饮的推出为起点，践行低碳理念与企业社会责任，为环保发展增添数字化能量，为可持续发展探索出更多创新模式。

3. 商品数字化管理的含义

商品数字化管理是指通过运用现代信息技术和数字化手段，对零售门店的商品进行全面、精细、高效的管理。这种管理方式涵盖了商品从采购、入库、销售到库存控制等各个环节，旨在提升商品管理的透明度、精准度和效率，进而增强零售门店的市场竞争力。

商品数字化管理包括商品分类管理、库存管理、采购管理、销售管理、价格管理、促销管理等各个环节。在商品数字化管理中，零售企业可以通过物联网技术、大数据分析等先进的科技手段来优化商品管理流程，提高管理效率。做好商品数字化管理，需要从以下几个关键方面入手：

（1）商品分类管理。根据商品的特点、用途、品牌等进行分类，并建立分类标准，方便进行商品的查找、管理和调拨。

（2）商品编码管理。为每个商品编制唯一的编码，方便进行商品的管理和调拨。编码规则可以根据零售企业的实际情况制定。

（3）商品价格管理。根据商品的价格体系，对不同的商品进行价格管理，包括折扣、促销等活动，确保价格的合理性和准确性。

（4）商品库存管理。对商品的库存进行管理，及时掌握商品的库存情况，并根据销售情况进行调拨和补货，确保商品的库存充足和合理利用。

（5）商品销售分析。对商品的销售情况进行分析，了解商品的销售趋势和热销品类，并及时进行调整和优化。

（6）商品促销管理。制订商品促销计划，对不同的商品进行不同程度的促销，提高商品的销售额和市场占有率。

（7）商品配送管理。制订商品配送计划，合理安排配送时间和路线，确保商品及时送达消费者手中，提高消费者的购物体验。

（8）商品库存优化。根据销售数据和库存数据，对商品的库存结构进行优化，减少库存积压和浪费，提高商品的周转率和利用率。

4. 商品数字化管理的意义

商品数字化管理对于零售门店来说具有非常重要的意义。零售门店实施商品数字化管理，有助于实现商品信息的实时更新和共享，提升信息的准确性和时效性。零售门店可以更加精准地把握市场需求和消费者偏好，为商品选品、定价和促销策略的制定提供有力支持。

（1）提高管理效率。商品数字化管理可以将传统人工管理转化为数字化自动化管理，一次性输入商品信息后，系统自动管理各个环节。在这一过程中，利用物联网等先进技术，可以实现高效、准确、快速的数字化管理，提高管理效率。

（2）降低管理成本。商品数字化管理可以减少人工成本、采购成本和库存成本。对于传统人工管理的零售企业来说，成本和效率难以兼得，而商品数字化管理则可以实现精益管理，降低管理成本。

（3）提高客户体验。商品数字化管理可以帮助零售企业实时掌握客户需求，定制个性化需求，提高客户体验，增加忠实客户的比例。

（4）提高竞争力。商品数字化管理可以让企业更快速地响应市场需求，更加高效地管理商品的生命周期。随着商品管理系统数字化、自动化、智能化的实现，零售企业的运营效率进一步提高，竞争力也得到了不断提升。

（二）商品数字化管理的关键技术与工具

商品数字化管理的关键技术与工具的应用不仅极大地提升了商品管理的效率，还为门店提供了更加精准和全面的数据支持，助力零售门店在激烈的市场竞争中取得优势。

1. 条形码与RFID技术

条形码与RFID技术是商品数字化管理的基础。条形码是一种通过特定编码规则在商品上印制的条、空及其对应字符组成的标识，它可以通过扫描设备快速准确地读取商品信息。而RFID技术则利用无线射频信号进行非接触式双向数据通信，实现对标签物品的自动识别。通过为商品贴上条形码或RFID标签，零售门店可以实现对商品的快速识别和跟踪。这不仅减少了人为因素导致的错误，提高了操作效率，还使得商品信息的录入和查询变得更为便捷和准确。

2. POS系统

POS（Point of Sales，销售点）系统在商品数字化管理中发挥着至关重要的作用。作为销售点信息系统，POS系统能够实时记录商品销售数据，包括销售数量、销售额、顾客信息等。这些数据为门店提供了丰富的销售数据支持，使零售门店能够更好地了解商品销售情况、顾客消费习惯等信息。同时，POS系统还具备销售分析、库存管理等功能，能够帮助门店进行更加精准的商品管理和营销决策。

3. ERP系统

ERP（Enterprise Resource Planning，企业资源计划）系统是商品数字化管理的重要工具之一。ERP系统通过整合门店的采购、库存、销售等业务流程，实现了商品信息的全面管理和协同工作。在ERP系统的支持下，零售门店可以实时监控商品的库存状态、采购需求等信息，确保商品供应的及时性和准确性。同时，ERP系统还可以提供强大的报表功能和数据分析工具，帮助零售门店更好地了解业务状况和市场趋势，为决策提供支持。

4. 个性化推荐系统

商品管理的最终形态是做到人货匹配，通过与会员系统融合数据建立个性化推荐系统，以根据消费者的购买历史和偏好，为他们提供更贴心的购物体验。通过分析消费者的购买行为和喜好，系统可以向他们推荐符合个人需求的商品，从而提高转化率和客户满意度。

5. 大数据分析工具

大数据分析工具在商品数字化管理中发挥着越来越重要的作用。通过对商品销售数据的深度挖掘和分析，大数据分析工具可以帮助零售门店发现市场趋势、消费者行为等有价值的信息。这些信息不仅有助于零售门店制定更加精准的营销策略和商品选品策略，还可以为零售门店的长期发展提供战略指导。同时，大数据分析工具还可以帮助零售门店预测未来的销售趋势和市场需求，从而提前作出调整和准备。

商品数字化管理的关键技术与工具在提升商品管理效率、优化库存结构、提高销售额等方面发挥着重要作用。这些技术与工具的应用使得商品数字化管理更加智能化、自动化和精准化，为零售门店的长期发展奠定了坚实基础。

（三）商品数字化管理的步骤

1. 建立数字化管理框架

商品数字化管理是一个复杂而系统的过程，需要逐步推进和精细操作。首先，建立数字化管理框架是实施商品数字化管理的基础。在这一阶段，需要明确商品数字化管理的目标、原则和流程，确保整个数字化管理过程能够有序进行。通过建立商品信息数据库，能够实现对商品的精准管理。这将有助于提高供应链效率，降低库存成本，并使零售门店能够更好地了解商品的特性、价格、销售量和利润等信息。同时，制定相应的管理制度和规范，为后续的数字化管理工作提供指导和约束。

2. 数据收集与整合

数据收集与整合是实施商品数字化管理的关键环节。通过利用条形码、RFID等技术手段，可以实现对商品信息的快速采集和录入，确保数据的准确性和完整性。同时，借助POS系统、ERP系统等工具，可以整合零售门店的销售、库存等数据资源，形成全面的商品信息数据库。

3. 数据分析与应用

在数据收集与整合的基础上，数据分析与应用是商品数字化管理的核心。通过运用大数据分析工具对收集到的数据进行深度分析，可以挖掘市场趋势和消费者需求，为商品选品、定价和促销策略的制定提供有力支持。根据分析结果，可以有针对性地调整商品结构、优化库存结构、制定精准的促销方案等，从而提升零售门店的销售业绩和市场竞争力。

4. 持续优化与改进

在实施过程中，需要定期评估商品数字化管理的效果，发现问题并改进。同时，零售企业要持续关注新技术和新工具的发展，不断优化数字化管理体系，使其更加适应市场需求和业务变化。

（四）商品数字化管理的注意事项

通过实施商品数字化管理，零售门店可以实现对商品信息的全面掌控和精准决策，提升运营效率和市场竞争力。在实施商品数字化管理的过程中，需要注意以下几点：

1. 数据安全与隐私保护

商品数据和顾客数据包含大量敏感信息，零售企业必须采取严格的安全措施，确保数据不被非法获取或滥用。这包括使用加密技术保护数据传输和存储，以及建立完善的数据访问权限管理制度。

2. 人员培训与技能提升

数字化管理技术的运用需要员工具备一定的知识和技能。因此，加强员工对数字化管理技术的培训和指导，提高他们的数字素养和技能水平，是确保商品数字化管理顺利实施的关键。

3. 系统维护与更新

数字化管理系统需要定期维护和更新，以确保其稳定运行，并适应业务需求变化。这包括定期检查系统的性能和安全性，修复可能存在的漏洞和错误，以及根据业务需求进行功能扩展和升级。

行业发展与瞭望

中国商品信息服务平台助力零售企业数字化

商品数字化是零售企业信息系统、智能系统的基石。商品数据应该是标准且规范的，遵循国际标准化数据格式，让商品数据在整个供应链中自由流转，从而有效提高企业品牌传播和数字化转型的效率。在此情况下，高质量的商品信息服务平台就成为数字化转型的关键工具。

中国商品信息服务平台是中国物品编码中心为了顺应数字化和标准化的趋势，基于计算机网络技术、全球统一编码标识系统而构建的标准化信息交换平台。该平台以权威准确、翔实全面的高质量商品信息为基础，广泛应用于零售消费、物流运输、资源计划、电子采购和品类管理等领域，为商品的制造商、零售商、批发商，以及咨询机构提供优质的信息服务。

中国商品信息服务平台商品数据质量通过对标准架构、系统校验、管理控制及用户监督四个层面严格把关，有效保证了服务平台中商品信息的完整性、准确性、一致性和时效性，避免由于企业信息化不充分、多语言描述不准确，以及人工介入等因素可能导致的数据质量问题，最终形成一个数据品质高、覆盖范围广、数量大的产品数据库。

在数字化浪潮下，中国商品信息服务平台凭借数量众多的商品品类，标准完善和更新及时的商品数据，在零售企业和生产企业之间搭建起桥梁，助力零售企业在数字化与智能化的道路上阔步前行。

知识与技能训练

一、单选题

1. 在制定商品规划方案时，零售门店应合理控制成本，优化商品结构，提高库存周转率，这是遵循了（　　）原则。

A. 以顾客需求为中心　　B. 竞争差异化

C. 效益最大化　　D. 灵活性与适应性

2. 在制定商品规划方案时，门店应首先进行的是（　　）。

A. 制定价格策略　　B. 市场调研与分析

C. 商品分类与定位　　D. 商品组合策略

3. 智能选品的实现所依赖的关键技术包括（　　）。

A. 云计算和区块链技术　　B. 大数据分析和人工智能与机器学习技术

C. 物联网和虚拟现实技术　　D. 机器学习和自然语言处理技术

4. 洞察用户需求时，通过销售数据，用户行为数据，库存数据等进行深入挖掘和分析，可以揭示消费者的购买偏好、消费趋势以及商品的销售规律的方法是（　　）。

A. 数据分析法　　B. 市场调研法

C. 社交媒体监测　　D. 客户反馈

5. 商品配置策略中的核心要素不包括（　　）。

A. 商品选择　　B. 商品组合

C. 商品陈列　　D. 人力资源管理

二、多选题

1. 可以用于用户需求洞察的方法有（　　）。

A. 市场调研法　　B. 数据分析法

C. 品牌推广　　D. 社交媒体监测

E. 客户反馈

2. 制定商品规划方案的原则包括（　　）。

A. 市场导向原则　　B. 供应链管理原则

C. 竞争差异化原则　　D. 灵活性与适应性原则

E. 效益最大化原则

3. 智能选品的实施步骤包括（　　　　）。

A. 数据采集与整理　　B. 数据分析与挖掘

C. 产品包装与配送　　D. 选品策略制定

E. 实施与监控

4. 商品组合的原则包括（　　　　）。

A. 多样性原则　　B. 互补性原则

C. 季节性原则　　D. 创新性原则

E. 单一性原则

5. 关于商品数字化管理的关键技术与工具，以下说法正确的是（　　　　）。

A. 条形码与 RFID 技术是商品数字化管理的基础，能够实现对商品的快速识别和跟踪

B. POS 系统在商品数字化管理中发挥着重要作用，能够记录商品销售数据并提供销售分析和库存管理功能

C. ERP 系统通过整合门店的采购、库存、销售等业务流程，实现商品信息的全面管理和协同工作

D. 个性化推荐系统能够根据消费者的购买历史和偏好，向他们推荐符合个人需求的商品

E. 数据收集与整合是实施商品数字化管理的关键环节，可通过条形码、RFID 等技术手段实现对商品信息的采集和录入

三、判断题

1. 在零售门店的商品规划与运营中，用户需求洞察的应用不包括促销活动策划。（　　）

2. 商品规划方案的制定对门店的销售业绩和顾客满意度没有直接影响。（　　）

3. 在零售业的日常运营中，商品配置的时间管理不是一项至关重要的任务。（　　）

4. 商品配置与营销策略在零售门店运营中没有直接联系。（　　）

5. 品类运营与整体商品规划是相互独立的两个概念，在零售门店中并没有直接联系。（　　）

四、简答题

1. 用户需求洞察在零售门店的商品规划与运营中的作用是什么？简要描述一下。

2. 简要解释智能选品是如何利用大数据分析和人工智能技术来优化商品选择和库存管理的？

3. 简述商品数字化管理的实施步骤。

五、案例分析

智能价签帮拣货，“菜脸识别”省时间

数字化、智能化已经成为新零售行业的重要特征。盒马鲜生（简称“盒马”）持续利用大数据和人工智能技术，在收银操作、货物管理、仓储配送等环节进行数字化改造，切实提升了工作效率，为

消费者带来更加便捷舒适的购物体验。

1. 智能价签

盒马的智能价签已经在货架上大显身手。传统的订单拣货流程全靠人工操作，拣货员平均每15分钟才能完成一单。有了智能价签，拣货员能够在4分钟之内完成拣货。除了帮助店员快速定位、盘点、绑定和挑拣货物，传统商超里出现的价签和货物对应错误的情况将不再存在，智能价签其实还是一块电子屏幕，能直观地显示商品其他信息。

智能价签还有更多服务功能。例如，部分商品将会有新鲜度提示——显示该商品是何时上架的，让消费者对它的新鲜度一目了然，智能价签上的热销排行榜展示功能，可以帮助顾客挑选心仪的商品。

2. AI视觉秤

智能价签仅仅是盒马在门店技术落地的一个小场景。据了解，盒马自主研发的AI视觉秤技术已经推广至大润发、三江等连锁超市。这套技术能够准确识别1 000种以上的蔬菜、水果、干货、零食等，识别时间不超过0.8秒。操作员只需对物品进行扫描，摄像头捕捉到图像后，就能迅速识别出物品，配合系统完成自动称重，真正做到了“菜脸识别”，这既能帮助操作员从背诵代码中解放出来，也优化了顾客的排队体验。

AI视觉秤技术看似简单，却对AI技术提出了很高要求。很多水果蔬菜的颜色、外形容易混淆，同一类水果蔬菜的形态也因成熟度不同而有所差别，这些都给准确识别物品带来挑战。为此，盒马数百人的技术团队在识别精度、识别效率、数据训练方面下了很大功夫。AI视觉秤可以实现数据闭环，每日将识别效果不好的数据回流到训练集当中，且无须人工干预，稳定商用运行数月，至今无严重识别率下降情况。

3. 悬挂链智能算法

盒马门店悬挂链的智能算法也在不断更新。顶棚的一条条悬挂链索道从盒马门店使用开始便成为新零售行业的标配，它承载着物品的配货袋在门店上方滑动。

这是盒马基于大数据和算法为线上订单设计的“高速公路”，能帮助分拣员高效完成工作。当顾客线上下单后，智能调度算法根据用户订单时间、地点对相同商品进行聚合，并将拣货指令就近合并发送给最近区域的拣货员。据估算，这个系统不仅让分拣员平均每天少走1.5万步，还能完成以往3倍的工作。技术升级与改造，将努力实现人和算法的进一步充分协同，继续减少分拣员的劳动量。

智慧零售与人民的生活密不可分，目前，盒马借助科技力量对零售进行数字化改造，打造线上线下一体化的商业基础设施。这将为人们提供更加个性化、便利化的服务。而盒马组建强有力的科研梯队，则是为了未来能够持续不断探索科技在零售行业的创新。

思考：

1. 盒马借助智能标签、AI 视觉秤等应用对商品数字化管理带来哪些优势？

2. 从盒马的数字化改造的启示探索未来零售门店商品规划与运营的创新？

调查研究与善作善成

调研项目：

零售门店商品数字化管理技术与工具调查研究。

调研目的：

1. 培养学生调查研究的能力，通过实地调查和数据分析了解零售行业中商品数字化管理的实际运用情况。

2. 培养学生的团队合作能力和沟通能力，通过与团队成员的合作完成调查研究任务。

3. 提升学生的报告撰写能力，能够清晰地呈现调查结果并提出合理建议。

调研要求：

1. 调研主流数字化管理工具：收集并分析市场上零售门店常用的商品数字化管理软件及平台。

2. 评估技术实施效果：针对选定技术工具，评估其在商品编码管理、库存管理、销售分析等方面的应用效果。

3. 设计案例研究：选取典型零售门店进行实地调研，分析其数字化管理成功案例与潜在改进空间。

4. 提出优化建议与实施方案：基于调研结果，提出针对零售门店商品数字化管理的优化策略及具体实施方案。

调研内容：

1. 实地调查不同类型或规模的零售品牌店铺，了解其在商品数字化管理方面所采用的关键技术与工具。

2. 数据收集：通过访谈、观察、文献资料收集等方式，获取零售门店在商品数字化管理方面的相关数据和信息。

3. 数据分析：对收集到的数据进行整理和分析，了解不同零售所采用的技术与工具的应用情况和效果。

4. 归纳总结：根据数据分析结果，填写表3-1，并撰写一份调查研究报告，清晰地呈现调查结果并提出合理建议。

表3-1　零售门店数字化管理

零售门店	数字化管理软件/平台	在商品编码管理中的应用	在库存管理中的应用	在销售管理中的应用
零售门店1				
零售门店2				
零售门店3				
零售门店4				
……				

第四章

零售门店用户精细化运营

学习目标

素养目标

- 培养创新思维，勇于尝试新的精细化运营策略和方法，持续改进零售门店用户运营效果
- 培养诚信意识，坚持真实、透明、公正的原则，建立零售门店与用户的信任关系
- 培养社会责任感，将社会责任融入零售门店用户运营中，增强会员对零售门店的认同感和归属感

知识目标

- 了解用户画像与用户标签体系
- 熟悉动态用户画像的构建与应用
- 掌握零售门店用户运营的主要模型
- 掌握零售门店的会员运营策略

技能目标

- 能够搭建零售门店的用户标签体系
- 能够借助用户运营模型开展用户精细化运营
- 能够为零售门店设计会员成长体系
- 能够实施基于生命周期的会员运营

思维导图

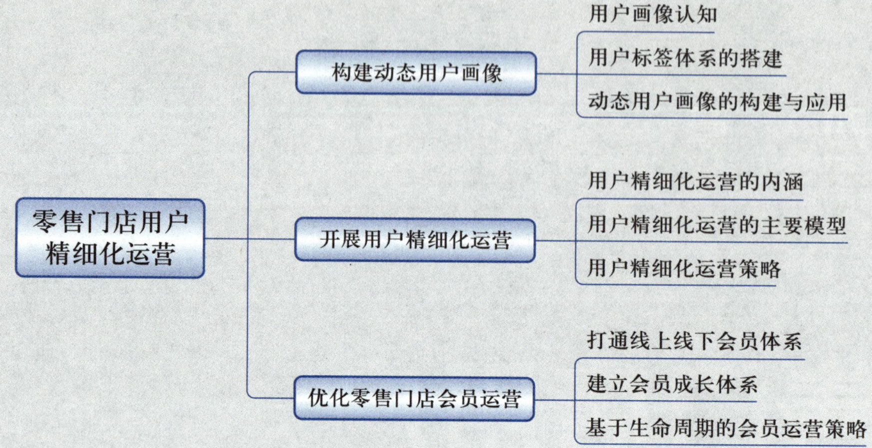

学习计划

■ 素养提升计划

____

____

■ 知识学习计划

____

____

■ 技能训练计划

____

____

【引导案例】

银泰百货从线上到线下的“三层流量漏斗”

经过多年的数字化转型，银泰百货已经是一家线上线下高度融合的百货公司。它与支付宝公司（以下简称支付宝）联合发起的营销活动最终反哺的业务也是线上线下全渠道运营。如果把银泰百货整体看成一个产品，那么则可以把银泰百货与支付联合进行的“五福活动”的所有运营动作都简化归纳为一个公式——产品价值 = 用户量 × 用户价值。

1. 基于线下场景，提高产品价值

早期，支付宝和银泰百货的用户重合率不高，以拉新为主，也就是直接提升用户量。现在，随着产品和数据分析能力的提升，银泰百货开始把重心调整为更全面的用户运营。

结合用户生命周期，可以更直观地理解银泰百货的整体运营逻辑。

（1）支付宝拥有大量潜在用户，通过拉新活动将潜在用户转化为新用户。

（2）用户中有很大一部分是中低频用户，通过支付宝活动日常促活、提频。

（3）对于活跃用户，通过支付宝分发大额券来提高用户的客单价。

（4）通过“五福活动”召回流失用户，重新激活他们的消费行为。

（5）将新用户、低频用户和流失用户都沉淀下来，使他们进入支付宝社群，通过反复触达维护用户黏性。

银泰百货的用户运营模式如图 4-1 所示。

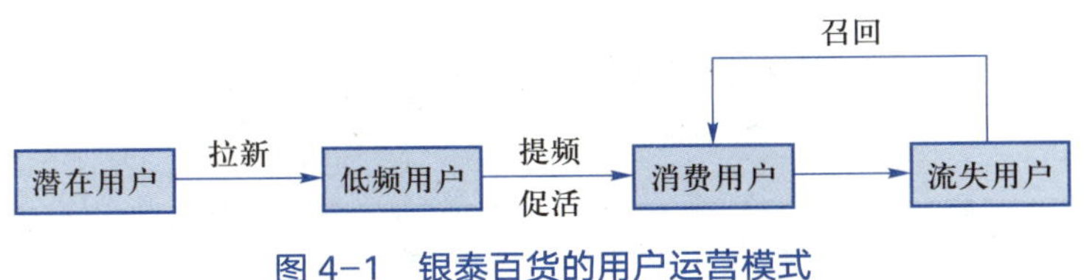

图 4-1 银泰百货的用户运营模式

总之，线上的运营动作或是拉新，或是召回，或是促活、提频，都能够提高可运营的用户量，然后通过更好的体验和服务把用户引流到线下，再放大用户的价值。

2. 从线上到线下的“三层流量漏斗”

银泰百货的线上线下联动可以归纳为一个“三层流量漏斗”。

（1）线上布点：通过直播、生活号等撬动公域流量。从支付宝开放商家直播以来，银泰百货就投入到了直播中。但银泰百货并不追求直播间卖多少货，而是通过在直播间里的抽奖、发送福利等活动向线上社群引流。

银泰百货还会开展更丰富的直播方式，比如探店直播，既能展示线下的场景，也能提高趣味性，吸引线上流量。当然还有日常的生活号、福利券、小程序等，都会将流量导向线上社群。

（2）社群运营：日常促活 + 转化。到目前为止，银泰百货已经积累了 20 万人的社群用户。和微信社群运营类似，他们也在支付宝社群进行日常的社群维护动作。比如早晚问安、介绍生活养生小窍门、进行福利抽奖活动和商品推荐，并进行线下营销活动预告等。

（3）与品牌商家联动：将用户沉淀到本地社群。在这一步，银泰百货同时会和一些品牌方联动发布一些快闪活动。活动会提供专属福利，但需要用户到店并加入对应的本地社群才能领取。例如，银泰百货杭州武林店、西湖店发布的一些福利活动，会通过支付宝的全国社群分发活动或福利信息，吸引附近的用户到店消费。

这样，全国社群的用户就可以通过不同地域和不同消费场景，沉淀到本地细分社群，然后再由本地细分社群进行精细化服务，从而实现了公域流量从线上到线下的沉淀。银泰百货沉淀社群用户到本地细分社群的流程如图 4-2 所示。

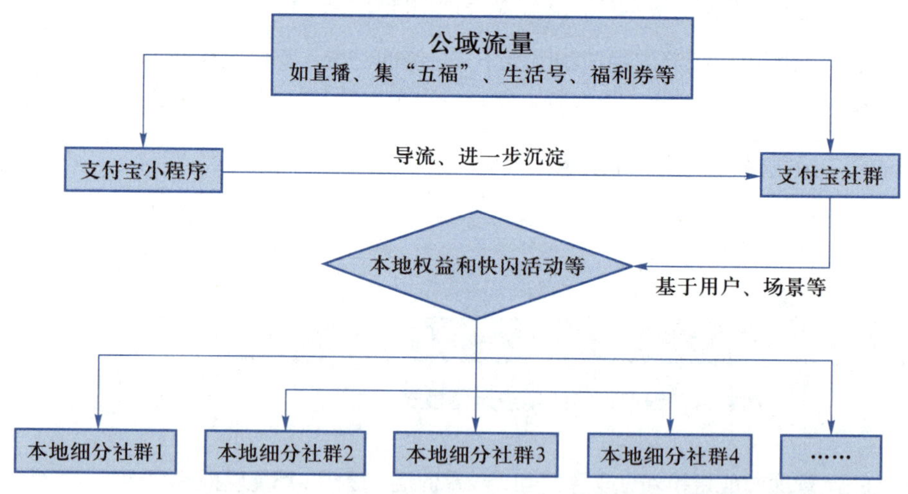

图 4-2　银泰百货沉淀社群用户到本地细分社群的流程

数字经济与实体经济不断融合的经营方式，决定了零售企业的运营应该是所有通路的数字化运营，而不仅是网上销售的数字化运营。银泰百货不仅是线下商家，更是线上商家，它把线上运营都耦合到线下业务中，然后通过数字化手段更高效地提升用户价值。

案例思考：银泰百货是如何把线上用户沉淀到线下的？

【引思明理】

党的二十大报告提出，要“着力扩大内需，增强消费对经济发展的基础性作用”。当前，我国以消费为主导的内需发展格局基本形成，扩大内需的关键是扩大消费需求，激发消费活力要顺应消费需求、消费群体的变化。目前，消费者行为呈现多样化、数字化、品质化、社交化趋势，因此，拥有更多消费者的消费信息，并进行有效分析及应用，才能在市场竞争中赢得更多优势，用户，尤其是会员已成为零售企业的重要资产和竞相争夺的重要资源。

零售业已从产品和渠道为王的时代进化到用户运营时代。用户运营的目的是实现用户增长，其动力来源于用户价值的提升。零售企业要想通过线上和线下渠道获取用户和流量，就必须改变传统经营模式，采用创新的顾客运营和服务手段，而重要的抓手就是用户运营。因此，了解用户需求并开展用户精细化运营就成为零售企业提高竞争力的关键。

第一节　构建动态用户画像

零售门店开展用户精细化运营时，首先要根据用户的具体行为，制定不同的用户标签，构建动态用户画像；再设置不同阶段的运营目标，建立用户分群模型；最后根据数据分析结果，制定运营策略。

用户画像是实现精细化用户运营的基础，而标签是用户运营中最小的操作单位。无论是用户分群还是用户分层，都要根据用户的画像特征来进行有针对性的运营。因此需要对用户画像进行充分了解并准确分析。在竞争中，零售企业只有不断优化用户画像和精细化运营，才能在激烈的市场竞争中脱颖而出。

一、用户画像认知

（一）用户画像的内涵

用户画像，又称消费者画像或用户形象，是指通过收集和分析用户的各种信息数据，进而抽象出一个虚拟的用户模型。这个模型能够全面、细致地描绘出用户的背景、特征、性格、行为场景等内容，通过数据分析获取的用户基本属性、购买能力、行为特征、社交网络、心理特征和兴趣爱好等方面的标签模型，能贴切地抽象出一个或一类用户的信息全貌，从而帮助零售企业更好地了解用户，更好地设计产品，制定营销策略和提供服务。

用户画像包含三个要素，即用户属性、用户特征和用户标签。其中，用户属性分为静态属性和动态属性，静态属性指用户的基本信息（如姓名、性别、职业等）及其他相对稳定的属性；动态属性指用户的行为信息（如访问频次、访问时长、浏览记录等）及其他动态属性。用户属性可以根据研究目的有针对性地划分，以此构建更精准的用户画像。用户特征是通过一定方法从用户属性中抽取出来的特性或共性。用户标签则是根据用户特征进一步提炼出来的标签化文本，可以精炼准确地表达用户特征，易于理解和应用。

（二）用户画像的特点

（1）全面性。用户画像涵盖了用户的基本信息、消费习惯、兴趣偏好等多个方面，能够为企业提供全面的用户认识。

（2）细致性。用户画像通过对用户的各种数据进行分析和挖掘，能够深入到用户的微观层面，揭示出用户的隐性需求和潜在特征。

（3）动态性。用户画像是一个动态过程，随着用户行为和市场环境的变化而不断更新。零售企业需要持续跟踪用户数据，及时调整和优化用户画像。

（4）标签化。用户画像通常会将用户的特征进行标签化处理，这样企业可以更加方便地对用户进行分类和识别，实现精准营销和服务。

（三）用户画像的用途

用户画像作为一种工具，可以帮助零售企业以可视化方式理解和刻画其目标用户群体。从实际应用的角度，用户画像可以分为统计型画像与预测型画像两类。统计型画像是客观存在的，多为兴趣偏好，如用户每天都在看汽车新闻、搜索汽车相关的内容，基于这种行为，可以判断这个用户对汽车感兴趣。这些行为是客观发生的。预测型画像需要通过用户行为做预测，尤其是挖掘目标人群的消费者行为特征，如用户在某个App中是否会发生付费行为。用户画像为企业提供了足够的信息基础，能够帮助零售企业快速找到精准用户群体以及用户需求等广泛的反馈信息。

1. 用户画像能够帮助零售企业认知用户

零售企业通过用户画像，能够全面了解用户的购买喜好、消费习惯等信息，能够快速识别谁是自己的用户，这些用户可以分为哪些类别，并找出核心用户，从而更精准地满足用户的需求，提供个性化的产品和服务。

2. 用户画像能够帮助零售企业挖掘需求和场景

在认识用户群体的基础上，零售企业可以基于用户的身份特征和行为特征，理解用户的需求和消费场景，从而帮助零售企业更好地制定产品和营销策略。用户画像被广泛应用于智能推荐、运营策略、收入提升、服务差异化、产品优化和风控等各个场景。

3. 用户画像能够助力零售企业进行精准营销推广

用户画像可以帮助零售企业更好地定位目标用户，制定相应的市场推广策略。有了准确的用户画像，零售企业可以通过有针对性的广告投放、精准的内容推送等方式，提高广告的点击率和转化率，提升营销效果。

4. 用户画像能够提高用户忠诚度

用户画像不但可以帮助零售企业采用有效手段来完成用户增长和用户体验目标，还可以更好地与用户进行互动和沟通，提供更贴心的售后服务，从而增加用户的忠诚度和黏性，形成良好的口碑和品牌形象。

由此可见，用户画像作为一种勾画目标用户特征、满足用户诉求、设计企业发展方向的有效工具，可以方便运营者具体、标签化、有针对性地了解目标用户群体，并以此作为市场分析、商业决策、精准营销的依据。

（四）用户画像的构建方法

1. 数据收集

构建用户画像的基础是数据。零售企业需要从各种渠道收集用户数据，包括内部系统数据、外部数据源，以及第三方数据提供商等。这些数据应涵盖用户的多个维度和触点，以确保用户画像的全面性和准确性。

2. 数据挖掘与分析

在收集到原始数据后，零售企业需要运用数据挖掘和分析技术，从海量数据中提炼出有价值的用户特征。这包括对用户行为的统计分析、趋势预测、关联规则挖掘等。

3. 标签化

为了便于后续的应用和管理，零售企业要对用户特征进行标签化处理。标签可以是基于规则的，如根据用户的购买金额将其划分为“高价值用户”或“普通用户”；也可以是基于算法的，如通过机器学习算法对用户进行分类和聚类。

4. 画像呈现

企业需要将构建好的用户画像以直观、易理解的方式呈现出来。这一步骤既可以通过可视化图表展示用户的分布和特征，也可以通过文字描述来呈现用户的立体形象。

行业发展与瞭望

用户画像与智能推荐系统

智能推荐系统是基于人工智能和机器学习技术，通过分析用户的购物历史、行为模式、偏好等信息，为用户推荐符合其需求的商品。智能推荐系统的核心是建立用户画像和物品画像，并通过算法不断优化推荐结果。这种系统可以根据用户的实时反馈和购买行为不断优化推荐算法，提高推荐的准确性和个性化程度。

在智能推荐系统的实现过程中，用户画像构建是其中的关键环节。通过收集和分析用户的购物行为、喜好、购买频率等数据，系统可以构建出详细的用户画像。这些画像不仅包括用户的基本信息，还涵盖其购物偏好、消费习惯等深层次特征。基于这些画像，系统可以为用户推荐更加精准的商品，提高用户的购物满意度和对企业的忠诚度。例如，对于经常购买生鲜果蔬的用户，可以推荐当季新品或与其过往购买商品搭配的相关产品；对于家庭主妇，可推荐生活日用品、家居清洁等相关商品，以满足其一站式购物需求。

此外，智能推荐系统还可以根据商品的属性和标签等信息，建立物品的特征模型。通过对物品的特点和相似度分析，系统可以推荐与用户兴趣相匹配的物品。在这一过程中，协同过滤、基于内容的推荐等算法发挥着重要作用。

二、用户标签体系的搭建

建立完整、清晰的用户画像要依赖完善的用户标签体系。用户标签是通过对用户信息分析而来的高度精练的特征标识。也就是说，用户标签是用来描述和区分用户的特征和属性的标识符，能够描述用户特征，区分用户群体。用户标签体系则是一个用于描述和管理用户特征和行为的系统。通过对用户标签的分析和挖掘，企业可以更好地了解用户的需求和行为，从而进行精准的市场定位、产品推广和用户服务。

（一）用户标签的分类

用户标签可以根据不同的维度进行分类：

1. 按照标签变化频率的不同，可分为静态标签和动态标签

（1）静态标签。静态标签是指用户与生俱来的属性信息，或者是很少发生变化的信息，如用户的姓名、性别、出生日期以及用户学历、职业等，这些信息虽然有可能发生变动，但这个变动频率是相对较低或者很少发生变化的。

（2）动态标签。动态标签是指经常发生变动的、非常不稳定的特征和行为，如“一段时间内经常去的商场、购买的商品品类”。这类标签的变动可能是按天，甚至是按小时计算的。

静态标签与动态标签的常用属性分别如图4–3和图4–4所示。

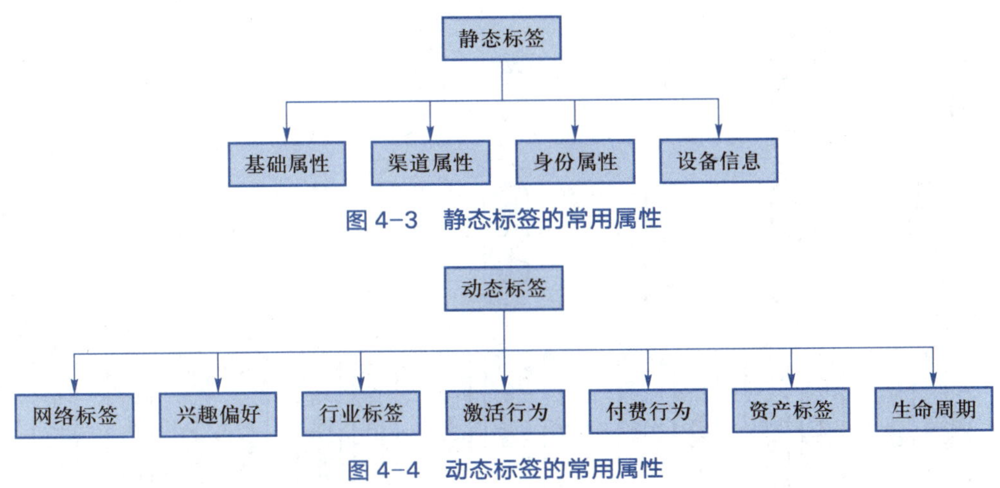

图4–3　静态标签的常用属性

图4–4　动态标签的常用属性

2. 按照标签的指代和评估指标的不同，可分为定性标签和定量标签

（1）定性标签。定性标签是指不能直接量化而需要通过其他途径实现量化的标签，其标签的值是用文字描述的，如“用户爱好的运动”为“跑步”“游泳”等。

（2）定量标签。定量标签是指可以准确定义、精确衡量并能设定量化指标的标签，其标签的值是用数值或数值范围来描述的。定量标签虽不能直观地说明用户的某种特性，但可以通过对大量用户的数值进行统计比较后得到某些信息。例如，用户的年龄结构为20~25岁、单次购买平均金额为300元，购买的总金额为2 000元……

3. 按照标签的来源渠道和生成方式不同，可以分为基础标签、业务标签、智能标签

（1）基础标签。基础标签主要是指对用户基础特征的描述，如姓名、性别、年龄、

身高、体重等。

（2）业务标签。业务标签是在基础标签之上依据相关业务经验并结合统计方法生成的标签，如用户忠诚度、用户购买力等标签就是根据用户的登录次数、在线时间、单位时间活跃次数、购买次数、单次购买金额、总购买金额等指标计算出来的。

（3）智能标签。智能标签是利用人工智能技术基于机器学习算法，通过大量的数据计算实现的自动化、推荐式的打标签。例如，今日头条的推荐引擎就是通过智能标签体系给用户推送其感兴趣的内容。

4. 按照标签体系分级分层的方式，可以分为一级标签、二级标签、三级标签等

如图4-5所示，每一个层级的标签相当于某些业务维度的切面。在标签应用中按照不同的业务场景进行组合，就可以形成相应的用户画像。

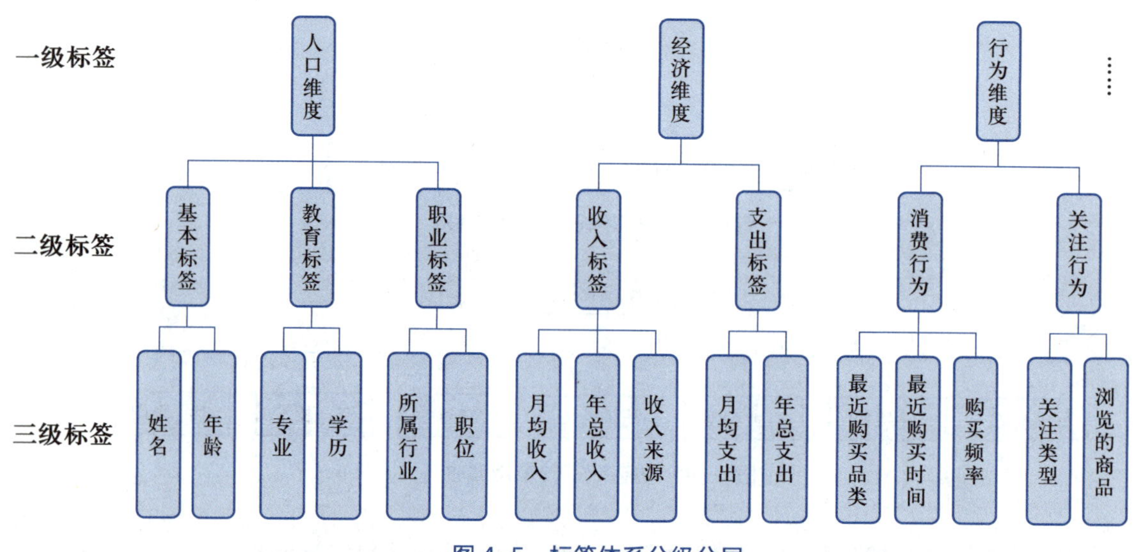

图4-5 标签体系分级分层

5. 按照数据提取和处理的维度，可以将标签分为事实标签、模型标签、预测标签

（1）事实标签。事实标签是指既定事实，直接从原始数据中提取，描述用户的自然属性、产品属性、消费属性等，其本身不需要模型与算法，虽实现简单，但规模需要不断基于业务补充与丰富，如姓名、购买的商品品类、所在小区等。

（2）模型标签。模型标签是对用户属性及行为属性等的抽象和聚类，通过剖析用户的基础数据，为用户贴上相应的总结概括性标签及指数，标签代表用户的兴趣、偏好、需求等，指数代表用户的兴趣程度、需求程度、购买概率等。

（3）预测标签。预测标签是参考已有事实数据，基于用户的属性、行为、位置和特征，通过机器学习、深度学习及网络算法进行用户行为预测，针对这些用户行为预测，配合营销策略、规则为用户打标签，将营销信息适时、适机、适景推送给用户，如试用了某产品A后预测可能还想买产品B并将购买链接推送给该用户。

（二）搭建零售门店用户标签体系

1. 用户标签体系的用途

用户标签体系作为一个用于描述和管理用户特征与行为的系统。从狭义上理解，是指基于业务目标和用户数据形成的包含完善用户标签的标签库。从广义上理解，除了丰富完善的标签库，还包括标签管理、标签分析、智能运营等多模块。其主要有以下几方面用途：

（1）用户细分。通过用户标签体系，零售企业可以将用户划分为不同的群体或细分市场，以便更好地了解不同用户群体的需求和行为模式。这有助于零售企业制定针对不同用户群体的个性化营销策略，并提供更具有针对性的产品和服务。

（2）个性化推荐。基于用户标签体系，零售企业可以使用推荐算法来为用户提供个性化的推荐内容，如产品、服务、文章等。通过分析用户的兴趣、偏好和行为特征，可以向用户推荐他们最有可能感兴趣的内容，提高用户体验和满意度。

（3）客户关系管理。用户标签体系可以帮助零售企业更好地管理客户关系。通过了解用户的基本信息、购买能力和忠诚度等标签，零售企业可以根据不同用户的需求和价值程度来制定相应的客户关系管理策略，以增加用户黏性、提高用户的满意度和忠诚度。

（4）营销策略优化。通过分析用户标签数据，零售企业可以了解不同用户群体的购买偏好、渠道偏好和反馈偏好等信息，从而优化营销策略。零售企业可以基于用户标签数据来调整广告投放策略、优化促销活动、改进产品定位等，以提高市场反应能力和销售效果。

（5）预测和决策支持。用户标签体系可以为零售企业提供数据支持，用于预测用户行为和趋势、支持决策制定。通过分析用户标签数据，零售企业可以预测用户的购买意向、流失风险、市场需求等，从而为产品开发、市场推广和业务决策提供参考依据。

总之，用户标签体系是一个有助于企业了解用户、优化营销策略和提升用户体验的重要工具。通过合理构建和应用用户标签体系，零售企业可以更好地洞察用户需求、提供更加个性化和精准的服务。

2. 零售门店用户标签体系的搭建

构建零售门店的用户标签体系

标签体系是一种用于对数据或对象进行分类和描述的组织结构。它通过为数据或对象添加标签来标识其属性、特征或分类。针对零售门店的数据特征，借助数据挖掘，可以从基本属性、购买力属性、消费行为三方面构建零售门店的用户标签体系。

（1）基本属性：零售门店用户的基本属性数据主要包括用户年龄、性别等静态数据，是用来识别用户身份的重要依据，通过数据挖掘方式也可从中提炼出部分用户标签属性。

（2）购买力属性：零售门店的用户购买力属性数据主要包括用户平均每单购买金额、平均每单购买量、偏好品牌等。这是零售门店进行用户画像搭建时的关键指标，能够帮助零售门店识别不同用户的购买力，并根据其购买力不同对营销资源作出高效配置。

（3）消费行为：零售门店的用户消费行为数据主要包括交易时间、小票数、购买产品类型、访问门店数、进店次数等。这一维度的信息是最多且最复杂的，运用大数据分析技术可以从中挖掘出许多有效信息标签，使用户画像更加具体、精确。

通过构建零售门店的用户标签体系，帮助企业更好地了解和分析用户，根据不同客户的喜好进行更加精细的用户运营，帮助企业进行用户细分和个性化营销，提高用户的满意度和忠诚度。

即学即问

零售门店如何建立有效的用户标签体系？

三、动态用户画像的构建与应用

用户画像不是一成不变的，而是实时动态变化的。标签体系方法是构建用户画像的核心方法论，其基础是数据标签化。构建用户画像的重点在于动态的、具有时效性的用户行为数据。与传统的静态用户画像相比，动态用户画像更加注重用户行为的时效性和变化性，能够更准确地描述用户当前的需求和偏好。

随着用户年龄增长、环境影响，以及知识水平、内心活动的不断变化，用户画像想要保持及时性、真实性，就必须时刻保持行为数据的不断更新以满足需求。这就要求对用户画像设计合理有效的动态更新机制，从而精准地刻画用户。首先，在时间上，构建用户画像的目标是通过精准的用户刻画，为其提供个性化服务，因此用户画像对于时效性非常敏感，某一时刻的用户画像对该时刻推荐结果最为有效。距离时间越远，推荐结果的精确性越低，参考价值越小。其次，在空间上，不同的应用领域有不同的侧重点，如线下营销领域的用户画像主要侧重于描述用户的消费习惯；而在线上短视频营销领域，用户画像则主要侧重于描述用户的浏览喜好。因此，运营者需要针对各自的特点设计相应的用户画像。

（一）构建动态用户画像的步骤

在具体构建动态用户画像之前，需要先明确构建用户画像的目的。构建用户画像并非对消费者数据的简单收集和记录，而是以用户需求为起点，基于数据对用户行为进行分析和洞察，让运营人员深入了解用户，进而更加精准地运营和策划。构建过程需要通过以下四个步骤来完成：

1. 多渠道数据收集

数据是构建用户画像的核心，也是建立客观、有说服力的用户画像的重要依据。零售门店的基础数据包括商品数据和订单数据等。与电商平台相比，零售门店的数据短板主要体现在用户信息数据收集方面。线上电商平台依靠其登录注册信息可以方便地获取客户的个人信息，而线下零售门店很难获取真实的用户信息。没有对用户身份的识别信息，就无法将交易流水记录聚合为用户的特征标签。因此，需要运用线下数据采集方案对用户的身份数据进行增补。

零售门店在线下可以通过门店系统和电子支付系统，记录用户的购物路径、支付习惯等。在线上利用各种平台（官网、App、社交媒体）收集顾客的浏览记录、搜索关键词、互动行为等数据。实用价值较高的数据采集方法是基于移动定位的行为数据采集方法与基于视觉检测的行为数据采集方法。基于移动定位的行为数据采集方法采集信息量适中、成本低，适用于个体门店；这种方法虽无法对用户的基本个人信息进行识别，但可以形成独特的用户识别码，用于简单的用户识别及跟踪监测。基于视觉检测的行为数据采集方法采集信息量较大、成本高，适用于品牌连锁店。这种方法可以对用户性别、年龄及生物码进行识别，并推进跟踪监测。零售门店通过这些数据采集方法获得用户的识别码后，就可以基于历史行为对用户进行画像了。

2. 数据分析及用户细分

在完成用户画像的基础数据采集后，需要对海量的用户源数据进行分析梳理，将多渠道收集的数据进行整合，去除重复、错误或不完整的信息，并将不同来源的数据进行统一和标准化处理，确保数据的一致性和完整性，进而提炼出有效数据并构建有效模型。也就是说，零售门店应根据相应的标准对不同维度的用户数据进行精细化处理，并拆分成不同的用户群组和用户标签，对用户进行细分。依据用户属性、用户偏好、消费场景等要素将数据进行处理和区分，从而构建多维度完整的用户画像。

3. 应用与优化用户画像

在完成了用户数据的基本呈现后，零售门店还需要在创建出的用户角色框架中提取出更加关键的信息，根据关键特征数据进行用户评估分级。根据用户画像，制定有针对性的营销策略，如定向推送优惠信息、个性化推荐商品等。通过不断更新和优化画像，确保零售门店始终掌握顾客的最新动态。优化门店布局、商品陈列和服务流程，提升顾客的购物体验。通过顾客反馈和销售数据，评估用户画像的应用效果，不断优化用户画像构建的方法和流程。

4. 定期评估与调整

动态用户画像需要定期评估和调整，并进行持续优化与更新。随着市场和用户需求的变化，零售门店需要不断调整和优化用户画像的应用策略，定期回顾和分析顾客数据，了解顾客需求和行为的变化，并及时更新用户画像。此外，零售门店还应关注市场趋势和竞争态势，以确保用户画像的准确性和有效性。

另外，在构建动态用户画像的过程中，零售门店还需要注意保护用户隐私，在收集和使用用户数据时，应遵守相关法律法规，确保用户隐私不被泄露。

（二）用户画像在零售业中的应用

用户画像可以帮助零售企业更好地了解和满足用户需求，提高产品或服务的竞争力和用户体验，实现商业目标。用户画像在零售业中主要应用于以下四个方面：

1. 精准定位和用户运营

在对用户进行画像的过程中，有许多信息和数据与用户的关键行为息息相关。通过用户画像分析，可以更加准确地了解目标用户的特征和需求，从而精准地进行产品定位和市场定位，为用户运营策略的制定提供依据。这有助于零售企业在产品开发、品牌传播和市场推广中更好地满足用户需求，提高产品或服务的竞争力，进而促进转化并达成运营目标。

2. 个性化推荐和定制化服务

用户画像分析可以帮助企业了解用户的兴趣爱好、购买偏好和消费能力等信息，从而为用户提供个性化推荐和定制化服务。根据用户画像进行个性化推荐，可以提高用户的满意度和忠诚度，促进用户的再次购买和长期合作。

3. 优化产品设计和用户体验

用户画像分析可以揭示用户的行为习惯、使用习惯和偏好等信息，为产品设计和用户体验优化提供依据。在用户体量到达一定程度后，零售企业就需要通过用户画像来了解核心用户的属性特征和具体需求是否发生变化。通过了解用户的需求和痛点，零售企业可以有针对性地改进产品设计和产品功能的优化与迭代，提高产品的易用性和用户体验，增加用户的黏性和忠诚度。

4. 提高营销效果和投资回报率

当产品步入精细化运营阶段之后，就需要通过更细致的维度对用户进行分群。通过用户画像分析，零售企业可以更好地了解目标用户的渠道偏好、购买习惯和广告接受度等信息，从而更加精准地进行市场推广和广告投放，进而为其制定相应的推送、转化、激励等运营策略，这些策略可以提高营销效果，降低成本，提高投资回报率，使运营资源的价值最大化，帮助零售企业更好地实现商业价值。

行业发展与瞭望

智能选址助力零售企业精细化运营

“一步差三市”的古语道尽了零售门店“选址”的重要性。在愈加激烈的市场竞争中，无论哪个行业，都对“线下门店选址”问题更加谨慎。凭借经验走访调研的选址方式不仅耗费大、时间长，所能获得的参考信息更是有限。依靠多维大数据做指导就成了极具价值的一件事。

百度慧眼是百度地图推出的一款商业地理智能数据平台，基于百度地图海量的位置大数据、地理大数据及路况大数据等数据源，通过人工智能技术打造城市大数据分析平台。百度慧眼的核心能力包括城市研究、商圈分析、人群热力分析、人群洞察、目标人群识别、地块价值分析等，其在零售行业的应用主要体现在零售选址、预估销售、业态分析、人群画像、客流分析、商圈研究、新店选址、聚客点等方面。

一个好的门店需要同时具备客流大、客群精准触达、商业氛围浓且竞争适度等多个特征，基于此，百度慧眼构建了多维度智能选址模型库：

（1）目标客户属性分析。通过潜客数量、基础画像、消费能力、兴趣偏好等多维度人口属性指标，全方位锁定商家目标客户的最佳活动点位，实现铺位精准触达目标客户群，实现高转化。

（2）共生及竞对关系分析。通过分析周边共生或竞对商家的分布及数量，洞悉市场空间大小，发掘商业扩张突破点。

（3）商业氛围分析。通过分析商业设施、公共设施、机构企业、促进型品牌等多类聚客点的分布情况，解析商业氛围，寻找最佳区位。

（4）周边配套影响分析。结合交通可达性分析周边聚客能力、竞争态势等维度，综合评估区域真实辐射能力。

（5）净需求挖掘。结合目标用户检索偏好、出行偏好、出行能力等因素，深度挖掘用户需求及需求被满足情况，推荐出需求潜力大的位置。

百度慧眼智能选址模型，除了具备多维度特征、海量数据优势，还可灵活满足不同行业的选址需求。支持经验模型、权重模型、归一化模型、净需求模型等多种模型，针对不同行业、不同需求提供不同模型，同时模型也可以按照不同城市规模采用不同的评分规则。

第二节　开展用户精细化运营

用户运营就是以用户为主导，挖掘用户需求，并对用户进行促活、留存、转化的系列运营策略，最终达到运营指标的一种职能，其核心就是搭建用户运营成长体系，增强用户体验感，从而实现目标增长和商业价值转化。用户精细化运营是一种通过分析和理解用户行为，利用个性化的策略和技术工具，来满足用户需求的方法。它包括细分用户群体、个性化推荐、精准营销等方面，旨在提升用户满意度，增加用户黏性和转化率。

一、用户精细化运营的内涵

用户精细化运营是基于用户数据和行为分析，针对不同用户群体进行个性化运营的营销策略。相比于单一的市场营销策略，用户精细化运营更注重个性化、细致化的服务。它的核心是通过深入了解不同用户群体的需求和行为，为每个用户提供定制化的产品和服务，提高用户体验和满意度，从而实现精准营销的效果。

零售企业在进行用户精细化运营时，需要根据不同的用户特点制定不同的营销策略。例如，在购物网站中，可以根据购买的商品种类、频次、数量等信息把用户分为经常购买、少量购买、偶尔购买等不同类别。然后针对不同的用户特点进行阶段性或真正的用户服务，如发放优惠券、精准推荐商品、提供定制化服务等。因此，用户精细化运营的价值体现在以下三方面：

(1) 提高用户依赖度。通过精准的定位和细致化的服务，得到用户的高度认可和信任。用户愿意支付价格，提供更多的信息，以获得更加适合个性化需求的服务体验。

(2) 提高用户体验。在海量的商业信息中，用户往往会因查找所需信息而感到筋疲力尽。通过对细分市场和定位用户进行有针对性的营销，可以极大地提高用户的体验感，满足用户需求，增强用户忠诚度。

(3) 提高转化率。由于每个用户都有其独特的需求和行为，因此，只有通过精准的信息推送，才能提高用户的购买意愿和购买力，从而提高转化率和每个交易的价值。

二、用户精细化运营的主要模型

用户运营是以用户为主导，以服务用户、引导用户、活跃用户为核心的工作。只有真正了解用户需求，才能以直接方式获取用户。用户运营模型在用户精细化运营中发挥着至关重要的作用。通过构建用户运营模型，零售企业可以更加深入地了解用户的行为、需求和习惯，进而制定更加精准和个性化的运营策略。

首先，用户运营模型可以帮助零售企业对用户进行细分。根据用户的属性、行为等信息，将用户划分为不同的细分市场或群体。这种细分有助于零售企业识别出高价值用户或潜在用户，从而针对不同的用户群体制定不同的运营策略。

其次，用户运营模型有助于零售企业制定个性化的产品和服务。通过对用户数据的分析，零售企业可以了解用户的需求和偏好，进而为每个用户提供定制化的产品和服务。这种个性化的运营方式可以提高用户的满意度和忠诚度，进而提升零售企业的竞争力。

此外，用户运营模型还可以帮助零售企业优化用户转化和留存策略。通过分析用户的行为路径和转化率，零售企业可以找出用户流失的原因，并制定相应的留存策略。例如，针对流失用户，零售企业可以通过发放优惠券、提供个性化推荐等方式，吸引他们重新使用产品或服务。

在数字经济时代，用户精细化运营已经成为零售企业提升竞争力的关键手段之一，常常用到以下三种用户运营模型：

（一）用户增长模型：AARRR模型与RARRA模型

1. AARRR模型

AARRR模型是一种用户运营过程中的常用模型。它解释了实现用户增长的五个指标，即获客（Acquisition）、激活（Activation）、留存（Retention）、变现（Revenue）、推荐（Referral）。从图4-6中，能明显地看出整个用户的生命周期像漏斗一样，由上至下呈现逐渐递减趋势，因此此模型也被称作漏斗模型。通过关注不同的数据指标，拆解和量化整个用户生命周期各环节，进行数据的横向和纵向对比，发现对应的问题，制定不同的运营策略，最终不断进行优化迭代。

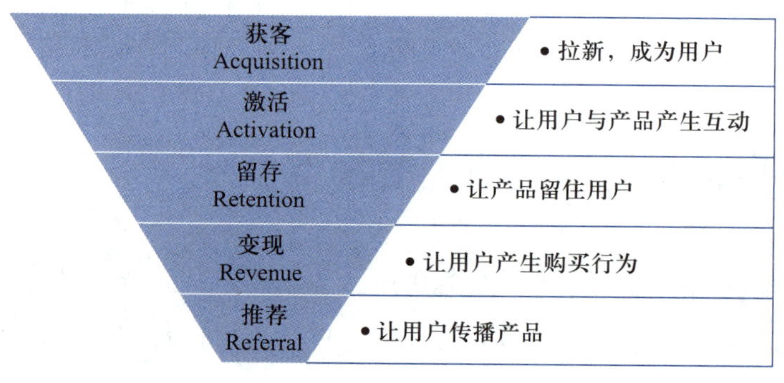

图 4-6　AARRR 模型

（1）获客（Acquisition）。获取用户阶段，即拉新，是AARRR环节的第一步，是用户从认知到理解再到成为产品用户的过程。此阶段的目标是以最低的获客成本获取最多的注册用户数，可以从渠道和产品两个角度进行思考。在利用渠道进行推广引流时，要选取优质渠道，吸引精准流量；从产品本身来说，应该简化产品使用流程，降低产品的体验门槛。

（2）激活（Activation）。激活是指导用户发现产品价值并反复使用产品功能的激励过程，这个阶段的目标就是新用户留存。用户进来后，零售企业不希望这些用户静默，而是希望他们成为活跃用户，如通过新用户红包、推荐关注等方式，做好新用户激活。

（3）留存（Retention）。留存的目标是保持用户的活跃度和忠诚度，确保他们持续使用产品或服务。在获取和激活用户后，留下的用户就变成了老用户，接下来就要对这部分老用户进行长期留存，并使其保持活跃。

即学即问

你认为零售门店应该从哪些方面做好用户留存？

（4）变现（Revenue）。变现即获取收益，其实就是流量变现的过程，其目标是通过使用户保持兴趣，最终实现销售转化。变现的前提是需要有足够的流量基础，再加上一定的变现方法。对于大部分产品来说，商业化是最终目标。商业化的方式比较多，零售企业要根据产品选择合适的商业化变现方式，在用户体验和产品变现之间找到平衡点。

（5）推荐（Referral）。推荐，即借助现有用户的口碑吸引新用户，从而形成良性传播。当有了一定规模的用户之后，零售企业就需要考虑激发用户间的自发传播。用户推荐既是最具持续性和效益性的增长方式之一，也是一种高度可衡量、可扩展的增长模式。用户是否愿意介绍其他人使用，取决于有足够好的产品、服务和口碑。例如，基于社交网络的病毒式传播，已经成为获取用户的一个新途径，而且这种自传播有很多优势，获客成本比较低，传播速度比较快，易形成口碑效应。

从自传播到再次获取新用户，整个运营过程形成了一个螺旋式上升的轨道。AARRR模型突出了增长的所有重要元素，它可以建立流量传播的闭环，通过裂变传播的方式不断实现拉新。同时，由于是用户自发传播，因此拉新成本较低，适合增长阶段。

AARRR模型每个阶段都有其关键指标和策略，如获取阶段关注新增用户指标，激活阶段关注用户活跃度，留存阶段关注用户留存率，变现阶段关注用户的付费率和生命周期价值（Life Time Value，LTV），传播阶段关注留存用户的推荐率。这个模型可以帮助零售企业更好地理解和优化客户的获取、激活、留存、收入和推荐过程，从而实现用户的持续增长。

AARRR模型可以被广泛应用于流量监控、用户运营、产品目标转化等日常数据运营工作中，被称为转化漏斗；也可以用于产品和服务销售，被称为销售漏斗。例如，图4-7是一个线上购物流程的转化分析，零售企业可以通过监控每个层级上的用户转化，寻找每个层级的可优化点。对于没有按照流程操作的用户，专门绘制转化模型，缩短路径，提升用户体验。

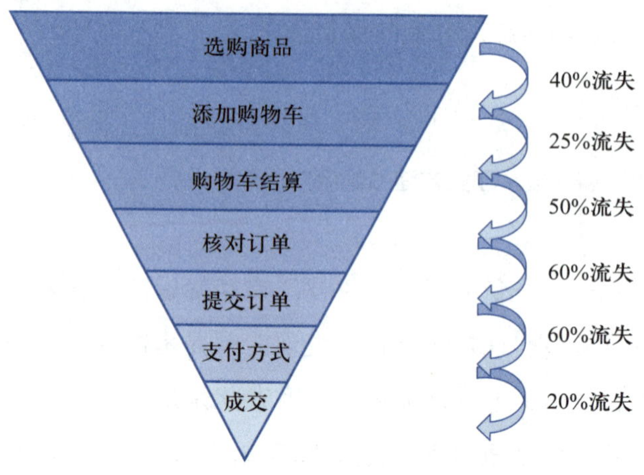

图 4-7　线上购物流程的转化分析示例

2. RARRA模型

随着互联网环境的变迁，AARRR模型遭遇了增长瓶颈，如拉新成本和新用户流失率越来越高。因此，高成本引流而来的用户留存不下，高昂的市场预算并没有带来真正预期的用户增长。于是RARRA模型应运而生，增长模型发生了如下变化，它是对AARRR模型的优化，如图4-8所示。

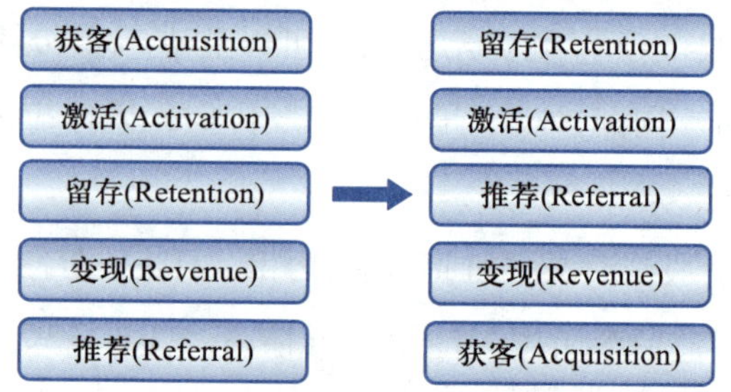

图 4-8　用户增长模型的变化

AARRR模型强调的是获客。在这个漏斗中，用户会一步步慢慢流失，剩下的部分用户实现最终转化。RARRA模型的核心从获客变为留存，突出了用户留存的重要性，它对AARRR模型做了如下优化。

（1）留存（Retention）。为用户提供价值，让用户对产品产生认同和黏性，吸引用户回访，继续使用产品，并形成使用习惯留下来。

（2）激活（Activation）。确认新注册激活的用户在第一时间就能看到产品的核心价值。

（3）推荐（Referral）。让用户分享和推荐产品。通过提升产品的竞争力，让用户主动推荐产品。一是帮助零售企业进行产品和口碑的传播，二是这些行为有助于进一步激发用户的购买行为，实现变现。

（4）变现（Revenue）。用户为产品产生的价值付费转化。让新用户产生初次购买，让老用户产生二次购买或交叉购买。

（5）获客（Acquisition）。让老用户带新用户，或者直接投放广告购买流量。

相比于AARRR模型强调拉新与单线转化，RARRA模型更注重挖掘用户对于产品的多元化价值。在互联网早期，各个垂直领域都是缺少竞品的空白区域，平台处于野蛮生长时期，最需要做好获客而在当下各个细分领域的供需双方都饱和的情况下，获客成本越来越高，且留存的成本远比获取新用户的成本低，所以做好留存的重要性明显比获客高。

RARRA模型强调用户运营，以精细化运营带来二次购买、交叉销售及拉新获客。RARRA模型突出了用户留存的重要性，不再一味关注用户增长。这也意味着很多零售企业由野蛮的用户增长时代迈入用户的精细化运营时代。

（二）用户分层模型：RFM模型

RFM模型

常见的用户分级标准是将用户分为新用户和老用户，或者活跃用户和沉默用户。当然，分类标准可以根据产品特征和实际需求自定义，或者可以再细化，如RFM模型。RFM模型是衡量用户价值和客户创利能力的重要工具和手段，它通过定位用户最近一次消费时间（Recency）、消费频率（Frequency）、消费金额（Monetary）三项指标来衡量用户价值状况，从而按照用户分层进行精细化运营。RFM模型是用户分层里面的常用模型，它往往是根据用户在一段时间内（如30天、90天）对品牌产生的贡献进行划分的，一般适用于用户体量较大的零售企业。

（1）最近一次消费时间（Receney），即用户距离当前最后一次消费的时间，用来衡量用户的流失预警。最近一次消费的时间距离越短，越有价值，更可能有效地去触达他们。消费时间越接近当前的用户，越容易维系与其的关系。例如，一年前消费的用户，其价值肯定不如一个月内消费过的用户。

（2）消费频率（Frequency），即用户在一段时间内，对产品的消费频次。它用来衡量用户的忠诚度，是用户在限定期间内购买的次数，最常购买的用户，忠诚度也同样最高。

（3）消费金额（Monetary），即用户的价值贡献。它用来衡量用户对企业利润的贡献，消费金额越高的用户，对产品的价值就越高。

结合RFM模型，可以将用户划分为八个群体，如图4-9所示。

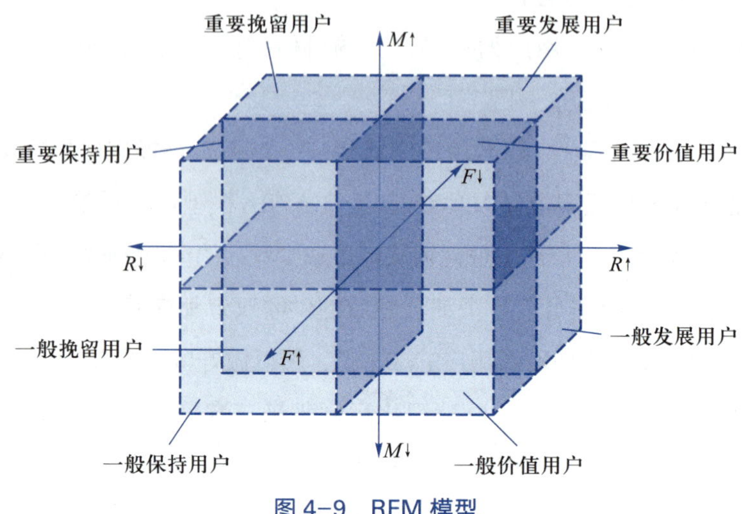

图4-9　RFM模型

当用户分层不足的时候，零售企业需要更精细化的RFM模型，对同一分层的用户进一步切分。通过图4-11的RFM模型，基于用户最近一次购买时间、消费频次以及消费金额这三个维度，再将每个维度划分为高、中、低三种情况，构建出完整的用户价值象限，可以更加直观地把用户划分为八个不同层级。如果能够找出产品内用户隶属于表4-1中的哪一类，就可以有针对性地制定运营策略。

表4-1　RFM模型的用户价值分层

八大用户分类	*R*	*F*	*M*	精细化运营
重要价值用户	高	高	高	优质，重点服务
重要发展用户	高	低	高	重点维持
重要保持用户	低	高	高	唤醒召回
重要挽留用户	低	低	高	挽留
一般价值用户	高	高	低	挖掘
一般发展用户	高	低	低	新用户，推广
一般保持用户	低	高	低	一般维持
一般挽留用户	低	低	低	即将流失

某用户最近一次消费时间距今比较久远，没有再消费了，但是累计消费金额和消费频次都很高，说明这个用户曾经很有运营价值，属于“重要保持关系用户”，零售企业不希望其流失。因此，运营人员就需要专门针对这类用户，制定召回用户运营策略，这也是RFM模型的核心价值。

（三）用户生命周期模型

1．用户生命周期的内涵

用户生命周期指的是用户从开始接触产品到离开产品的整个过程。用户生命周期的长短将直接影响企业营业收入的多少，因此，将用户生命周期科学量化，在合适时候采用合适的运营策略，从而延长用户的生命周期。

用户生命周期模型是从企业与用户建立业务关系开始到完全终止关系的全过程，是用户关系随时间变化的水平发展轨迹，它动态地描述了用户关系在不同阶段的总体特征。用户生命周期模型将用户细分为五个阶段，依次分为引入期、成长期、成熟期、休眠期和流失期，见图4-10。引入期是用户关系的建立期，成长期是用户关系的快速发展阶段，成熟期是用户关系的理想阶段，休眠期是用户关系水平发生逆转的阶段，流失期是用户关系完全终止的阶段。

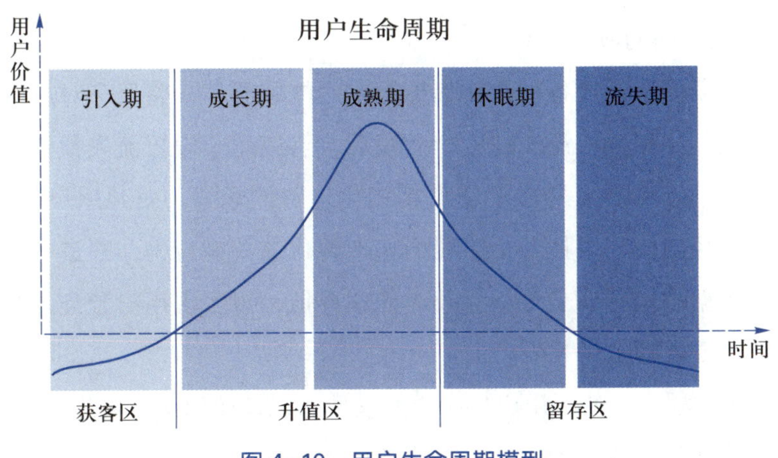

图4-10　用户生命周期模型

不同生命周期阶段的用户数量反映出一个零售企业的经营状况和盈利能力。成熟期的用户越多，表示零售企业的经营状况越好，盈利能力越强；引入期的用户占比越大，表明零售企业的盈利能力越差；休眠期和流失期的用户占比过大，说明零售企业的经营状况出了问题，盈利能力会持续下降。另外，对于不同时期的用户，根据其为企业带来的利润不同，对应的运营策略也要有所不同，如表4-2所示。

表4-2　不同生命周期对应的运营策略

周期阶段	用户贡献	运营策略
引入期	企业只能获得基本的利益，用户对企业的贡献不大	流量进入，重点是使其对产品留存并产生一定的黏性
成长期	用户开始为企业做贡献，企业从用户交易中获得的收入大于投入，开始盈利	用户开始了解产品，虽然不一定是付费用户，但已经是关键行为用户，并对产品有一定兴趣，重点是激励消费和转化
成熟期	用户愿意支付较高的价格，带给企业的利润较大，而且由于用户的忠诚度增加，企业将获得良好的间接收益	大部分用户已转化为付费用户并为企业带来收益。能否继续二次消费并进行推荐，是维护用户忠诚度的重点工作
休眠期	用户对企业提供的价值不满意，交易量回落，企业利润快速下降	虽然曾经是成熟用户，但一段时间内未产生价值行为，重点是唤醒用户
流失期	用户丧失对平台的兴趣，完全不再使用该产品	活跃度直线下滑，促其活跃是此时的重点

2. 用户生命周期的应用步骤

用户生命周期模型通过各种量化指标及对应的临界值，将用户对应区分为引入期、成长期、成熟期、休眠期和流失期五个阶段后，可应用于设置流失预警机制、提升用户留存率、提高拉新转化率等多个需要精细化运营的场景。搭建用户生命周期模型，需从用户成长路径出发，寻找各个阶段中实现转化的关键行为，并进一步结合业务特点和用户历史数据确定具体量化指标及对应临界值，以实现用户分类，并针对不同类别的用户实施运营策略。

在实际操作过程中，使用用户生命周期模型可以按照以下步骤进行：

（1）定义用户生命周期阶段。根据业务需求和用户行为特征，确定用户生命周期的各个阶段。对每个阶段的定义应该清晰明确，以便后续的数据分析和运营。

（2）数据收集和分析。收集用户行为数据和转化数据，包括用户访问记录、交互行为、购买行为等。分析这些数据，了解用户在不同阶段的行为特征、转化情况和用户价值指标，如活跃度、留存率、付费率等。

（3）用户细分与定位。根据用户生命周期模型的定义并分析结果，将用户进行细分并定位到相应的阶段。这可以基于用户的行为特征、购买历史、互动频率等指标进行划分，以便后续的个性化运营和营销。

（4）制定运营策略。针对不同阶段的用户群体，制定相应的运营策略和活动。例如，对于新用户，可以提供优惠券、引导教程等，促使他们尽快转化为活跃用户；对于忠诚用户，可以提供专属礼品、VIP服务等，增强他们的忠诚度。

（5）个性化用户体验。根据用户所处的阶段和特征，提供个性化的用户体验。这可以包括推荐相关产品或服务、发送定制化的营销内容、提供个性化的售后服务等，以满足用户的需求和提升用户满意度。

（6）监测和优化。持续监测用户的行为和转化情况，评估运营策略的效果，并进行优化和调整。根据实际数据和用户反馈，及时调整用户生命周期模型的定义和运营策略，以适应不断变化的用户需求和市场环境。

三、用户精细化运营策略

随着增量时代的终结，存量时代的到来，零售企业正在积极探索用户精细化运营策略，以实现全方位的增长。用户运营的本质及目的就是要做好用户初次转化及留存复购。下面从用户运营全链路切入，分阶段地来看用户精细化运营策略的应用。

（一）用户分层

先明确用户框架与运营目标，做好用户分层管理，构建用户画像。有了用户画像和后台检测到的用户行为，就可以对用户做多个维度的分层，前面介绍的RFM模型是用户分层里面常用的模型。但需要注意的是，用户分层只是过程，更重要的是分层之后所采取的运营策略。根据不同用户在不同时间段制定不同的策略以满足不同的用户需求，这就是所谓的“千人千面”。例如，重要价值用户对品牌的价值最大，零售企业就需要对他们投入更多的资源进行维护；针对重要发展用户，零售企业要做的运营就是提频，如开发轻会员锁客、促销活动、主题活动、种草群、打卡群等。针对一般挽留的用户，主要通过折扣优惠引导低频购买，再通过微信公众号、朋友圈、视频号及社群等渠道的内容建立信任。

（二）获取新用户

吸引新用户是为了让更多潜在顾客了解品牌、产品和服务。通过数据分析，明确了目标受众的特征和偏好，制定有针对性的获客策略。获取新用户的方式可以线上线下相结合：线上可利用朋友圈、客户群发布产品、促销等相关内容触达用户，吸引目标用户了解品牌、认知品牌，也可以开发自己的小程序、App满足用户线上下单的需求；线下可通过张贴促销海报、优化陈列、提供优质服务、打造舒适的构成场景等方式吸引顾客进店。还可以利用多渠道推广，如社交媒体、搜索引擎营销、内容营销等，引导潜在用户进入品牌的生态系统，覆盖更广泛的潜在用户，提高品牌曝光度。

（三）激活新增用户

潜在用户成为新用户后，零售企业需要借助一些激励手段快速打动用户下单，激发新用户参与和使用产品或服务。在这个阶段，零售企业可以通过个性化推荐、定制化服务、发放优惠券等方式，提高新用户的参与度和满意度。例如，引导用户体验核心功能，快速感知产品价值，降低新用户的了解成本；根据用户的购买历史和浏览行为，向用户推送个性化的引导信息，向其推荐符合其兴趣的产品，激发购买欲望；提供限时优惠券、返现活动等奖励，刺激用户进行首次交易或首次互动，提高活跃度。

（四）提升转化

转化是将潜在用户转变为付费客户，实现销售目标。通过持续改进购物体验、简化流程、实现复购及口碑裂变等手段，提高购买转化率。例如，通过简化购物流程、减少购买障碍，让用户在最短的时间内完成购买行为；通过SSL（Secure Socket Layer，安全套接层）证书、安全支付标识、用户评价等方式，增强用户对交易的信任，提高转化率；通过展示其他用户的评价、使用案例及用户良好体验，以口碑传播的方式加强用户对产品或服务的信心。

（五）留存用户

留存是维持并加强零售企业与现有用户的关系，提高用户的忠诚度和持续购买行为。零售企业可以通过定期沟通、专属会员权益、个性化推送等方式，保持用户的活跃度。例如，基于用户的历史行为和偏好定制个性化的推送消息和AI电话，提醒用户关注产品更新、优惠等信息，激励用户再次购买；建立会员制度，赋予会员独特的权益，如折扣、优先购买等，增强用户对品牌的归属感；定期邀请用户参与调查、提出意见，倾听用户的声音，快速解决用户的问题，加强与用户的交流，提升与用户之间的亲密关系。

零售企业不仅要留存新增用户，还要增加对核心用户的留存。通过对用户一定时期的行为分析，可以得到一部分活跃度较高的用户。对于这部分用户，通过对其身份等级的提升或给予特殊优惠，可以降低此类用户的流失率，如天猫商城88VIP会员、京东商城PLUS会员，用户只需要充值一定的会员费，即可享受普通会员享受不到的特别优惠。

（六）流失召回

流失用户对企业来说是一个潜在的挑战，因此需要通过一些挽回策略来重新吸引他们的关注和参与。有了前面的用户画像、用户近期的消费行为分析，零售企业就可以先分析出用户流失的原因，再制定召回策略。

流失阶段是用户已经停止使用并失去联系的阶段，零售企业需要通过精细化的挽回策略进行运营，可以先进行流失原因调查，了解用户离开的具体原因，再通过个性化的互动，以及短信、电话等方式与用户建立联系，并提供优惠券等刺激措施，刺激其再次使用会员权益。以下是针对流失用户经常采用的运营策略：

（1）个性化关怀。针对流失用户，制定个性化的运营策略，如定期发送关怀邮件、短信，询问原因并解决问题，增加他们的满意度。

（2）再次购买优惠。为流失用户提供有吸引力的重复购买优惠，如折扣、赠品等，让他们重新考虑购买。

（3）活动邀请。向流失用户发送独特的活动邀请，让他们参与活动，增加参与的乐趣和好感。

随着新技术带来的变革，新的消费需求、商业模式和竞争挑战层出不穷。零售企业可以通过运用先进的数据分析技术和智能化营销平台，实现用户精细化运营。借助人工智能和机器学习算法，能够更精准地识别用户行为模式、喜好和需求，制定个性化的运营方案。这种全方位的用户精细化运营不仅能提高用户满意度和忠诚度，也为零售门店带来商品交易总额（Gross Merchandise Volume，GMV）的增长。

进德修业

以人为中心建立信任关系

海底捞作为一家餐饮企业，在发展过程中，从提供单一产品的功能性价值逐渐转向为顾客提供情绪价值，让消费更具质感和情感。海底捞通过加强与顾客的情感连接，让顾客在海底捞感受到被信任。

海底捞一直以来都是一手抓员工、一手抓顾客，最终回归到人本身，关注产品、服务及人与人之间的关系。海底捞也一直在用自己的方式增强与顾客的联系，为顾客提供情绪价值。例如，海底捞通过与顾客共创，打造其专属的“海底捞记忆”，在产品端，海底捞会听取顾客意见，与顾客共创新品。此外，海底捞也会提供个性化服务，或者举办让顾客有参与感和体验感的活动。

建立与顾客的信任关系，是海底捞长期努力的方向。在海底捞，最宝贵的资产就是人与人之间的关系，照顾好员工是企业与顾客建立亲密关系的基础。海底捞会先给予员工足够的关注和福利，再让员工与顾客建立真诚的信任关系。

消费者是海底捞的资源，给予信任的消费者是海底捞最宝贵、最珍贵的财富。在多年的发展过程中，海底捞始终坚持“以人为中心”，打造不同的消费场景，加强与顾客的情感链接，让更多顾客选择并信任海底捞。

第三节　优化零售门店会员运营

零售业正在步入全域经营阶段，是企业以数字化手段建立，以消费者为中心，整合线上线下场景，整合公域私域触点的一体化经营模式。在这一趋势下，企业需要重新思考与用户的关系，追求更高效的对话渠道和更紧密的情感连接，沉淀用户数字化资产，激发用户转化、复购和分享，助力零售企业的业绩增长。因此，越来越多的零售企业将会员作为核心资产看待，并基于会员的运营，维持品牌的核心价值。

具体来看，会员运营的价值主要体现在以下两方面：第一，存量用户价值深度挖掘，零售企业以会员作为关系纽带，对全域用户进行精细化管理运营，形成有温度、有归属感的双向关系连接，进而提升用户黏性，形成持续复购的动能；第二，会员运营反哺企业增长，零售企业借助数智化分析工具对会员的行为数据进行分析，加深对用户需求偏好的理解，以更全面地理解会员，反推产品、服务等方面的优化，形成发展的良性循环。

另外，会员运营需要强大的数字化工具，以技术为运营加成，赋能会员精细化运营。在数字经济时代，零售门店纷纷搭建会员数字化运营平台，以线上线下巩固会员黏性，打造“智能＋会员体系”，进入精准运营阶段。

一、打通线上线下会员体系

会员体系的本质是通过一系列运营规则和专属权益来提升用户对品牌的忠诚度，

并让用户反哺品牌的各项业务，最终将用户逐步培养为品牌的忠实粉丝。一套完善的会员体系有助于零售企业深度挖掘用户价值，提升品牌的传播范围和影响力，促进品牌的效益转化。因此，会员体系是指导零售企业进行用户精细化运营的有效工具，对用户运营起着非常重要的作用。

（一）线上线下会员的融合

对零售企业来说，线上和线下会员都是其重要资源。线上店铺的流量更多、范围更广，然而线上会员具有流动性大、忠诚度低等特点。线下店铺能够与会员进行面对面接触，使他们切身感受到优质的购物体验，与线上店铺相比，虽然线下店铺的会员数量要少一些，但他们的忠诚度往往比较高。用户价值是新零售的核心之一，零售企业需要将线上线下会员体系打通，使两者互相融合，实现优势互补，提高会员忠诚度。

零售企业要想实现线上线下会员互相融合，首先要打通线上线下会员体系，使消费者无论是在线上办理会员，还是在线下办理会员，都可以享受到无差别的服务。例如，消费者在线下门店消费可以享受线上消费所获得的会员积分和会员折扣等。目前，多数零售企业的线上和线下CRM系统是分开运营的，两者无法实现资源共享。在现实中，虽然一个消费者在某商家的线上线下店铺都消费过，但该商家不能识别出这两个消费者其实是同一个人，所以也就无法全面了解这个消费者的消费习惯。例如，支付宝“会员通”则帮助商家解决了这一难题。拥有淘宝或天猫店铺的商家，在使用“会员通”功能后，可以同时把淘宝店铺或天猫店铺的会员系统与自己线下店铺的会员系统打通，真正实现线上和线下会员数据的互通，从而避免重复营销，降低营销成本。同时，通过数据的互通，零售企业的营销精准度也会得到提升。

（二）打通线上线下会员体系的策略

打通线上线下会员体系是一个复杂而重要的任务，它涉及多个方面的整合和优化。零售门店要实现线上线下会员体系的打通，需要做好以下几个方面：

1. 统一会员识别

首先，零售门店需要确保线上线下会员身份识别是一致的。这通常涉及会员账号的统一管理，无论是在实体店还是在线上平台，会员都应使用相同的账号登录和享受服务。

2. 数据整合与共享

整合线上线下会员的消费记录、积分、偏好等信息，将线上线下的会员数据进行共享，形成一个全面的会员数据库。这有助于企业更深入地了解会员，为用户提供更个性化的服务。线上线下会员可以用相同的账号登录同一个会员中心，实现数据互通；会员在购物或者享受服务、体验会员权益时就更加方便、流畅，并且购物信息、积分等数据也可以自动同步，提升消费者体验。同时，对于在不同电商平台有店铺的品牌，还可以通过“会员通”共享不同平台之间的等级通、积分通和权益通。

3. 优化会员体验

打通线上线下会员体系的核心目标之一是提升会员体验。零售企业一方面要实现线上线下活动的联动。通过线上线下活动的组合，可以获得更好的会员参与度和促销效果。例如，线上推出的优惠券在线下门店使用等，通过会员系统为线上活动提供定向引流，为线下活动提供消费落地支持，增强品牌全面体验。设计线上线下统一的营销策略，包括促销活动、会员特权等，确保会员在任何渠道都能享受到相同的优惠和待遇。

另一方面要实现优惠券、积分、礼品卡互通。线上线下融合的会员系统需要实现优惠券、积分、礼品卡等不同类型福利之间的互通。让会员在任何渠道都能享受到相同的权益。例如，在线上赠送的礼品卡可以在线下门店使用，无论线上购物还是线下购物，无论在A平台购物和还是在B平台购物，都可以按照统计的规则计算积分。所获得的积分，都可以在线上商城兑换，兑换完成后，可以快递到家，可以到店自提，也可以在线下购物时抵扣或者兑换商品。这种方式是让会员在不同场景下有不同的体验模式，满足不同场景下的消费需求。

4. 强化会员互动

支持多种购物场景，如商城购物、线下门店购物、第三方平台等多种渠道，让会员在不同的场景下都可以享受到同一品牌的服务和福利。通过线上线下多渠道与会员互动，收集他们的反馈和建议，不断优化会员服务。同时，可以通过会员社区、线上活动等方式，增强会员之间的交流和互动。此外，线上线下会员服务的衔接也应流畅，避免出现服务中断或重复的情况。

进德修业

蜜雪冰城公司助力引领消费者参与公益新风尚

“99公益日”期间，国内知名饮品品牌蜜雪冰城再次以实际行动诠释了企业的社会责任，已累计为“微信支付爱心餐”项目提供爱心茶饮超过20万杯。这一举措不仅体现了蜜雪冰城对公益事业的深度关注和积极参与，也引领了消费者参与公益的新风尚。

“微信支付爱心餐”是由微信支付联合多家企业共同发起的公益活动，旨在通过消费者的每一次消费，为需要帮助的人群提供一份爱心餐。蜜雪冰城作为活动的积极参与者，不仅提供了高品质的茶饮，而且通过自身的影响力，鼓励和引导消费者参与到这一公益活动中来。

自活动开始以来，已有超过2万名消费者在蜜雪冰城门店消费后，选择了对“微信支付爱心餐”项目进行捐赠。这一数字远超过了活动初期的预期，也显示出消费者对于公益活动的热情和对于蜜雪冰城的信任和支持。

蜜雪冰城的这一举措，不仅为消费者提供了优质的产品和服务，也为他们提供了一个参与公益、回馈社会的机会。同时，蜜雪冰城通过这种方式，进一步提升了自身的品牌形象和社会影响力。

蜜雪冰城有关负责人表示，将继续积极参与各类公益活动，以实际行动践行企业的社会责任，同时希望更多的企业和消费者能够加入公益行列中，共同为社会的进步和发展作出贡献。

5. 保障信息安全

在打通线上线下会员体系的过程中，保障会员信息安全至关重要。企业需要建立完善的信息安全制度，防止会员信息泄露或被滥用。

总之，线上线下会员的融合，要实现线上线下的互联互通，提升消费者的购物体验和黏性。无论是在线上还是线下，都给予会员满意的购物体验，从而发挥其更大的积极效应。线上线下融合的会员体系需要从不同角度实现数据共享、流程衔接、服务协同等方面的优化。零售企业可以逐步建立起一个完善的线上线下会员体系，让消费者可以在不同的场景下享受到零售门店的优质服务和福利，提升会员的满意度和忠诚度。

二、建立会员成长体系

会员成长体系是一种零售企业通过对会员的个体行为进行管理、动态响应和激励，以提高会员忠诚度和建立长期关系的营销机制。会员成长体系通过划分不同等级和提供相应权益，来鼓励用户积极参与和持续贡献，从而提升用户的忠诚度和活跃度。具体来说，会员成长体系通常会根据用户的成长值或积分等标准，将用户划分为不同等级，如初级会员、中级会员、高级会员等。每个等级都会对应不同的权益和待遇，如折扣优惠、专属服务、参与特权活动等。用户通过完成特定任务、参与活动或消费等方式，获得成长值或积分，进而提升自己的会员等级，享受更多权益。

会员成长体系的核心在于激励用户不断参与和成长，通过提供有吸引力的权益和待遇，激发用户的积极性，提高用户的忠诚度。同时，这套体系也有助于企业更好地了解用户需求和行为，为精细化运营和个性化服务提供数据支持。

（一）会员等级划分

会员等级是对会员进行的层级划分，本质上是为了提高会员对零售企业的黏性，形成持续、稳定的价值贡献或行为输出。零售门店会员等级通常根据会员积分、成长值等代表会员活跃度和贡献度的指标来划分。企业会根据会员等级给予等级特权、服务和升级奖励，会员等级越高，享有的特权越多。

以百果园公司为例，其会员等级共分为4个层级，包括普卡、银卡、金卡、钻卡4个等级，不同等级的会员可获得不同的权益。会员等级的计算单位是果粒值，会员每消费1元可获得1个果粒值。会员等级名称和会员门槛如表4–3所示。

表4–3 百果园的会员等级划分

等级名称	果粒值	等级到期后扣减果粒值
普卡会员	0~499点	不扣减
银卡会员	500~1 999点	扣减300点
金卡会员	2 000~4 999点	扣减1 000点
钻卡会员	5 000点以上	扣减3 000点

通过对会员进行等级划分，零售企业可以筛选出高价值会员，根据价值高低匹配不同的资源，增强高价值会员黏性，提高资源的投入产出比。同时，可以刺激低价值会员向高价值转化，并找出不值得资源投入的无效会员，从总体上提升企业的每用户平均收入值（Average Revenue Per User，ARPU）。对于以产品和服务交易为主的传统企业，会员运营的核心目标是提升会员的复购和口碑传播。一般会员等级划分可以综合考虑以下维度，根据成长值来划分：

（1）支付能力：购买频率、购买数量、购买金额。

（2）活跃度：登录、评价、晒单、转发、转介绍、产品建议等。

（3）会员质量：退换货、金融信用等。

一般来说，根据会员成长值，可以把会员分成四个层级：重要会员、主要会员、普通会员和长尾会员（见表4-4）。其中，重要会员和主要会员构成了企业20%的头部用户，贡献了80%的价值。

表4-4　会员等级分层

层级	主要特征
重要会员	是占比1%的最优质用户，他们通常对价格不敏感，喜欢使用新产品，爱分享和传播，具有较强的交叉销售潜力
主要会员	有一定的价格敏感度或理性，没有重要会员那么忠诚，有可能流失，通过运营提升它们对企业的认可，可以成为忠诚的分享传播者
普通会员	一般占客户总数的30%，他们的购买力、忠诚度、带来的价值远比不上重要会员和主要会员，通过付出较大成本的运营，可以向主要会员转化
长尾会员	数量占比最大，对价格极敏感、没有忠诚度、无法带来有价值的新用户

（二）会员权益体系设置

会员权益是会员经过自身努力和贡献，升级到对应会员等级之后，所享受的专属权益。会员权益是零售企业与消费者之间建立长期关系的重要手段之一，可以帮助零售企业更好地了解消费者的需求和反馈，为企业的产品和服务改进提供参考依据。合理的会员权益设置可以有效激发客户的消费欲望，吸引和留住客户，增强客户的忠诚度。

1．会员权益的分类

（1）身份权益。会员最直观的特征是身份不同，对应在产品上会有区分于普通用户的身份标识，不同等级或同一企业不同产品的会员又有不同的标识。如某零售企业会员会有钻石标志，钻石会员又分绿钻会员、黄钻会员等。

（2）价格权益。价格权益的设置，需要考虑到成本和营收，企业的最终目的是盈利，前期可以亏钱，但需要有一个回收点，要算清盈亏平衡点，明确投资回报期，真正实现盈利。关于价格的权益有很多种：最直接的是从产品上体现的价格优惠，如会员价格、会员折扣、品类折扣等；间接的有免运费、优惠券、代金券等。具体可结合会员产品的商业逻辑及最终要实现的目标来制定。

（3）服务权益。提升用户体验设置的权益，如成为携程会员有机场专车接送，登机有快速通道等。服务权益需要根据特性来设置，如果是电商平台，可以考虑从物流、售后等方面设置；如果是零售门店，可以从入会特权、消费特权、积分特权、生日和会员日特权、个性化定制服务等方面设置。

（4）其他权益。和其他产品进行合作，在丰富会员权益的同时实现相互导流的功能，如京东商城PLUS会员赠送爱奇艺会员。从业务角度出发，与非竞争对手的会员合作，既可以丰富会员权益，提升用户留存率，又可以实现用户的相互导流，这也将成为零售企业业务发展的重要助力。

2. 设置会员权益

会员权益设计，要综合考虑企业自身条件和客户体量，比较成熟的做法是设置阶梯式的等级权益。针对不同等级会员的特点，零售企业应该有针对性地设置会员权益并开展运营。例如，对于核心会员，应该定期倾听、及时处理他们的意见反馈；加强情感沟通，如生日祝福和小礼物等；建立等级特权，如发放专属红包、发放专属购买权、发放优先购买权、免排队、免预约、免运费等；建立专属服务通道，如设置专属客服经理和特别服务区等。对于普通会员，要设计鼓励消费的项目，鼓励他们购买更高价值的商品或服务，并通过特权刺激他们升级。针对没有升级潜力的普通会员，企业可以采取维持战略，在人力、财力、物力等限制条件下，降低投入，节省运营成本。对于长尾会员，通过运营判断有没有升级的可能，对于无法升级的会员可以以最小成本投入运营。

虽然针对会员等级特点开展运营十分重要，但是能否有效激励会员活跃、复购和升级，核心仍然在于等级权益设计是否有吸引力，主要表现在价格特权和服务特权两方面，所以会员等级运营和权益设计之间拥有密不可分的关系。

即学即问

你认为零售门店是否需要设计会员等级降级规则，为什么？

（三）会员成长激励

零售企业要建立会员成长激励通道，能够让会员用户沿着零售企业指定的方向成长。例如，某零售门店的用户成长通道是建立在会员特权和勋章体系基础上的一种会员阶梯制度，通过不同的阶梯权益引导用户升级成长。零售门店会员常见的成长激励方法有以下几种：

1. 秒杀/限时抢购

秒杀/限时抢购是通过价格补贴的方式，提升用户在某个时间段内的活跃度，以及提升用户的购买频次，培养用户购买某个品类的习惯。

2. 代金券/红包

代金券/红包是一种典型的通过补贴激励用户成长的方式。代金券/红包的主要形式有满减（消费满一定金额直接抵扣现金）和满返（消费满一定金额返还现金或有一定门槛可抵扣现金的红包）两种形式。代金券/红包的使用贯穿于整个用户的生命周期。在用户生命周期的不同阶段，利用代金券/红包的不同属性，基于不同的用户模型，给用户发放不同金额、不同门槛、不同品类的代金券/红包，引导用户完成下一步的成长目标。

3. 积分/成长值/经验值

积分（或成长值、经验值）是应用特别广泛的激励工具，是一套综合性的激励手段，其核心价值在于激励用户完成某些任务获取积分，积分可兑换某些物质或精神上的奖励，完成积分的消耗。只有在积分的消耗能对用户产生激励作用的前提下，才会起到激励作用。积分兑换越难，就越无法起到激励作用，积分必须要有一个强有力的变现出口，才能真正起到激励用户成长的作用。成长值和经验值可作为勋章的衡量值。

4. 会员成长里程碑奖励

当会员达到一定的消费金额、购物频次或积分数量时，为其颁发成长里程碑奖励，如赠送礼品、优惠券或特殊体验等。这种奖励能够让会员感受到自己的成长和进步，并激发其继续参与的动力。

5. 特权等级

特权等级包含两部分：一是价格特权，二是服务特权。价格特权是专为会员提供的一种优惠形式，其核心在于给予会员在购买商品或服务时享受特定价格折扣或优惠的权益，如会员价，达到一定等级的会员可以用别人无法享受的折扣力度购买某些商品。服务特权是达到某一等级的用户可以优先享受普通用户不能享受的服务，如优先排队权、优先购买权等。通过会员特权激励用户达到一定的用户等级，享受特权服务。用户达到一定的等级就相应完成了成长过程。

6. 任务引导

设立各种成长任务和挑战，以任务激励的形式，引导用户按照指定的路径成长，完成后送红包、积分等。例如，完成特定次数的购物，向亲友分享商品，参与线上互动等。完成这些任务和挑战可以获得积分、奖励或其他形式的成长值，进一步推动会员的成长和活跃度。

数实融合新视界

华住会创新探索酒店会员体系，“现实＋元宇宙”开行业先河

华住会重磅推出的“H WORLD数字探险家”元宇宙科幻探索活动，开创华住会元宇宙中唯一会员身份“数字探险家”。“数字探险家”的身份包含价值219元的华住会金会员身份（可转赠）、华住旗下酒店通用的专属门卡挂链、专属活动抽卡次数（用于抽取装备/权益）。

获得“数字探险家”的身份后，用户就可以在华住会元宇宙世界中解锁多样的探险地图，跟随故事线任务进展，沉浸式加入互动社区。通过数字资产的积累解锁获得独家定制化权益，甚至有机会解锁华住会最高等级的“永久铂金会员”。通过虚拟世界活动与现实世界权益的嫁接和互动，“H WORLD数字探险家”为会员创造出全新的趣味链接。比如，数字探险家限定版房卡挂链，可以升级成为华住旗下全品牌酒店的入住房卡。不同于仅存在于虚拟游戏的“装备”，华住会数字探险家们的装备将由剧情探索激发，并可以实物形态（如代表“光谱隔断器”的旅行眼罩、“多元携带装置”行李箱等多款限定版装备）寄送至玩家的家里，成为他们现实美好旅程生活中的一部分。就连终极赢家晋升的“华住会永久铂金会员”也是将蓝宝石限定版实体卡送至尊贵的高阶会员玩家手中。

当众多酒店集团苦于会员运营已久，华住会“H WORLD数字探险家”元宇宙科幻探索活动却“四两拨千斤”。之所以取得如此高效的产出，其核心是在客群迭代的大背景下，其运营模式和升级机制与传统会员体系的不同。

传统的酒店会员体系大部分是基于消费额进行分级，这种升级机制过于强调人与物的互惠关系。受这种纯功利性倾向的影响，酒店的会员体系运营愈发依赖于折扣让利而非品牌价值本身。传统的酒店会员体系通常只提供一些通用的会员权益，如折扣、礼品等，而缺乏针对不同会员需求的个性化和差异化服务。同时，许多酒店会员体系缺乏完善的数据管理和分析机制，无法有效地分析会员的行为和偏好，为会员提供更加精准的服务成了“空中楼阁”。反观此次“H WORLD数字探险家”元宇宙科幻探索活动，基于未知领域探索的游戏化，是华住会元宇宙会员运营模式的核心。华住会对于会员体系的创新和精细化运营，基于它对用户需求的深刻洞察

和大数据支撑，其通过对顾客终身价值的深耕，最终为华住酒店集团的精益增长强本固基。

三、基于生命周期的会员运营策略

基于生命周期的会员运营是一种全面、系统的策略，旨在根据会员的不同阶段和需求，提供定制化的服务和激励，它可以帮助零售企业更好地理解和满足会员的需求，增强会员的忠诚度，提高企业的利润。通过实施这一策略，零售企业可以建立长期稳定的会员关系，实现可持续发展。

（一）基于生命周期的会员运营策略

零售门店可以根据会员生命周期的全链路情况，针对会员所处不同阶段制定相应的运营策略。首先，要明确会员的生命周期阶段。因为每个阶段会员的行为和需求都有所不同，通过数据分析，如购买记录、消费习惯、偏好等，更好地理解会员在生命周期不同阶段的特点和需求，为制定不同的运营策略提供依据。例如，根据会员生命周期模型可以在引入期、成长期、成熟期、休眠期和流失期的不同阶段制定不同的运营策略，参考如下：

（1）引入期：通过优惠活动、广告宣传等方式吸引新会员，并提供新手礼包或首次购物优惠，以激发其购买欲望。

（2）成长期：针对活跃会员，提供个性化的商品推荐和优惠信息，设置成长任务和挑战，鼓励他们增加消费频次和金额。

（3）成熟期：为忠诚会员提供专属优惠、会员日活动、积分兑换等福利，以维持其满意度和忠诚度。同时，建立会员社群，促进会员间的交流和互动。

（4）休眠期：唤醒策略应聚焦个性化触达，如发放定制优惠券，进行会员专享活动等。同时，简化激活流程，优化服务体验，如一键复购、快速积分兑换等。

（5）流失期：对于即将流失的会员，通过发送召回信息、提供专属优惠等方式，尝试挽回他们的关注和消费。

在实际应用中，零售企业也可以根据自身需求进行自定义设置，来划分会员生命周期，可以根据每一个品牌或每一家企业不同的产品或服务模式，结合购买周期、商品使用周期、用户行为特征来设定，不要盲目跟从。例如，某零售门店以购买周期为主线基于生命周期模型将会员划分为潜在会员、新会员、活跃会员、沉默会员、沉睡会员和流失会员，如表4-5所示。

表4-5 某零售门店会员分类

会员类型	会员特征分析
潜在会员	一般是指所有公域中的潜在消费者，对产品有兴趣的普通用户
新会员	是指刚注册成为品牌会员的新用户，并且该用户可能还未有消费行为
活跃会员	是指在近期（这个时间段可以根据产品的有效期进行自定义设置）有过消费行为的会员
沉默会员	是指超过了上面活跃会员所设置的时效，都未产生消费的会员（这个时间段也可以根据服务性质自定义设置）
沉睡会员	是比沉默会员更久，不曾互动也不曾产生消费的会员人群
流失会员	是比沉睡会员更久，不曾登录、不曾互动也不曾消费的会员人群

针对以上不同生命周期的会员，企业需要设立不同的运营重心，相应地采取以下会员运营策略：

（1）潜在会员。要尽可能地吸引其关注的产品和服务，用更好的内容或更多的促销活动引流。

（2）新会员。刚刚接触到产品，对品牌的黏性不大，比较容易流失，因此，针对新会员，要有更多的促活活动，以及一对一私域客服的关心和聊天，提高新会员的留存率。

（3）活跃会员。已经是品牌的忠实用户，这个时期的会员价值比较高，多数会主动产生消费和互动，这时候零售企业的核心策略就是用积分及良好的服务留住老会员，以防流失。

（4）沉睡会员。沉睡会员的特征是已经有一段时间未使用产品，这时候企业根据其标签对其推送相应的产品或优质的服务内容，以及他们感兴趣的产品的优惠券和促销活动，以唤醒沉睡会员。

（5）流失会员。可能不再关注品牌或者已经放弃了产品，此时唤回是非常困难的，企业可以尝试用短信、邮件等形式尝试召回这类用户。

（二）会员运营的注意事项

用户生命周期模型是一种强大的工具，用于深入挖掘用户的价值并实现精细化用户运营。通过将用户划分为不同阶段，关注每个阶段的关键动作或指标，企业可以更好地了解用户需求和行为，制定有针对性的运营策略，提高用户的忠诚度和参与度。然而，在应用用户生命周期模型开展会员运营时，零售企业需要考虑的注意事项有：

1. 数据的准确性和一致性

用户生命周期模型的应用依赖于准确的用户数据。零售企业要确保会员数据收集的准确性和一致性，包括会员行为数据、转化数据和流失数据等。只有基于准确的数据，才能作出有效的运营决策和精细化的用户分析。

2. 实时更新和监测

用户生命周期模型应该是一个动态的工具，需要随着用户行为和市场变化进行更新和调整。零售企业要定期监测和评估会员用户的行为和转化数据，确保模型的准确性，并及时调整运营策略，以适应新的情况。

3. 综合其他模型和数据

用户生命周期模型可以结合其他用户价值模型和数据进行综合分析。考虑结合RFM模型、个性化推荐模型等，以获取更全面、更准确的会员用户洞察，优化运营策略。

4. 不同用户群体的差异性

用户生命周期模型需要考虑到不同用户群体之间的差异性。不同行业、产品或服务的会员用户往往具有不同的特点和行为模式，因此需要根据具体情况进行模型的调整和优化，以确保适应不同会员群体的需求。

5. 用户隐私和合规性

在使用用户生命周期模型时，要遵守相关的隐私政策和法律法规，确保会员用户数据的安全性和合规性。采取适当的数据保护措施，遵循隐私权保护原则，并明确告知用户数据的收集和使用目的。

知识与技能训练

一、单选题

1. 下列（ ）不属于静态标签。

A. 姓名 B. 性别

C. 出生日期 D. 购买的商品品类

2.（ ）是用户运营过程中常用的一种模型，也被称作漏斗模型。

A. 生命周期模型 B. RFM 模型

C. AARRR 模型 D. RARRA 模型

3.（ ）是指将流量通过某些手段实现现金收益，其实就是流量变现的过程。

A. 获客 B. 激活

C. 留存 D. 变现

E. 推荐

4. 下列（ ）不属于 RFM 模型的指标。

A. 最近一次消费时间 B. 消费数量

C. 消费金额 D. 消费频率

5.（ ）是 AARRR 环节的第一步，是用户从认知到理解再到成为产品用户的过程。

A. 获客 B. 激活

C. 留存 D. 变现

E. 推荐

二、多选题

1. 用户画像包含的三个要素是（ ）。

A. 用户属性 B. 用户特征

C. 用户标签 D. 用户行为

2. 用户画像的特点有（ ）。

A. 全面性 B. 细致性

C. 动态性 D. 标签化

3. 下列（ ）属于用户运营模型。

A. RMF 模型 B. RFM 模型

C. RARRA 模型　　　　D. AARRR 模型

4. 用户标签体系的用途包括（　　）。

A. 用户细分　　　　B. 个性化推荐

C. 客户关系管理　　　　D. 营销策略优化

E. 预测和决策支持

5. 零售门店会员常见的成长激励方法有（　　）。

A. 秒杀 / 限时抢购　　　　B. 代金券

C. 积分　　　　D. 特权等级

E. 任务引导

三、判断题

1. 用户画像是指通过收集和分析用户的各种信息数据，进而抽象出的一个虚拟用户模型。（　　）

2. 用户运营是以市场为主导，以服务用户、引导用户、活跃用户为核心的相关工作。（　　）

3. 定量标签能够直观地说明用户的某种特性。（　　）

4. 动态标签是指经常发生变动的、非常不稳定的特征和行为。（　　）

5. 用户增长是指用户的新增量大于用户的原有数量。（　　）

四、简答题

1. 简述用户画像在零售业中的应用。

2. 简述用户精细化运营的价值。

3. 简述零售门店会员运营的实施步骤。

五、案例分析

鸿星尔克以数字化工具升级用户运营

鸿星尔克通过逐步搭建私域运营的中台，串联了会员系统、小程序商城、线下POS系统、企业微信等多个数字化平台和工具。通过这些工具和平台，鸿星尔克实现了门店的数字化升级，让导购维护变得更加简单高效。同时，基于会员的行为、画像，以及生命周期等多个维度，鸿星尔克内部还开发了针对不同层级的BI报表（商业智能报表），助力分公司及终端业务工作的开展。

鸿星尔克成功地在线下实体店和线上云店之间搭建了一座桥梁，实现了线上线下融合，打破了传统的实体店零售模式，为消费者带来了更加便捷且个性化的购物体验。目前，鸿星尔克线上云店满足了不同地区的消费者在线上购物的个性化需求，为线下存量用户提供了线上购物渠道，实现了线下门店在闭店、歇店等场景下的增量经营。

云店是以门店发货为主，共享多家门店的库存。这种模式较大程度上保障了货品的宽度和深度，让无法到店或者在线下门店没有挑到合适产品的消费者可以通过云店进行购物，保障消费者享受和门店一样的售后服务，以确保良好的购物体验。

消费者和品牌之间的关系不再是一次性交易的关系，而是需要构建持久的信任关系。这种关系的核心在于提供精细化、个性化的服务，而非单纯的销售。为此，导购需要通过数字化工具提高工作效率，利用不同渠道与消费者链接，通过朋友圈、企微私聊等渠道，用标签、分组以及营销工具为消费者提供个性化服务。

鸿星尔克成功地打破了传统的实体店零售模式，实现了线上线下一体化、社交电商化的零售模式。这种模式的转型不仅提高了产品的销量和消费者的购物体验，而且降低了企业的获客成本和运营成本。

思考：

1. 鸿星尔克在用户运营方面采取了哪些措施？

2. 通过以上案例，深入思考如何建立消费者和品牌之间的关系。

调查研究与善作善成

调研项目：

零售门店用户精细化运营

调研目的：

通过本次调研活动，使学生充分理解零售门店的用户运营工作，能理论联系实际，为零售门店用户精细化运营提出合理的优化建议。

调研要求：

1. 分组进行，每3—4人一组，合理分工，团队协作，共同完成。

2. 选择一家本地零售门店，分别从用户画像的构成、用户运营策略、会员运营情况三方面进行走访调研，并归纳整理相关数据和信息。

3. 小组进行总结，分别绘制出该零售门店的可视化用户画像，针对用户运营采用的策略、会员运营的实际情况，提出自己的优化建议。

4. 小组撰写调研报告，分享展示调研结果，教师进行点评。

调研内容：

以小组为单位分组进行调研，分析某零售门店的用户运营情况，填写表4-6，并结合实际情况，能提出合理的优化建议，并撰写一份调研报告。

表4-6　某零售门店的用户运营情况

调研项目	某零售门店	调研数据与信息	形成调研结果
用户画像分析	基本属性标签		根据调研的数据，绘制出该零售门店的可视化用户画像。
	购买力属性标签		
	消费行为标签		
用户运营策略分析	获客		借助漏斗模型分析、整理该零售门店的用户运营所采用的策略和方法，结合实际情况给出优化建议。
	激活		
	留存		
	变现		
	推荐		

续表

<table>
<tr><th>调研项目</th><th>某零售门店</th><th>调研数据与信息</th><th>形成调研结果</th></tr>
<tr><td rowspan="3">会员运营分析</td><td>会员等级划分</td><td></td><td rowspan="3">分析该零售门店的会员运营情况，给出合理的会员运营策略和建议</td></tr>
<tr><td>会员权益体系设置</td><td></td></tr>
<tr><td>会员成长激励</td><td></td></tr>
</table>

第　五　章

零售门店精准营销与推广

学习目标

素养目标

- 坚持从实际出发，选择适合的零售企业活动触达渠道，传播积极向上的时代风貌和生活方式
- 秉持合作共赢原则，协同开展精准营销活动，在追求商业利益的同时积极履行社会责任
- 遵循商业道德，不采取不正当手段开展精准营销推广，树立公平竞争意识
- 坚持数实融合，发挥创新精神，勇于尝试运用新技术、新方法提高营销效果

知识目标

- 掌握零售门店精准营销的内涵
- 了解零售门店开展精准营销活动的理论基础
- 掌握建设数实融合消费体验场景的方法
- 掌握零售门店精准营销活动设计的方法与步骤
- 掌握零售门店精准营销活动推广策略

技能目标

- 能够通过数实融合的场景设计优化消费者体验
- 能够开展线上线下互引流活动
- 能够进行社群运营、社区团购、个性化定制等多种活动
- 能够选择适合零售门店精准营销的触达渠道
- 能够通过多种策略实现精准营销推广

思维导图

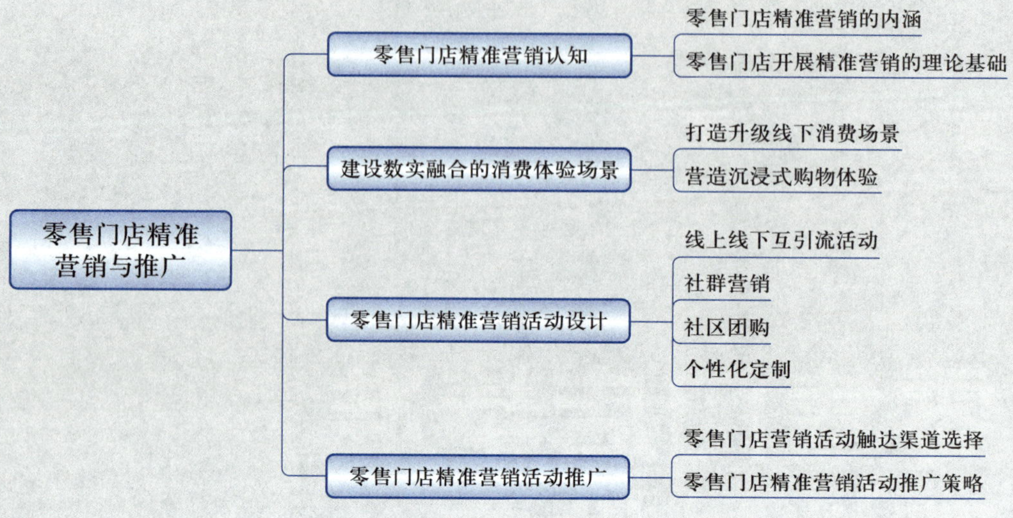

学习计划

■ 素养提升计划

■ 知识学习计划

■ 技能训练计划

【引导案例】

“年轻化＋三轮驱动”实现全渠道精准触达

卤味巨头周黑鸭采取年轻化策略，建立起业内最全的年轻人触达渠道。尤其在产品端，周黑鸭紧跟年轻化的消费者偏好，持续推进“三新战略”，聚焦新口味、新品类、新价格，品牌渗透率不断提升。

在市场活动或者投放时，周黑鸭会通过数据中台观察活动数据。构建消费者画像后，针对年轻消费者进行更精准的营销。例如，“周黑鸭单手吃虾”线下活动，在周黑鸭线下门店进行 cosplay（角色扮演）动漫、游戏、绘画及影视作品中的角色互动活动。这些活动不仅满足了年轻人群的喜好，还进一步拉近了品牌与消费者之间的距离。

在渠道精细化运营管理方面，周黑鸭针对不同场景、不同时段的需求，进行产品定制、时段分层运营。在品牌营销方面，基于多元化产品战略、年轻化品牌营销策略，周黑鸭举办了一系列线下活动，更多覆盖触达年轻消费群。

在线下门店之外，线上渠道作为消费者的另一个消费主战场，在以直播带货为主的内容电商平台，周黑鸭也不断融合线上线下场景，为门店赋能。持续优化外卖运营，通过多场景广告投放、异业合作、充分发挥头部平台资源等措施精准推广。同时，夯实“达人直播＋品牌自播＋精选联盟”三大内容矩阵。在社区生鲜渠道，通过升级渠道策略、精细化运营等不断加深品牌渗透。

综合看来，周黑鸭业绩快速复苏，盈利能力显著改善，全年净利润预计大概率超过目标值。线上线下全渠道覆盖，精准触达 Z 世代（1995—2009 年出生的一代人）群体，已筑起强大的竞争优势。

案例思考：周黑鸭精准营销的具体措施是什么？周黑鸭是如何实现线上线下全渠道运营的？

【引思明理】

2023 年 7 月，国务院办公厅转发了国家发展和改革委员会《关于恢复和扩大消费的措施》的文件，其中提出了 20 条针对性举措。在拓展新型消费部分，提出支持线上线下商品消费融合发展，发展即时零售、智慧商店等新零售业态；鼓励拓展线上线下融合的消费新空间，打造消费新场景，丰富消费体验，以高质量供给引领和创造市场新需求。

党的二十大报告明确提出："要坚持以推动高质量发展为主题，把扩大内需战略同深化供给侧结构性改革有机结合起来。"近年来，随着我国商贸流通体系建设的不断推进，末端配送持续创新和优化，在线上线下消费加速融合的发展过程中，催生出即时零售新模式，给消费者带来即时使用新体验的同时，也助力零售行业实现高质量增长。即时零售将传统零售与科技结合起来，通过与消费者的实时互动和数据分析来实现精准营销和快速服务，这让零售门店更加精准地触达并满足消费者的个性化需求，提升消费者的购物体验，进而促进销售增长和品牌形象塑造，实现营销效果与成本效益的双重提升。

第一节　零售门店精准营销认知

随着信息技术的蓬勃发展，各种线上线下零售企业的数据收集变得更全面、更丰富，海量的跨平台数据源构建了精准营销的数据基础。目前，越来越多的零售企业通过精准营销，结合新零售背景下的大数据分析，将消费者与企业及产品的自身价值更精准地匹配起来，进而满足消费者的个性化需求，并以最低的成本，最大化地提高零售企业的销售收入和品牌影响力，使零售企业在激烈的市场竞争中取得竞争优势。

一、零售门店精准营销的内涵

（一）精准营销的含义

零售门店准确营销的内涵

精准营销是一种以客户为中心的营销策略，通过利用大数据、人工智能等技术，对目标客户进行精准定位和个性化沟通，以实现营销效果最优。它与传统营销的最大区别在于，传统营销是以产品或品牌为中心，而精准营销是以客户为中心。具体来说，精准营销包括三个层面的含义：一是精准营销思想，营销的最终目标就是无营销的营销，到达终极目标的过渡就是逐步精准；二是实施精准的体系保证和手段，这种手段是可衡量的；三是达到低成本可持续发展的企业目标，精准营销的好处是能够精确锁定目标客户，营销效果好，而且成本相对较低。

精准营销的核心思想是精准、精确、可衡量的，即以顾客为中心，依托强大的数据库资源，通过现代信息技术手段实现个性化营销活动，借助市场定量分析手段、现代信息技术，对消费者进行精确衡量和分析，做到在恰当的时间、恰当的地点，以恰当的价格，通过恰当的营销渠道，向恰当的顾客提供恰当的产品，实现零售企业对效益最大化的追求。精准营销的关键在于通过企业提供的产品、价格、渠道与顾客需要之间的精准匹配，实现更精准、可衡量和高投资回报的营销绩效。精准营销的系统手段保持了零售企业和用户之间的密切互动沟通，从而不断满足用户的个性化需求，建立稳定的企业忠实顾客群，实现客户链式反应增殖，从而达到零售企业长期稳定高速发展的需求。

为了实现精准营销的目标，零售企业需要考虑以下几个关键要素，具体如下：

1. 数据分析

数据是精准营销的基础，只有通过数据分析，才能更好地了解消费者的需求和行为。通过数据分析，零售企业可以了解消费者的购买习惯、兴趣爱好、年龄、性别、地域等信息，从而制定更加精准的营销策略。数据分析可以通过多种方式（如社交媒体、电子邮件、网站分析等）收集数据。零售企业可以通过数据分析工具，对收集到的数据进行分析和挖掘，从而得出更加准确的消费者画像和行为模式。

2. 个性化定制

个性化定制是指根据消费者的需求和行为，为其提供个性化的产品和服务。通过个性化定制，零售企业可以更好地满足消费者需求，提高消费者的满意度和忠诚度。个性化定制可以通过多种方式（如电子邮件、短信、微信等）向消费者发送个性化的营销信息，或者通过网站、App等方式为消费者提供个性化的产品和服务。个性化定制需要零售企业具备一定的技术和人才支持，如数据分析师、软件开发人员等。

3. 多渠道营销

多渠道营销是指通过多种渠道向消费者传递营销信息，如通过电视、广播、报纸、杂志、互联网等多种渠道营销。通过多渠道营销，零售企业可以更好地覆盖消费者群体，提高营销效果。多渠道营销需要零售企业具备一定的营销渠道和资源，如电视广告、网络广告、社交媒体、搜索引擎营销等。零售企业需要根据自身的特点和目标消费者群体，选择合适的营销渠道和方式，从而实现更好的营销效果。

（二）零售门店开展精准营销的意义

1. 更深入的客户洞察

精准营销通过数据分析和市场研究，深入挖掘客户的喜好、购买习惯等方面的信息，使零售企业能够更深入地了解用户的需求、兴趣和行为，洞察潜在用户的动向。通过充分发挥人工智能、数据分析等技术手段的优势，并采用实时监测社交媒体平台等方法，帮助零售企业更好地理解用户的心理，从而更好地满足用户的期望。零售企业可以更加精准地定位目标用户，有针对性地满足用户需求，实现精准营销的最佳效果，成为零售企业获取竞争优势的重要途径。

进德修业

鸿星尔克的品牌新征途：为国民运动而生

党的二十大报告指出："广泛开展全民健身活动，加强青少年体育工作，促进群众体育和竞技体育全面发展，加快建设体育强国。"随着全民健身日益成为社会新风尚，我国已成为全球最大的体育消费市场之一。面对我国体育运动消费市场庞大、需求多样等特征，只有精准把握人们的运动消费需求，加强科技创新，提供优质的产品和服务，才能赢得消费者青睐，增强品牌竞争力。

鸿星尔克作为体育强国和健康中国战略的坚定拥护者和践行者，始终坚持以满足国人的运动需求为品牌初心，在2024年的"303运动科技日"活动开场，鸿星尔克正式发布了"为国民运动而生"的全新品牌升级战略，并发起"国民运动助力计划"，对品牌、产品和服务进行了全面升级，全面打造国民运动生态圈。

从2020年的"科技新国货"，到2022年的"专注运动科技"，再到如今的"为国民运动而生"，鸿星尔克每次的品牌战略升级背后都是一次与消费者关系的深度塑造。鸿星尔克始终专注于满足人们日益增长的运动消费需求，以专业数据支撑，以科技创新引领，为消费者打造专业舒适的运动装备，全面提升消费者的运动体验。从某种程度上来说，鸿星尔克洞悉的是时代的潮流趋势，而研发公园跑鞋就是"为国民运动而生"的最好例证。

鸿星尔克精准定位国民跑步人群的场景需求，首创公园跑鞋，直击用户痛点，开启跑步新时代。经过近几年的精心布局，鸿星尔克的跑鞋矩阵已覆盖多种类别的跑步群体和不同的场景需要，可以充分满足中国跑步者多样化的运动诉求。此外，鸿星尔克在篮球品类继续升级共创机制，为中国的篮球爱好者提供包括"谦驯""无畏""奇袭"等全场景、多风格的专业篮球装备，并在各地持续落地鸿星球局，助力校园体育发展。

每一款运动单品技术研发的背后，都少不了鸿星尔克对国民运动需求的精准把握与深刻洞察。运动品牌只有真正了解消费者，才能为他们提供更优质、更全面的运动装备，从而满足他们对国产运动品牌的期待和信赖。这种以消费者为中心的理念，正是鸿星尔克“为国民运动而生”的最佳实践。

未来鸿星尔克将会更加聚焦国民运动需求，持续深入探索国民运动场景，以科技创新促进新质生产力，匠心打造专业运动装备矩阵，以满足大众多元化、个性化的运动需求，助力国家体育事业发展的新征程。

2. 提供个性化体验

基于客户的需求和行为，通过数据分析，零售企业能更好地洞察用户动态，把握市场趋势。精准营销可以为消费者提供个性化的体验，这包括向客户推送个性化的产品建议，提供定制化的促销和服务体验，提供个性化的互动。这种个性化体验可以提高客户的满意度和忠诚度。

3. 提高资源利用效率

精准营销有助于企业更好地分配资源，确保广告和宣传活动更有针对性，同时也减少了资源浪费。精准营销还提高了资源的有效利用率，降低了市场营销成本。例如，通过分析用户的购买历史、浏览记录等数据，零售企业可以预测用户的购买意向，从而制定更加精准的广告投放策略。

4. 提高市场反应速度

精准营销通过实时监测和分析市场数据，可以帮助零售企业更快地了解市场动态和客户需求的变化，使零售企业能够更快速地识别市场机会和潜在问题，并迅速作出调整。零售企业可以通过监测社交媒体、新闻报道和竞争对手的动态，及时发现市场机会和风险。同时，零售企业可以通过分析客户行为和购买数据，快速调整产品和营销策略，以满足用户需求的变化，提高市场反应速度，使零售企业能够更灵活地应对市场变化。例如，某手机经销商可以通过分析竞争对手的产品发布和市场反应，了解市场趋势和用户对不同功能的需求，然后及时调整营销策略，以满足用户需求。这样，零售企业可以更快速地推出符合市场需求的产品，抢占市场份额。

二、零售门店开展精准营销的理论基础

精准营销是在精准定位的基础上，依托现代信息技术手段建立营销体系，让零售

企业可以以低成本、可度量的方式实现传播扩张。精准营销有四个主要理论依据，分别是4C理论、让客价值、一对一直接沟通理论和链式反应原理。

（一）4C理论

4C理论中的“4C”分别是消费者（Customer）、成本（Cost）、便利（Convenience）、沟通（Communication）。4C理论的核心是以消费者需求为导向，强调消费者在整个零售活动中的主动性与积极参与性，强调消费者购买的便利性。精准营销为买卖双方创造了得以即时交流的环境，符合消费者导向、成本低廉、精准营销购买的便利，以及充分沟通的4C要求，是4C理论的实际应用。

将4C理论应用于零售领域，主要体现在以消费者需求为导向来传递信息；减少流通环节，降低消费者的成本；打造零售场景，为消费者提供便利的购物体验；与消费者进行双向互动沟通。其中，减少流通环节，降低消费者成本是4C理论应用于零售领域的重要体现。事实上，每一位消费者都希望降低消费成本，获得良好的购物体验。为此，零售企业要致力于整合线上线下资源，减少流通环节，完善订货、配送、服务系统，为消费者提供性价比高的产品和服务。

打造零售场景是精准营销的重要“抓手”。零售场景的优势在于为消费者提供一个场所，一个可以从视觉、听觉、触觉上全身心感受商品、获取商品信息的平台，从而减少消费者购物的烦琐，提高了消费者购物的便利性。技术手段是打造零售场景必不可少的支撑，用技术手段创造闭环式的良好体验，会进一步增加消费者黏性，为其二次消费打好基础。

沟通既是零售企业与消费者达成交易的必要条件，也是精准营销所一贯强调的。精准营销能够实现与消费者的双向互动沟通，这是与传统营销最明显的区别之一。为了进行双向互动沟通，零售企业要了解消费者的特征和偏好，确保可以用他们喜欢的方式与之沟通。同时，既然沟通是双向的，零售企业给消费者提供的服务体验也要体现自身的价值定位。

即学即问

从零售门店开展营销活动的角度谈谈4C理论的实际应用

（二）让客价值

让客价值是指顾客总价值与顾客总成本之间的差额。其中，顾客总价值是指顾客购买某一产品或服务所期望获得的一组利益，包括产品价值、服务价值和形象价值等；顾客总成本是指顾客为购买某一产品或服务所支付的货币及所耗费的时间、精力等，包括货币成本、时间成本及精力成本等。由于顾客在消费时，总希望把有关成本降至最低，又希望从中获得更多的实际利益，因此总是倾向于选择“让客价值”最大的商品或服务。零售企业为在竞争中战胜对手，吸引更多的潜在顾客，就必须向顾客提供比竞争对手更多的“让客价值”。

一方面，精准营销使零售企业可以提供更符合客户期望的商品和服务，从而提高商品和服务的价值。同时，精准营销使零售企业可以利用现代信息技术打造更好的品牌形象，从而提高形象价值。所以，精准营销带来的是顾客总价值的提高。例如，精准营销中的“精准推送”提高了顾客总价值。所谓精准推送，即精准推荐信息、精准送达产品与服务。零售企业在采购过程中，要求产品设计充分考虑消费者需求的个性化需要，增强了产品的适应性，从而为顾客创造了更高的产品价值。在提供优质产品的同时，零售企业还要注重创造服务价值，增强消费体验，提高顾客总价值。

另一方面，精准营销为零售企业提供了制定更合理价格的依据，并主动为顾客筛选、推送信息，节省了顾客总成本。消费者购买商品时，不仅要考虑商品的价格，除了必须知道有关商品的确切信息，对商品各方面进行比较，还必须考虑购物环境是否方便等。因此，零售企业既要考虑消费者能否接受当前的商品价格，更要考虑消费者在消费过程中支出的时间与精力成本，这些成本都可称为交易成本。交易成本的大小直接影响交易的成败，而精准营销恰恰具有降低交易成本的重要功能。例如，零售企业采用技术手段打造的零售场景，将会使商品和服务的相关信息直达消费者，从而降低消费者搜寻信息的时间及精力成本。

因此，通过提高顾客总价值，减少顾客总成本，精准营销为零售企业提供更高的让客价值提供了可能。

（三）一对一直接沟通理论

一对一直接沟通是一种理想的传播沟通方式，实现了沟通距离最短化，极大强化了沟通效果，避免了信息传播过程中的失真。这一理论要求零售企业在与顾客沟通的过程中，不仅要对目标顾客进行精准定位，而且要与其进行一对一的直接沟通，了解目标顾客的相关信息，为其解答疑问，消除购买顾虑，充分挖掘其潜在需求，并在互动沟通的基础上维系老顾客并开发新顾客，培养顾客忠诚度。

精准营销中的沟通是直接的、线性的，并且是一个双向的互动交流过程。零售企业与消费者的日常沟通是在完全透明的环境中进行的，其沟通方式最为直接，也最为有效，不管是实体店的“面对面”沟通，还是网店的“信息直接送达”的沟通，其“一对一”的直接沟通方式，使沟通的距离最短，强化了与精准定位的目标顾客进行的互动沟通和交流，在更好地满足顾客个性化需求、为顾客提供个性化服务的基础上，进一步在顾客心目中树立起良好形象，强化顾客的品牌意识，有助于为零售企业培养和建立稳定的忠实顾客群，从而达到一对一传播沟通的终极目标。

（四）链式反应原理

反应现象中有一种链式反应，也称连锁反应或链反应，是指反应的产物或副产物又可以作为其他反应的原料，从而使反应反复发生。简而言之，事件的结果包含有事件发生条件的反应称为链式反应。精准营销形成链式反应的条件是对用户关系的维护达到形成链式反应的临界点，这种不断进行的裂变反应使零售企业的低成本扩张成为可能，即在互动沟通的基础上不仅维系老顾客，更重要的是开发新顾客，并不断培育起新顾客对企业的忠诚度，从零售企业与消费者之间的沟通转化为消费者之间的沟通，通过消费者之间的口碑传播，实现用户链式反应增值，最终实现零售企业的长期稳定发展。

在零售领域，如果零售企业能够运用好链式反应原理，就会引发一系列良性反应，如通过营销来引起链式反应。其中的方法有很多，如大数据营销、物联网营销、互联网营销等，都可以引发链式反应。

进德修业

低俗营销将被大众舆论反噬

随着线上消费趋势的愈发明显，互联网营销的热度持续升温，但多个品牌因为不当营销或不合适的内容，给自身带来了麻烦。低俗营销的出发点并不难理解，看似是在熟悉互联网传播“调性”的基础上进行的一场“发挥”，好像是抓住了互联网的“流量密码”，实则不然，本质上仍属于哗众取宠。在互联网创新营销初期，用户大多抱着一种猎奇和有趣的心态，因此对于一些略显出格或者模棱两可的非常规营销内容也保持了较大的宽容度。但最近，中国青年报社社会调查中心联合问卷网发布的一项有2 005名受访者参与的调查显示，69.4%的受访者认为低俗营销会引起不正当竞争，不利于市场规范发展；68.3%的受访者认为会影响社会风气，对未成年人产生不良影响。对此，79.6%的受访者呼吁加强对低俗营销的治理，69.7%的受访者认为商家不能对低俗营销道歉了之。

党的二十大报告指出，加强全媒体传播体系建设，塑造主流舆论新格局。随着互联网价值观的提升，网民的道德底线越来越明确，对于一些低俗营销等操作的反感度与日俱增，如果企业再拿着过去用于“博出位”的方法来营销，最终结果一定是给自己“挖坑”，被大众舆论反噬。

第二节　建设数实融合的消费体验场景

打造零售门店消费体验场景是精准营销的重要一环。消费场景就是通过设置各种感官可以接收的场景，使其与消费者心目中想象的场景相吻合，从而形成共鸣，以满足消费者感受整个消费体验场景氛围的心理需求。消费场景的打造，就是零售企业为了满足消费者感受场景氛围的心理需求，用跨行业、多品类的消费组合打造出来的消费场景。只有将线上和线下相结合，才能够营造出更加多元化的消费场景，从而提升消费者的体验和营销效果。

一、打造升级线下消费场景

零售企业在进行升级线下消费场景的过程中，可以根据不同消费者的类型与用户画像，分别在不同的线下消费场景中提供相应的产品与服务，从而满足消费者多元化、个性化的需求，进而助力零售企业更好地实现精准营销。

企业在具体实施重构线下消费场景的策略当中，首先，可以通过依据消费者需求对线下消费场景的感官体验更新升级，从而通过视觉、听觉、触觉、嗅觉、触觉五种感官体验为消费者提供更为独特的体验与服务；其次，可以通过将智能化设备融入线下消费场景，实现经营数字化、体验智能化，并通过构建智能化线下消费场景实现文化与科技的融合，从而为消费者提供更为精准化、智能化的体验与服务；最后，可以通过将生活方式、互动社交等融入线下消费场景，提升线下消费场景的情感化情境与互动体验，从而为消费者提供更为丰富的消费场景。

（一）升级消费场景中的感官体验

在新零售业态下，线下店铺不可替代的作用就是为消费者营造优质的体验感。通过运用视觉、听觉、嗅觉等多层次感官体验的设计，升级消费场景中的感官体验，有效地为消费者营造良好的消费体验感、输出品牌文化及品牌调性。零售企业可以依据消费者需求构建更为多样化的消费场景，同时将品牌文化与调性融入线下消费场景空间及环境构造的设计当中，从而通过场景布局及商品陈设所呈现的主题化、景观化、创意化等多元化风格，针对不同消费者的消费触点，设置更为精准化的消费场景，为消费者提供更为个性化的体验服务。

数实融合新视界

伊利打造超写实数字人 优化消费交互体验

中国乳业首个超写实数字人——“金婰”直播亮相。出现在抖音直播间的“金婰”以一身国风造型正式出道。这位“伊利青年”能歌善舞，并对牛奶知识如数家珍。

一直以来，伊利集团（以下简称“伊利”）积极探索和运用数字新技术，赋能全产业链数字创新，不断为消费者提供更多高品质的产品与服务。此次超写实数字人——“金婰”的诞生，是其引领数实融合、推动行业高质量发展的重要举措。

在数字人领域，伊利自2020年就开始布局数字人赋能全链创新，不断提升数字人技术，为消费者提供更加真实、生动的数字体验。三年来，陆续推出数字人“大利”“小伊”“伊伊”“小优”“小巧”，加上最新亮相的“金婰”，组建成了有颜值、有实力、有灵魂、有活力的伊利数字人家族。作为伊利金典品牌的数字代言人，“金婰”是采用先进的AI技术设计生成的超写实数字人，通过将超写实数字人实时动捕技术与三维场景真实直播相结合，突破了超写实数字人“不能实时直播”的常规限制，实现了业内首次超写实数字人直播。未来，“金婰”将应用于更多新技术场景，不断提升品牌与消费者之间的情感联系和互动。

另一个伊利明星产品——优酸乳品牌数字人“小优”，不仅围绕新品不断迭代升级，还被赋予人工智能的属性，创新占位“乳业首个数字化＋AIGC”，实现行业破圈，与年轻消费群体进行深度沟通，为数字人注入活力。伊利数字人在营销创新中强调低成本、高效率、强体验，在服务体验中强调新场景、新视觉、新交互，在品牌建设中强调可塑衍生、虚拟增强。因“店”制宜，精细打磨直播间“人、货、场、数”四要素，追求数据效果持续增长，重新定义快消品行业数字人的价值全景。

在数字经济高速发展的今天，数智化正在重塑人们的消费习惯。为了与消费者实现近距离互动，伊利致力于通过新技术驱动营销模式创新，不断优化与消费者的交互体验。对于伊利而言，加速数字化转型就是以消费者为导向，以数字技术进一步推动消费供给的优化、消费体验的提升、消费仪式感和幸福感的增加，切切实实做到以消费者为中心。

即学即问

数实融合的消费体验场景为消费者的“视觉、听觉、触觉、嗅觉、味觉”带来哪些不一样的体验？

（二）构建智能消费场景

伴随着新零售业态下信息技术及大数据人工智能技术的不断发展，零售企业注重通过利用人工智能新科技来对线下消费场景及零售卖场进行更新升级，为消费者提供更为智能化及精准化的体验与服务。一方面，零售企业可通过利用大数据信息技术将全渠道消费者数据信息进行分析与归纳，从而通过消费者数据信息实现智能选品、智能推荐等服务，在精准满足消费者需求的同时提升企业的营销效率及服务水平。另一方面，零售企业可将智能设备应用于线下零售门店当中，如将VR技术、3D试衣镜等智能设备融入线下消费场景，通过建设智慧门店，为消费者提供更为数字化、智能化的消费场景，从而实现为消费者提供更为智能化、多元化的服务与体验。

数实融合新视界

借智慧门店打造“价值零售”

数字化是安踏“价值零售”最关键的组成部分之一。围绕消费者的需求，安踏通过提升数据价值、融合价值、体验价值、文化与团队价值为消费者创造优质的零售体验。安踏在武汉、福州和天津开设了三家旗舰型智慧门店，以数字化赋能零售，为消费者带来更加人性化和智慧化的购物体验。

作为安踏数字化产业链的“排头兵”，安踏智慧门店在洞悉消费者偏好上下足了功夫。通过人工智能图像识别技术，消费者进店之后，在店内做出的拿起、试穿、购买等一系列行为都会被感知。安踏运用准确且及时的数据做到更懂消费者，从而更精准地为其提供服务。

作为安踏在全国设置的第三个智慧门店，天津滨江道步行街的智慧门店采用了更多的智能技术。

1. 进店

门店内设置了多个优Mall系统（腾讯开发的一款集定位技术与大数据分析能力于一体，致力于线下商圈数字化运营、精细化管理的智慧门店产品）的高清摄像头，主要作用是精准洞察消费者结构，包括男女性别比例、年龄构成等，从而支撑门店进行商品总体结构优化。

2. 逛店

门店顶部分布着多个摄像头，能够时刻捕捉每一位消费者的购物路线和轨迹，从而诊断出店里的冷区和热区，帮助门店进一步优化商品陈列并调整门店动线规划的合理性。

3. 选品

安踏在店内设置了智能性的互动屏，利用RFID互动技术来判断商品对消费者吸引力的大小。当消费者从互动区域的鞋墙上拿起一款鞋时，压杆互动屏上就会显示该款鞋的相关信息，包括鞋码和推荐搭配等。这一方面能让消费者更清晰地了解商品的各项信息，另一方面安踏后台可以采集到这款鞋的“拿起率”，然后结合实际售出的数据进行分析，为未来优化商品设计和研发提供信息支撑。

消费者既可以在店内选购实物商品，也可以在安踏智能云货架的大屏上通过扫码进入微信小程序商城来选购商品。在云货架上，消费者可以挑选门店中没有的商品，完成付款后，该商品可以被直接送到消费者的家中。

4. 试穿

在试穿区域也设有相应的数据感应器，安踏后台可以通过记录商品的试穿频率来收集现场数据。

5. 结算

在结算方面，安踏智慧门店既设有收银一体化的移动设备，也设有人工收款结算台，消费者可以选择移动支付，也可以选择现金支付。

完成结算之后，消费者的此次消费就进入了安踏后台的客户关系管理系统，消费者在线上线下所有渠道的消费记录、消费特征都将被记录到该系统中，为安踏开展精准营销提供数据支持。

智慧门店能够帮助安踏洞察客户，转化数据，提升运营效率。从“逛、看、试、结”四个维度升级人性化和智慧化的体验，也让安踏基于大数据来及时改善用户线下体验，提升管理效率。通过数据分析实施精准营销，提升消费者的到店率。

（三）塑造情感体验情境

消费升级背景下消费者对于产品的消费需求渐趋由单纯的产品需求转向更为丰富的情感化及体验化的消费需求。因此，零售企业可通过对线下消费场景的情感化体验情境塑造，满足消费者多元化的情感及互动体验需求。一方面，零售企业可以消费者需求为核心，为其提供更为个性化的服务与沟通，并通过突出情感体验等要素开展互动体验活动，从而更为精准地满足消费者的情感化体验需求。另一方面，零售企业可将品牌所倡导的生活方式及理念融入线下消费场景的构造中，通过在店铺中延伸，如咖啡馆、茶饮、艺术活动等更为多元化的消费场景与服务，从而为消费者提供更具情感化的体验营销及个性化服务。

例如，在李宁YOUNG3.0城市店铺中，店内设计以专业运动为基础，运用管道、旋转塔、胶囊舱体等打造出科技实验室的氛围，并综合运用旧跑马灯与新媒体动画来展示各种运动轮廓和分解动作，为消费者营造互动感。消费者可在店内体验3D脚型测量，定制自己喜欢的服装，实现测量、挑选、体验、购买、个性化定制的一条龙零售新体验。在运动体验区，“体验大使”会针对各级体测考试，为消费者提供个性化专业训练指导。消费者除了到店消费外，还可以免费体验运动训练、参与店铺训练排名活动。李宁YOUNG3.0形象店铺通过升级线下消费场景，让消费者对商品、品牌形成全方位、多维度、深层次的认识，最终实现品牌传播及门店销售业绩的提升。

二、营造沉浸式购物体验

（一）利用虚拟技术增强沉浸式体验

VR/AR技术的应用为新零售提供了沉浸式购物体验，为消费者带来一种全新的购物体验。VR技术通过在计算机上生成一个三维空间，并利用这个空间为使用者提供关于视觉、听觉、触觉等感官的虚拟环境，让使用者仿佛身临其境。

1. 沉浸式体验的特点

AR技术的出现打破了传统的商业界限和物理定律，它不仅可以呈现出虚拟的环境，还能将娱乐体验融入零售业务中，从而增加消费者的参与感。沉浸式体验呈现的特点有：

（1）沉浸感。参与者与真实世界完全隔离，不会受到外界干扰，依据相应的输入和输出设备，使得参与者沉浸在整个虚拟世界中。

（2）实时性。为使虚拟世界中的场景能够快速平滑地连续显示，沉浸式系统就必须具有足够小的延迟，不管是传感器还是计算机都是如此，这样参与者在虚拟世界中才能有足够的真实感。

（3）互动感。多维空间和拟人角色、互动体验的随机性等让参与者在不知不觉中完全沉浸其中，感受到现实生活中完全不同的体验。

（4）代入感。虚拟世界中的整体氛围、故事情节和节奏等让参与者有更深层次的代入感，通过各种互相体验的实现使得参与者沉浸其中。

从消费者踏入实体门店，或者打开线上网店的那一刻起，如果能够强化消费者在店铺内的参与感，形成沉浸式的品牌体验，品牌商和零售企业就有可能与消费者建立深入的情感联系。例如，淘宝网的“AR淘”就是运用了AR技术，让虚拟信息和现实环境共存于一个画面。用户点击商品详情，便可以把浏览的商品投射到自己需要使用的现实环境中，进行试穿、试用。361°官方旗舰店的AR试鞋功能，将手机镜头对准脚部，就可以查看试穿效果。某化妆品旗舰店可以进行在线试妆，通过实时捕捉面容，用户不仅可以尝试各种颜色的口红，还可以调节口红颜色的深浅。AR技术让消费者即刻拥有身临其境式的购物体验，促进消费者快速作出购买决策，轻松实现交易。

2. 搭建沉浸式场景的方式

目前，零售企业搭建沉浸式场景所采取的比较常见的方式是将线下的商场或场景直接通过VR技术进行还原，在VR搭建的场景中将商品以添加热点或标注点的方式进行解析，并为商品添加购买外链和解说导购，这其实是一种100%真实还原线下场景的VR店铺。

在搭建沉浸式场景上，零售企业可以考虑参考京东商城的模式，即将商品关联到一个场景化的实景中。在某个场景所展示的所有商品都是在这个实际场景中能够用得到的，消费者在浏览、购买这件商品时，很容易想到买了这款商品后如何去使用，甚至摆放在家里的哪个位置。

对家装软装、厨房用具等有固定场景的商品类目，搭建这种场景化消费VR实景是比较容易的，但对无实际需求场景或实际需求场景较少的商品类目来说，搭建场景化消费VR实景是比较困难的。在这种情况下，零售企业可以采取设计虚拟需求场景的方式来搭建场景化消费VR实景。因为对消费者来说，无论是现实存在的场景，还是虚拟场景，他们在VR场景中所看到的都是虚拟的沉浸式空间场景，因此，零售企业可以利用虚拟建模的方式来搭建多种多样的消费场景。

数实融合新视界

奈雪的茶搭建故事化元宇宙世界

元宇宙概念作为一场新的技术革命，使现实和虚拟之间的界限越来越模糊。作为数字化场景发展的缩影，零售企业通过元宇宙的方式构建了与消费者之间新的沟通路径，拓展了品牌互动的边界。其中，以具有故事性的手法搭建元宇宙的世界观，可以使消费者有一种身临其境的体验感。例如，品牌构建一个如太空、时空穿越等的故事背景，并围绕背景进行整体世界观的搭建，后续的传播和互动等则可以结合世界观进行相应的设计。

奈雪的茶构建了一个美好多元的宇宙故事，并推出了品牌大使——奈雪女孩“NAYUKI”，这个来自美好多元宇宙的IP人物在虚拟和现实中穿梭，探索充满美好的宇宙空间，从设计上来看，奈雪女孩的IP形象以奈雪的品牌色——绿色为主色调，在保留了品牌特色的同时具有一定的辨识度，元宇宙故事的打造为品牌后期的互动设计带来了更多的空间。

（二）利用数字媒体技术增强互动体验

通过深度融合的零售空间与数字化技术的应用，以空间为载体，技术为媒介，为消费者创造娱乐互动的新型零售空间。数字媒体技术的运用使得新零售空间增添了许多内容玩法。通过以真实空间为载体，利用互动投影建立虚拟界面，识别消费者的动态行为，使消费者与新零售空间建立互动关系。通过触摸、移动等行为与空间界面的交流互动，可以使消费者主动投入到互动之中，继而产生兴奋、忘我的情绪会使消费者获得极度的愉悦感。这种虚拟化的界面互动能够增添消费者在零售空间的沉浸感，而且因为互动关系的发生，空间虚拟界面可以给予消费者视觉、听觉的信息反馈，使零售空间更具生命体特征和人性化情感的传达，从而使消费者的情感体验更加真实。

例如，无锡苏宁极物在门店入口置入的娱乐互动屏，当消费者进入门店时，摄像头会自动识别客户表情及穿着等，然后在显示屏生成“引人注目”“欢乐值”等不同特征的个人关键词，吸引消费者自主产生互动，并刺激消费者进店进行下一步探索体验。又如，盒马鲜生的悬挂配送带可以将传送带进行数字化转译，设计成动态虚拟界面，解决影响视觉美感的问题，而且更具科技感。同时置入互动感应技术，与消费者建立除了视觉之外的互动关系，构建现实与虚拟场景的连接，增加娱乐性互动体验。

数实融合新视界

华为“河图”开启虚实融合全新视界

“在服贸会现场，观众可以凭一部手机就能感受到敦煌的数字艺术展，来一场身临其境的沉浸式体验，还可以与九色鹿、飞天神女拍照留念。”在服贸会（中国国际服务贸易交易会）数字服务展区，华为技术有限公司（简称华为）技术支持人员一边介绍一边演示。

华为技术人员打开手机，服贸会会场的现实空间即呈现在手机上，不同的是，手机上虚拟的服贸会会场中不仅有九色鹿、飞天神女飘过，还有大锦鲤游过，现实空间中的人们伸手就可以与虚拟空间中的锦鲤拥抱拍照。观众打卡拍照后，就可以看见一条花路从服贸会展馆门口一直铺向服贸会的华为展区。

据介绍，这些沉浸式体验使用的是华为河图技术。华为河图是华为打造全新黑科技，是构建数字孪生世界的技术支撑平台。通过融合5G云AI，以及高效的三维重建和精准的空间计算定位，实现了虚拟数字世界与现实物理世界的无缝融合，带来了全新的交互体验。

目前在北京坊街区、西单商业街、“798”艺术区等多个区域，华为5G终端用户可以通过华为AR地图感受数字世界的魅力，在数字世界中浏览5G智慧商圈，点击锦鲤抽奖，体验实景导航，增强店铺以及反向寻车等新奇体验。同时，用户还可以时空穿越，感受重大历史时刻、体验历史文化内容“数字活化”，在数字世界中感受科技为文化和商业带来的魅力。

第三节　零售门店精准营销活动设计

随着市场竞争的日益激烈，零售企业需要不断升级自己的营销手段，以更好地满足消费者需求，而精准营销就是当前营销的重要趋势之一。零售门店通过设计多样化的精准营销活动，实现对目标受众的精确触达，提升用户的体验，提高营销效果和转化率。

一、线上线下互引流活动

线上线下结合可以互补，实现资源共享，提升引流效果。具体来说，线上可以提供大量的引流入口，线下可以通过实体店面、活动等形式增强与用户的互动性和亲近感，使引流更加全面、多样化。

（一）线下引导线上

1. 二维码引流

二维码搭建了终端消费者、导购员、终端门店之间营销激励信息高效传达的通道。二维码在满足品牌方防伪、防窜货、追溯、扫码营销等的硬性需求的同时，还能高效完成对用户真实数据的抓取与储存。

线下零售门店可以采用二维码为线上导流。在零售门店的入口、地贴、墙面等放置微商城或公众号的二维码，或者将二维码贴在商品外包装或货架栏上，零售门店导购引导用户关注并参与线上活动。如今零售门店的二维码种类很多，有一品一码（直达商品详情页）、有品类码（直达商品系列落地页）、有小程序商城码、有导购二维码、有门店社群码等。

2. 购物车引流

引流的福利商品不一定是价格高的商品，在用户有需求的场景下给到他们所需的商品才是有价值的。例如，某生活用品零售门店，将顾客导流到微信个人号是在用户结账区进行的。顾客需要打包袋时，原本需要付费1元，但如果顾客扫描张贴在门店收货区的二维码，则可以免费获取，以此达到引流的目的。

3. 停车券引流

在大型购物中心、商业综合体的停车场，停车超过一定时长是需要付费的，但如果顾客扫描商家的公众号或小程序二维码之后，就可以收到商家发来的停车券凭证，顾客在离开停车场时可以使用这个凭证，不需要再额外缴费。

4. 赠品引流

赠品分为两种类型：一种赠品是在门店内销售的产品；另一种赠品是门店非卖品，如服装店赠送的袜子、手套、护腕等，餐饮门店赠送的菜品、饮料、折扣等，教育门店赠送的辅导资料、线上课程、书籍等。零售门店可以通过新店开业、老带新送、消费者点评等理由送出赠品，吸引顾客。

5. 门店赋能导流

门店赋能是指为零售门店提供各种支持和资源，以提升其运营效率和竞争力的过程。零售门店可以赋能导购特权，实施激励政策，提高门店导流效率。例如，导购人员运用优惠权益吸引线下用户添加企业微信号，进入企业微信群。

（二）线上流量反哺线下

1. 优惠促销

零售企业通过线上平台发布优惠券、折扣信息等，吸引用户在线上进行购买或下单。用户可以在线上获取优惠券或折扣码，然后在线下门店或实体店进行消费，享受相应的优惠。

这种模式的优势在于能够吸引更多线上用户到线下进行消费，提高线下门店的客流量和销售额。同时，优惠券等促销手段也能够提高用户购买意愿，增加消费金额。例如，某超市在移动媒体上发布打折券，宣布线下门店的5 000多款商品价格下调，包括乳制品、方便速食、洗护产品、冷冻肉禽等多个品类在内的商品设置“线下专享价”，价格普遍直降两成。用户在线上购买了优惠券后可以在实体店享受打折服务，这种方式促进了线下消费。

2. 预约服务

预约服务是通过在线上平台用户可以预约线下门店的服务，如美容、理发、医疗等。用户可以根据自己的需求，选择合适的时间、地点和服务项目，然后在线上进行预约。

这种模式的优势是方便了用户的预约过程，节省了时间和精力。同时，零售门店也可以提前安排好服务人员和时间，提高效率和服务质量。例如，某美容院通过在线平台提供预约服务，用户可以根据自己的时间和需求进行预约，充分利用时间和资源。

3. 用户体验

用户体验注重提供优质的线下服务和体验，吸引用户通过线上渠道了解并前往线下实体店进行体验和购买。零售企业通过线上平台展示产品、介绍服务、分享用户评价等，让用户对线下门店有更充分的了解和信心。

这种模式的优势在于通过线上渠道增加用户对线下店铺的信任，提高用户的购买意愿和忠诚度。良好的用户体验可以让用户愿意多次到访并推荐给他人。例如，某旅行社通过线上平台提供详细的旅游方案、用户评价等信息，帮助用户选择适合的线下旅游产品，提升用户体验。

二、社群营销

社群营销是随网络社区和社会化媒体发展起来的一种营销模式，其主要基于网络社区和社会化媒体平台发展用户，通过连接、沟通等方式实现用户价值。社群营销是一种基于圈子和人脉的营销模式，通过将有共同兴趣爱好的人聚集起来，打造一个共同兴趣圈并促成最终的消费。

（一）社群的分类

社群营销是以社群为基础。社群是一群有共同兴趣、价值观或目标的人，通过线上或线下的方式聚集在一起，形成一个互动交流的平台。一个好的社群应当包含同好、结构、输出、运营、复制五个要素，其本质是在互联网的基础上进行进一步的连接，即连接人与信息、连接人与人、连接人与商品。按照社群的定位和运营模式，社群可以分为以下三种常见的类型:

1. 营销型社群

所谓营销型社群，是指营销频率高，以营销活动和优惠分享、销售转化为直接目标的社群类型。营销型社群又可以分为折扣型社群、裂变型社群和通知型社群。折扣型社群是以高折扣、抢购、秒杀等活动为主要特征的社群，而裂变型社群则主要承载着拼团、砍价、助力等作用。这两种社群在执行上也经常交叉使用，组合发挥出更优效果。适用品类的消费者大多对价格比较敏感，追求性价比。永辉生活、步步高、每日优鲜、兴盛优选等生鲜商户，往往先通过折扣来吸引新用户，为使社群保持活跃，再运用拼团、助力等方式扩大群的规模。通知型社群则是以活动通知、品牌宣传为主要内容。

2. 内容型社群

内容型社群是打造品牌内容运营主阵地的社群模式，又可以分为教程信息导向、话题讨论导向和直播短视频导向。群管家通过在群内有计划地发布教程、话题、视频等方式，触达用户并持续解决疑问、满足需求，维持群内成员活跃度和互动性，进一步寻求销售转化。

内容型社群在母婴、运动、服饰、美妆等行业的应用最为突出。作为“知识密集型”的品类，母婴行业的消费者对孕前、孕中、产后育儿等全链路的知识有着强烈需求；服饰行业的消费者，注重上身试穿的实际搭配与效果展示；美妆行业的消费者则希望获得时下流行的妆容趋势，学习各类妆容的化妆技巧和产品的使用效果。

3. 服务型社群

服务型社群是以咨询为导向提供售前或售后服务的社群。服务型社群是为会员提供服务类的社群，主要完成售前咨询促进成交，订单完成后提供售后服务和复购拉动等。

（二）零售门店社群营销的步骤

社群是企业与用户沟通连接的最短路径，也是最低成本路径。社群中的海量信息，既是用户资产的流量池，也是供应链优化的数据池，其本质就是打造了一个低成本、高价值、高信任的营销推广工具。零售门店通过让成员对社群产生信任，从而降低广告成本、搜索成本和交换成本。对于零售门店来说，开展社群营销的基本步骤如下：

1. 建立社群

社群运营需要先建立一个完整的社群。首先要聚集一群有共同兴趣、认知和价值观的用户。在拥有同好的基础上，再进一步完善社群的结构，进行合理的管理和运营，同时保证社群有持续的输出能力，能够不断为成员创造价值，在成员之间建立坚实的感情联系和信任关系，形成自运转、自循环的经济系统。只有这样才能让社群持续壮大，并且复制分化出更多的社群。社群的建设包括明确社群名称、社群口号、社群视觉、社群结构和社群规则。

2. 激活社群成员

消费者成功入群后，接下来就要激活社群成员，让其保持活跃度，并对社群产生信任感和依赖感。激活社群成员的方法通常有以下几种：

（1）情感激活。要将社群打造成一个情感空间，让门店与社群成员形成情感连接，用情感来拉近门店与社群成员的心理距离。深入的情感连接是社群的重要特征之一，如果运营者只是在社群中生硬地卖货，就失去了建立社群的意义，这样的社群必然不会长久。

（2）商品激活。社群最终一定要与商品运营建立连接。在社群中推送的商品一定要符合社群成员的特征和需求，解决社群成员的痛点。可以采取图文结合的形式推送商品，用文字和图片赋予商品更多的附加价值；也可以使用短视频来推送商品，让商品更具表现力，提升社群成员对商品的关注度，促使他们自主传播商品，从而扩大商品的传播范围。

（3）红包激活。红包对社群维护有着很大的作用，巧妙地利用红包可以提升社群成员的活跃度。但是，红包是建立在直接利益之上的，只能作为激活社群成员的手段，不能对它过于依赖。

（4）内容激活。即分享有价值的内容。内容始终是品牌运营的核心，再好的商业模式，如果没有充实的内容，就始终是空中楼阁。因此，创作可以让社群成员真正留下来的优质内容，是让社群保持活跃的必不可少的环节。

（5）活动激活。充分运用好零售门店的优势，将社群运营与零售门店营销活动结合起来，针对社群成员的特点组织一些有价值的线下体验活动，如新品体验、亲子活动等，拉近运营者与社群成员的心理距离，提升社群成员的活跃度。

（6）KOL（Key Opinion Leader）激活。零售门店在社群营销中要高度重视KOL的价值，要结合社群运营培养自己的KOL，使他们在社群中逐步发挥重要的作用。同时，还要关注社群成员的留言，根据他们的建议进行营销主题调整。唯有让每个社群成员都感到推送的内容有价值、有意义，社群才有存在的基础。

3. 社群运营与管理

（1）设置社群管理员。为了维护社群的秩序，保证社群的正常运转，有必要设立社群管理员，负责社群日常的管理工作。一般社群管理员需要具备以下特质：① 拥有良好的自我管理能力，能够以身作则，率先遵守群规；② 拥有责任心和耐心，能够认真履行社群管理的职责；③ 团结友爱，调事从容淡定，决策果断，懂得顾全大局；④ 赏罚分明，能够灵活运用社群规则对成员的不同行为作出合理的奖惩。

（2）设置合理的群规。社群运营必须要有一套完整的管理规则，要有专人管理。如果社群没有规则，就会导致群管理混乱，甚至导致社群解散。只有建立让社群成员有归属感并认同社群的规则，才能让社群成员持续不断地产生流量、传播、变现等价值，达到社群运营的最佳效果。设置合理的社群规则是保证社群健康、有序发展的基础，群规是维护社群稳定发展的有效机制。但是，要根据社群自身的情况来设置群规，甚至一个社群下设的不同分社群，也要根据自身的特点在群规的设置上有所区别。

（3）定期调整。零售门店的社群要定期调整，一是要通过社群的运营，把一些价值顾客逐步筛选出来，优化到零售企业的VIP价值顾客群中，逐步把一些无效群员剔除；二是通过适当的调整，提升社群的价值，提升其活跃度。

4. 社群推广与传播

发挥好社群的价值，一方面要发挥社群成员，特别是种子用户的价值，发挥数字经济环境下的传播手段，通过种子用户产生更大的营销传播裂变，产生更大的价值；另一方面，要做好传播要靠内容，好的内容才具备传播属性。做好传播还要靠一些有效的传播手段，便利社群成员进行传播。同时，在移动互联网环境下，可以借助新的数字化销售方式，使传播发挥更大作用，由以往的传播与销售分离的营销模式，目前已经形成传播与交易一体化的营销模式。在传播中实现销售，在销售中实现传播。

（三）零售门店社群营销活动设计

零售门店社群营销活动类型多种多样，旨在吸引和保留顾客，提升品牌知名度和销售业绩。以下是一些常见的社群营销活动类型：

1．邀请与推荐活动

（1）邀请好友加入。鼓励现有顾客邀请好友加入社群，成功邀请者可获得奖励，如积分、优惠券等。

（2）推荐购买奖励。顾客推荐亲朋好友购买产品，双方均可获得一定的奖励或优惠。

2．新品体验与试用

（1）新品发布会。通过社群平台发布新品信息，并邀请用户到店或线上体验试用，收集用户反馈，优化产品。

（2）免费试用活动。为部分用户提供新品免费试用的机会，通过用户的体验和分享，提高新品的影响力。

3．折扣与优惠活动

（1）限时折扣。在特定时间段内提供商品或服务的折扣，刺激顾客在短时间内购买。

（2）满减优惠。顾客购买达到一定金额后，可享受一定的减价优惠，如满100元减10元、满300元减50元等。

（3）会员专享优惠。为会员提供独家折扣或优惠，增强会员的忠诚度和购买意愿。

4．拼团与秒杀活动

（1）拼团。这是由多人一起拼单购买的团购活动，通过拼团，买家可以低价购买商品。商家会设置拼团价格，引导用户转发并邀请好友参与拼团，以促进商品销量提升。

（2）秒杀。这是一种限时抢购的促销方式，商家会在特定的时间段内提供较低的价格，吸引用户抢购。秒杀活动能够营造出紧张的购物氛围，激发用户的购买欲望。在社群营销中，商家可以通过提前预热、设置倒计时、发放优惠券等方式增加秒杀活动的吸引力。

5．互动与游戏类活动

（1）线上抽奖。通过社群平台举行抽奖活动，鼓励顾客参与互动，提高社群活跃度。

（2）答题赢奖。设置与品牌或产品相关的问题，顾客答对即可获得奖品，增强顾客对品牌的了解。

（3）晒单分享。鼓励用户分享购买的产品或使用体验，并设置奖励机制，如最佳晒单奖、最具创意分享奖等。

6. 积分与会员活动

（1）积分兑换。顾客在购物或参与活动时可获得积分，积分可用于兑换商品或享受折扣。

（2）会员日活动。为会员设置专属活动日，提供独家优惠和特权，增强会员归属感。

7. 跨界合作活动

（1）与其他品牌合作。零售门店可以与其他品牌或商家进行合作，共同举办活动，如联名产品推广、跨界优惠等。

（2）与本地商家合作。零售门店可以与周边商家合作，共同推广本地特色产品或服务，扩大活动影响力。

8. 线下体验活动

（1）新品试用会。邀请顾客到店试用新品，收集反馈意见，同时为他们提供优惠购买机会。

（2）主题活动日。结合节日或特定主题，举办线下活动，如亲子烘焙日、夏日冰饮节等，增强顾客线下体验。

设计社群营销活动除了需要根据零售门店的特点和目标顾客群体进行灵活组合和调整，还要关注市场趋势和顾客需求的变化，不断创新和优化活动方案，以最大限度地吸引和留住顾客，提升销售业绩。

三、社区团购

（一）社区团购概述

社区团购

社区团购是居住在社区内的居民团体进行的一种线上线下购物消费行为，是依托真实社区进行的一种区域化、小众化、本地化、网络化的团购形式。社区团购就是消费者通过团购平台下单，平台接单后直接与供货商进行交易，再分配到消费者附近的提货点，由团长进行分配，消费者自行到提货点自提的一种购物模式，社区团购商业模式如图5-1所示。社区团购的核心特点是区域化、本地化、小众化、网络化，它能够满足消费者对于高品质、便利化、个性化、低价格的需求。

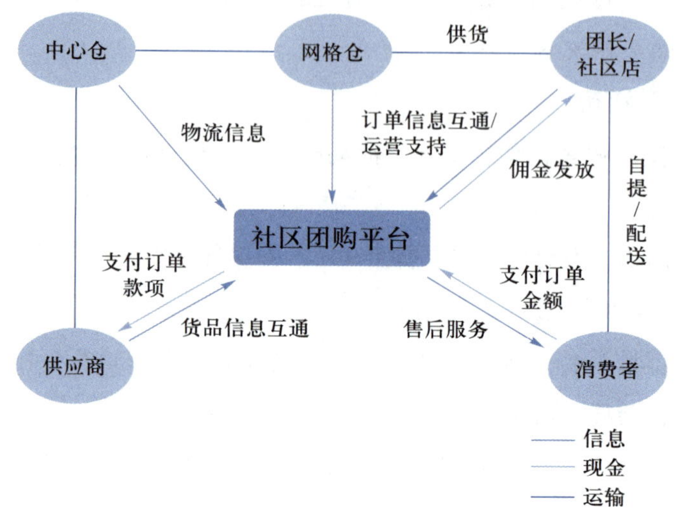

图 5-1　社区团购商业模式

社区团购的本质在于将线上与线下销售渠道相结合，以创造更好的购物体验的商业模式。社区团购活动将数字化平台与实体社区有机地结合，消费者可以在线上浏览商品、下单购买，同时在线下社区内或者最近的配送点完成商品提货。这种双重渠道的结合，使社区团购具有更高的便捷性和灵活性，既充分利用了数字化技术，也保留了人与人之间的社交互动。

随着技术的发展，平台方也成为社区团购的重要参与者，如美团、京东等电商平台，他们既为团购发起者、参与者和商家提供了一个交流的平台，也通过提供技术支持和相关服务，推动了社区团购市场的发展。

（二）零售门店社区团购的优势

零售门店开展社区团购具有诸多优势，这些优势将有助于零售门店提升销售业绩、扩大品牌影响力、提高服务质量并实现精准营销，提高营销效果。

1. 增加了低成本的获客方式

通过社交媒体和线下渠道的推广，易进行裂变式传播，降低获客成本，零售门店可以较低的成本吸引大量潜在顾客，而且获取的流量具有高质量、高留存、高转化的优势。同时，由于社区团购活动通常具有较高的用户黏性，零售门店可以更容易地维持与消费者的关系，实现长期稳定的销售增长。

2. 提高零售门店的销售效率

社区团购活动可以吸引更多的消费者参与，能够带来大量的订单，让零售门店获得更多的销售机会，从而提高销售额。通过集中采购和统一配送，零售门店可以更好地掌握消费者的购买需求，降低采购成本、运输成本和人力成本，减少库存积压和滞销风险，提高库存周转率，从而提高零售门店的销售量和收益。

3. 提高零售门店的服务质量

零售门店可以通过团购活动收集消费者的反馈意见，了解他们的需求和期望，从而有针对性地改进产品和服务。这种以消费者为中心的服务理念将有助于提升零售门店的服务水平，增强消费者的忠诚度。

4. 提升零售门店与消费者之间的互动性和黏性

零售门店可以通过社区团购平台与消费者进行沟通和互动，了解他们的消费需求和偏好，从而优化产品和服务。此外，社区团购活动还能够增强消费者对零售门店的信任和忠诚度，促进长期合作和复购。

5. 提升零售门店的口碑和品牌形象

通过提供优质的产品和服务，零售门店能够赢得消费者的认可和好评，形成良好的口碑传播效应。消费者之间的口碑传播将进一步扩大零售门店的知名度，吸引更多的潜在顾客。同时，社区团购的便捷性和实惠性也能够增强消费者对零售门店的满意度和忠诚度，进一步提升品牌形象。

6. 带来新的商业模式和增长点

社区团购结合线上线下的销售模式拓展了门店销售渠道、提高了销售效率，实现了线上线下的深度融合。同时，社区团购嵌入了社交功能，用户可在社群中分享购物心得、发起团购活动，进一步拉近邻里关系，既能够营造浓厚的社区氛围，线上交流又可引导线下活动的开展，实现线上线下无缝对接，进而促进商业模式的创新和升级。

（三）零售门店社区团购的流程

零售门店开展社区团购的流程大致可以分为以下几个步骤：

1. 市场分析与定位

首先，零售门店需要对所在社区的市场进行深入分析，了解社区居民的消费需求、消费习惯及潜在的消费能力。同时，零售门店也需要明确自己的定位，如主打生鲜还是主打日用品等，以便于更好地满足消费者的需求。

2. 建立社区团购平台与社群

利用现有的技术资源，零售门店可以建立自己的社区团购平台或利用第三方平台，方便社区居民进行线上浏览、下单和支付。同时，建立微信群、QQ群等社群，加强与消费者的互动和沟通，发布团购信息、收集订单、解答疑问、进行推广团购活动等。

3. 团长招募与培训

作为连接消费者和平台的中间环节，社区团购团长起到非常重要的纽带作用，因此如何招募团长尤为重要。在社区内招募合适的团长，他们通常是具有一定影响力和组织能力的社区居民。零售门店要对团长进行必要的培训，包括团购流程、产品知识、售后服务等，确保他们能够有效地推广团购活动并处理相关问题。

4. 商品选品与定价

根据市场分析和定位结果，零售门店要精选适合社区团购的商品，并确定合理的价格。同时，零售门店可以与供应商进行谈判，争取更优惠的采购价格，提高利润空间。

5. 发布团购信息与宣传推广

零售企业可以通过社区团购平台和社群，发布团购信息，包括商品详情、价格、团购时间等。同时，利用社交媒体、线下海报等方式进行宣传推广，吸引更多居民参与团购。

6. 订单收集与支付

在规定的团购时间内，收集居民的订单并进行支付确认。确保订单信息的准确性和完整性，以便后续的商品配送和售后服务。

7. 商品配送与售后服务

按照订单信息进行商品配送，确保商品能够及时、准确地送到消费者手中。同时，提供优质的售后服务，包括退换货处理、投诉解答等，确保消费者的权益得到保障。

8. 团购总结与反馈收集

在团购活动结束后进行总结和反馈信息收集。分析团购活动的成功与不足之处，收集消费者的意见和建议，以便对后续的团购活动进行改进和优化。

即学即问

零售门店O2O精准营销活动多种多样，你有没有在购物社群里打过卡，有没有在社区团购平台购买过商品，有没有感受过个性化定制的服务？请说一说具体情况。

四、个性化定制

当人们满足了基本的生理需求、安全需求、社交需求后，必然要追求更高层次的尊重需求和自我实现需求。而就商品和服务而言，个性化定制能极大地使用户产生被尊重的感觉。个性化定制是将产品或服务根据消费者的需求和喜好进行定制，使消费者能够获得与众不同的购物体验，增强顾客与品牌之间的互动和联系。

（一）个性化定制的形式

个性化定制活动可以根据零售门店的定位、目标顾客群体和市场需求进行灵活设计和调整，以此来增强与顾客之间的情感连接，提升零售门店的品牌形象和顾客满意度。同时，个性化定制活动也能够吸引更多潜在顾客，促进销售业绩的增长。

1. 定制产品体验

提供个性化定制的产品或服务，让顾客能够根据自己的喜好、需求或风格来选择或设计产品。例如，定制服装、鞋履、配饰等，顾客可以选择颜色、款式、材料，甚至参与设计过程。某些零售门店还可以提供定制化的礼品包装服务，让顾客为亲友选择独特的礼物，并添加个性化包装，使其更具纪念意义。

2. 专属活动体验

为顾客安排专属的活动或体验，如私人购物咨询、VIP专享购物时间等，使顾客感受到特别待遇和尊贵体验；举办独特的主题活动，如主题派对、艺术展览或音乐会，根据顾客的兴趣和需求进行定制，打造与众不同的活动氛围。

3. 个性化服务

根据顾客的偏好和需求，为其提供个性化的服务。例如，在餐厅中，顾客可以根据自己的口味定制菜品；在咖啡厅，可以选择自己喜欢的咖啡豆种类和冲泡方式。零售企业还可以提供个性化的购物指导，根据顾客的购物需求和预算，为其推荐适合的产品或搭配方案。

4. 互动体验与创作

邀请顾客参与互动体验活动，如手工艺制作、DIY课程等，让顾客亲自动手制作属于自己的个性化产品；提供创作平台或工具，鼓励顾客发挥创意，设计属于自己的作品，如定制T恤上的图案、设计家居用品等。

5. 个性化会员服务

针对会员顾客，提供个性化的积分兑换方案、会员特权或生日礼遇等，让会员感受到零售企业的关怀和重视。建立会员专属的交流平台或社区，在会员之间分享购物心得、交流个性化定制经验，增强会员的归属感和忠诚度。

（二）个性化定制营销策略

在传统经营模式下，零售企业很难突出自己的特色，格式化、标准化的经营方式已经无法更好地吸引消费者，这是因为消费者除了获得商品，无法获得其他方面的体验。在竞争激烈的市场环境中，个性化定制营销已经成为零售企业脱颖而出的重要手段，它能够帮助零售企业实现持续的增长，并树立良好的品牌形象。

1. 提供差异化商品

采取传统经营模式的零售企业，如超市和百货商店，其商品品类的设置及经营方式有很多相似之处，这会让消费者产生千篇一律的感觉，逛完一家店后，消费者往往不会再去逛其他的店。

为了打破千店一面、千店同品的局面，零售企业需要对自身的商品品类进行调整与优化。例如，对百货商店来说，需要打破以经营珠宝、服装、美妆等品类为主的限制；对超市来说，需要打破以经营食品、杂货等品类为主的限制。在当前市场环境下，商品的品类日趋丰富，这为零售企业突破品类限制提供了有利条件。为了打破消费者对零售企业固有的印象，对品类进行调整和优化是零售企业寻求发展的必经之路。零售企业要敢于打破传统模式，在商品品类经营上体现出自身特性，采用差异化的商品组合形成自身特色和商品优势，进而走出同质化竞争的困境，不断增强发展的可持续性。

2. 开发多样化功能

在现阶段，多数零售企业仅有向消费者销售商品的单一功能，不能很好地满足消费者越来越多样化的需求，这就导致零售企业在市场竞争中处于劣势。为了提高自身竞争力，零售企业需要提供多样化的产品或服务功能，突出自己的个性化特征，为消费者提供多样化、差异化的服务。

3. 采用多样化的传播方式

在营销传播方面，消费者个性化定制活动需要采用多样化的传播方式，如社交媒体、短视频、网络广告等，与顾客建立良好的互动关系。通过多样化的传播方式，可以更全面地覆盖目标消费者，提高零售企业的知名度和曝光度。同时，多样化传播方式也可以提高活动的互动性和参与度，让消费者更好地了解产品或服务。

4. 体现对消费者的人文关怀

零售企业不能够狭隘地局限于短期的经济利益和品牌资产的积累，还应该树立让社会更美好的使命和愿景。零售企业的营销必须逐渐回归营销的价值内核，给消费者以人文关怀，将品牌和价值观渗透到消费者的思想和精神中，在满足消费者需求的基础上，体现对消费者的尊重、关怀与信任，展现企业的人文精神，彰显对消费者的人文关怀。在提供个性化定制产品或服务的同时，使零售企业自身成长为一个真正的人文主体。因此，零售企业要以人文精神为核心，通过使命、愿景和价值观的引导，找到品牌个性的传递渠道和价值认同，满足消费者最深层次的精神需求，与之形成共鸣并建立稳固的关系。

第四节　零售门店精准营销活动推广

零售门店要通过多种渠道，将想要传达的信息以产品、服务及环境的形式向消费者表现出来。渠道的本质是规模化触达潜在消费者的能力。要想规模化触达消费者，只靠零售门店自身的力量是有限的、接触面也是有限的，零售门店需要借助更广泛的渠道资源。

一、零售门店营销活动触达渠道选择

触达渠道即指零售企业与用户之间进行沟通和交流的途径和方式。它为零售企业提供了接触用户、了解用户需求和满足用户期望的重要渠道。消费者的触达渠道对购买体验有着显著影响。多样化的触达渠道提供了多样化的购买方式，满足了不同消费者的需求。触达渠道也影响了消费者购物体验和购买决策，并通过不同方式改变商品的价值感知。因此，零售门店应关注和优化消费者的触达渠道，以提升购物体验，满足消费者不断变化的需求。

（一）触达渠道的作用

触达渠道发挥着桥梁的作用，将零售企业的价值与用户需求相连接。具体体现在以下几方面：

（1）树立品牌形象。借助各种渠道，零售企业可以通过宣传、营销和传播，向用户展示企业的核心价值和品牌形象，提高用户对品牌的认知度和好感度。

（2）满足用户需求。用户触达渠道可以让零售企业迅速了解用户的需求和痛点，通过数据分析和用户反馈，进行产品改进和优化，从而更好地满足用户的需求。

（3）增加用户互动。通过多样化的触达渠道，零售企业可以与用户进行双向的交流与互动，获取用户的建议和反馈，增强用户对产品和品牌的黏性和忠诚度。

（4）销售与推广。触达渠道作为零售企业与用户之间的桥梁，可以帮助零售企业进行产品的销售和推广，实现销售额的增长和盈利能力的提升。

（二）触达渠道的类型

零售门店开展营销活动的触达渠道可以分为线上的私域、公域，以及线下触达三种类型。

1. 私域触达渠道

私域触达渠道是指零售企业自己拥有并能掌控的用户数据和渠道。这些数据和渠道是零售企业与用户之间的直接联系，也是企业在数字化转型中最重要的资产之一。零售门店常用的私域触达渠道主要有:

（1）微信生态内的渠道，如微信公众号、微信小程序、企业微信等。这些平台允许零售企业进行精准的消息推送、用户互动及营销活动，有效吸引和转化目标用户。

（2）企业自有App。通过App，零售企业可以为用户提供个性化的服务，同时收集用户数据，进行更精准的用户画像和营销。

（3）短信、电子邮件与客服电话。虽然这些渠道是传统渠道，但仍然是触达用户的有效方式，尤其对于已注册或购买过产品的用户来说尤为如此。

（4）顾客推荐。利用裂变工具，如多人拼团、砍价、裂变优惠券等，鼓励顾客转发零售企业信息，或发起拼团，邀请好友以折扣价格购买优质商品。

私域的优势在于零售企业拥有自己的数据和渠道，可以通过精准的用户画像和数据分析，更好地了解用户需求，提供更加个性化的服务和产品；可以通过自有渠道直接与用户进行沟通和互动，提高用户忠诚度和口碑。总体来说，私域触达渠道的用户忠诚度高、获客成本低、用户生命周期长、用户互动性强，但其也有不足，主要是私域用户数量有限，整体搭建运营周期较长，投入成本较高。

2. 公域触达渠道

公域触达渠道是指零售企业无法掌控的用户数据和渠道，如社交媒体平台、搜索引擎、第三方电商平台等。这些平台是由第三方运营的，零售企业只能在上面进行投放和推广，无法真正拥有和掌控用户数据和渠道。

（1）公域平台。通过第三方创建和运营的公域流量平台（如团购平台、电商平台、短视频平台等），以付费或资源置换等方式进行零售企业特定信息触达。这些平台大多以关键词为基础，创建搜索场景，通过人找信息的方式，实现信息与需求的接轨，让零售企业和精准用户取得联系。

（2）官方网站。是零售企业在互联网上进行形象展示和信息发布的重要窗口，可借助多媒体触达方式，在展示和发布信息的同时，与顾客产生互动。

（3）搜索平台。通过搜索流量平台（如百度、360、搜狗等搜索引擎）发布零售企业服务或产品信息。零售企业可以通过深入研究目标受众和关键词，优化广告创意和格式，设置投放策略和预算控制，并持续监测和优化广告效果，让信息更精准地触达目标用户。

（4）社交媒体。通过微博、抖音、小红书、今日头条、腾讯QQ等社交媒体平台，利用视频等方式进行信息流推广。支持从视频点击跳转至零售企业落地页，引导更多顾客关注、点赞、评论、转发企业账号。

（5）内容社区与论坛，如知乎、豆瓣等。这些平台聚集了大量具有共同兴趣和需求的用户，零售企业通过发布优质内容吸引用户关注，最终达到宣传品牌、加深用户对品牌认知度的目的。

公域触达渠道的特点是用户数量大、覆盖面广，其优势在于具有更高的流量和曝光度，零售企业可以通过投放和推广在更广泛的受众中进行品牌宣传和营销，带来更多的用户流量和转化，快速扩大品牌知名度和市场份额。但是，公域触达渠道也有其局限性，获客成本较高，用户黏性和转化率相对较低。因为用户是通过被动的方式获取的，所以他们对零售企业的产品或服务的认知度和忠诚度较低，整体流失率较高。

3. 线下触达渠道

线下渠道既可以通过实体店面吸引那些喜欢亲自购物的消费者，又可以通过广告牌、展览和赞助活动等方式吸引消费者的注意力。线下触达渠道主要包括以下几种：

（1）传统导购员。导购员在终端卖场与顾客进行面对面的沟通，向顾客传递商品、服务和零售企业相关信息，使顾客对商品产生兴趣、好感和信任并引发其购买，最终完成结算、客服等流程。

（2）地推。通过在线下直接派发宣传单页或小册子等方式，传递零售企业信息，实现特定营销目标。

（3）广告卡。包括店内LED屏、KT版、收银台、邮报、店内海报、竖幅等；店外电梯广告、小区道闸广告牌、户外大屏等。零售企业可以按目标顾客活动场景类型进行分类、定位、触达，在他们作出购买决策之前施加影响。

（4）电视、广播、纸媒。利用电视、广播或纸媒发布零售企业形象、宣传广告、文章等信息，触达潜在顾客。传统媒体良好的公信度及高品质的内容创作能力也能带来一部分稳定的顾客。

线下触达渠道有线上触达渠道无法具备的一些特征，这使其在某些方面无法被线上触达渠道完全替代。例如，线下触达渠道能够提供实体的互动和体验；线下触达渠道通常有专业的销售人员或顾问，可以提供个性化的咨询和服务；线下触达渠道可以实现即时交付，顾客不需要等待快递配送，可以立即获得购买的产品，特别是对于一些急需的商品；线下触达渠道提供了社交和社区体验的机会。由于线下触达渠道能为消费者提供与线上触达渠道不同的购物体验和价值，因此在某些方面无法被线上触达渠道完全替代。

（三）活动触达渠道选择的策略

在选择触达渠道时，零售企业应根据用户画像的不同属性，为用户设计不同的触达渠道。由于不同的产品之间存在特性差异，评价触达渠道的标准也有所不同。对于同一产品，由于用户所使用的产品处在不同的生命周期，对产品的使用熟练程度存在一定的差别，同一触达渠道会因为用户属性的不同而产生很大的差别，选择合适的触达渠道是需要有一套量化体系来支持的。

1. 选择触达渠道需考虑的因素

零售门店要根据传播语境的动态变化，选择不同的媒介进行传播，对营销渠道、媒介矩阵、传播内容进行有机组合。通过对应的内容输出，使商品和服务有效触达消费客群。同时，也要根据市场变化不断更新，随时保持对用户的洞察，调整各渠道的比例。因此，零售门店在渠道选择时一般考虑以下因素：

（1）目标受众匹配度。评估每个渠道的目标受众匹配度，确定渠道是否能够有效地触达客户，并确保目标受众与品牌理念一致。

（2）成本效益分析。分析每个渠道的成本效益，包括投入的广告费用、人力资源、时间等，确定哪些渠道在成本上更低。

（3）渠道覆盖范围。评估每个渠道的覆盖范围，包括地理覆盖、受众细分等，确定是否有进一步扩展或调整渠道的空间。

（4）受众互动度。考察用户在不同触达渠道上的活跃度，包括社交分享、评论、点击等。确定哪些渠道能够更好地促进受众互动。

（5）竞争环境分析。考察品牌在不同触达渠道上与竞争对手的表现，找出竞争优势和劣势，为调整策略提供参考。

（6）用户体验。评估用户在不同触达渠道上的体验，包括平台易用性、购物流程、客户服务等。确保用户体验在各个渠道上保持一致和良好。

（7）数据分析和追踪。利用分析工具追踪每个触达渠道的数据，包括访问量、转化率、回访率等。通过数据了解各个触达渠道的表现，及时调整策略。

2. 选择活动触达渠道的策略

不同触达渠道的特点不同、背后的用户群不同、适销的产品不同、适销的阶段不同，活动触达渠道起到的作用及承担的任务自然都不同，零售企业只有有的放矢地选择渠道次序和组合策略，才能达到事半功倍的效果。

（1）找组合，即找到商品的独特渠道组合。零售企业进入市场，首先要做好渠道的组合策略。哪些渠道最适合这个品牌、这组产品，都要遴选出来。零售企业要有所侧重，不能在所有渠道都开展工作。

（2）明次序，即明确品牌独特渠道的进入次序。零售企业进入市场，还要做好渠道的进入次序。零售企业发展阶段不同，适合的渠道也不同。有些渠道适合“破圈”，有些渠道适合进攻，有些渠道适合流量承接，还有一些渠道适合规模化地展开推广活动，零售企业选择进入这些渠道时，要有清晰的次序。

（3）定任务，即明确不同渠道承担的战略任务。零售企业要把渠道承担的战略任务放在全局层面进行思考，即渠道在全局中承担的局部价值是什么，如何通过局部带动全局。只有安置好每一个渠道的战略任务，才能最大限度地实现渠道的整体价值。

二、零售门店精准营销活动推广策略

零售门店为了有效地推广精准营销活动，会综合运用多种策略，以期吸引更多目标顾客参与，从而实现活动的效益最大化。精准营销活动推广策略的制定需要紧密结合零售企业的实际情况和市场环境，制定长期的营销规划，确保各项活动之间的衔接和连贯，形成持续、稳定的营销氛围。零售企业还要重视用户体验和反馈，持续优化营销活动，提升品牌形象和市场竞争力。

（一）多元化渠道整合推广

零售门店需要充分利用线上和线下多种渠道进行推广，通过整合社群营销、直播、网红带货等多种线上营销方式，打造微信公众号、微信小程序、企业微信、视频号、抖音、快手、小红书等全平台矩阵私域营销阵地，抢占全域流量推广。零售门店还可以充分利用户外广告、门店内的展示空间，通过海报展示、创意陈列等方式吸引顾客进店。通过多渠道整合，确保精准营销活动的信息能够覆盖更广泛的受众，确保不同渠道之间的信息协同和互补，提高营销推广信息的覆盖率和传播效果。

（二）多样化促销组合推广

在激烈的市场竞争中，零售门店会制定多种促销方式来吸引顾客，并且以营销体系运营输出更优质服务，以达到更好的促销推广效果。常见的促销方式主要有送优惠券、举办特惠活动，营销体系最常见的就是会员体系。零售门店衍生的大量促销新模式，都是以送优惠券、举办优惠活动为主的促销方式与会员体系相互交叉融合为基础而产生的。例如，零售门店依据线上与线下发放不同类型的优惠券，服务平台发放促销活动券，零售门店还发放门店券。依照不同活动主题日设置对应的优惠活动，包括新用户优惠、粉丝团专享优惠、社区拼团优惠等。通过整合多种促销方式，全方位提升活动曝光度、吸引顾客参与并促进销售增长。

即学即问

你熟悉的便利店都有哪些促销活动，是通过哪些推广策略吸引消费者的？

（三）个性化营销内容制定

零售门店应根据目标受众的特征和需求，制定个性化的营销内容，如优惠折扣、新品推荐、会员特权等；设计具有吸引力的营销活动和互动环节，提高消费者的参与度和购买意愿。零售门店还可以创作高质量、故事化、情感化或有趣味性的内容，如故事、案例、教程等，吸引目标受众的关注和兴趣，与消费者建立情感联系，增强与消费者之间的情感连接和认同感，提高推广效果。

（四）合作与联盟策略

零售门店应与当地社区、供应商、其他商家或品牌建立战略合作关系，共同开展精准营销活动，联合营销推广。例如，与品牌商建立长期合作关系，获取优质商品和独家优惠；与其他零售门店、商圈商家合作，开展联合促销活动或互换广告资源；与意见领袖、网红等合作，邀请他们参与活动或进行产品推荐。通过合作伙伴的资源和渠道，实现对目标受众的更广泛覆盖，扩大影响力。通过合作与联盟，共享资源、降低成本，实现互利共赢。

数实融合新视界

跨界联名实现破圈

瑞幸咖啡和“猫和老鼠”联名，抓住不同年龄层的消费群体对于“猫和老鼠”的归属感和认同感，越懂年轻人越先破圈。《猫和老鼠》动画片横跨了“80后”“90后”“00后”，甚至到新生代的“10后”，成为几代人共同的童年回忆。这部风靡全球的动画作品，不论时代如何变迁却始终如一，给受众都带来了无尽的欢乐与惊喜。

（1）产品介绍。此次联盟推出了马斯卡彭生酪拿铁，也是生酪拿铁一周年纪念款。瑞幸咖啡还细化了周边产品，首次推出单杯纸袋、“猫和老鼠”主题纸杯、一板贴纸、四款杯套、两款纸袋，并且是首次推出联名款的单杯纸袋。这次联名不仅焕新了小蓝杯，连万千名网友要求的单杯纸袋都安排了，极大地满足了顾客的需求。

（2）线上线下多触点，提升用户体验。为让大众能更早更直接地品尝到联名产品，除了在线上传播，瑞幸咖啡还在线下门店布置了3家联名主题店和75家主题玻璃窗贴店，并在广州参加漫展。此次联名活动抓住不同年龄层的消费群体对于“猫和老鼠”的归属感和认同感，触达各地用户体验和口碑。

（3）时间节点的选择。瑞幸咖啡是懂打工人的，放完中秋节和国庆节长假，周一是打工人一周的开始，此刻只需花9.9元，既能放松心情释放工作压力，还能买回童年回忆。

此次新品推出不仅成功吸引了消费者的味蕾，还牢牢抓住了大众的心，引发了用户强烈的情感共鸣，跨领域合作唤醒了各年龄层消费者内心深处的童真与乐趣。

正所谓强强联合，无论是从IP还是品牌的角度来看，较高的知名度更易引起不同圈层的共鸣，从而借势提升自身品牌的知名度。此次联名活动刚好抓住了当下消费者情绪共鸣的连接，撬动消费者的购买欲望，提高品牌的忠诚度和口碑。

（五）创新技术与工具应用

零售门店应关注新兴技术和工具的发展，如人工智能、大数据等，将其应用于精准营销活动推广中。利用技术和工具提高营销活动推广的自动化和智能化水平，可以帮助零售门店更精准地把握消费者需求和市场趋势，提高营销活动的效果和转化率。例如，利用大数据分析消费者的购买历史、消费习惯和喜好，进而推送相关的促销信息和产品推荐；零售门店可以定制出针对不同消费者群体的营销策略，包括推送个性化的商品推荐、优惠券、促销活动等，从而提高消费者的购买意愿和忠诚度；大数据还可以用于预测市场趋势和消费者行为，通过对历史销售数据、市场趋势、节假日等因素进行综合分析，零售门店可以预测未来一段时间内的销售情况，从而提前制定和调整营销活动推广策略，确保活动的有效性和针对性。

行业发展与瞭望

AI技术赋能内容营销

2024年OpenAI发布了首个视频生成模型Sora。和ChatGPT一样，Sora的亮相无疑令人振奋，它的出现必然会影响到营销行业。

1. 视频制作降低门槛，实现降本增效

Sora让内容制作的门槛大大下降、成本降低、周期加快，尤其对于一些标准化的广告内容，如品牌产品的介绍说明类短视频，或者电商网页的创意广告，Sora有机会成为这部分基础类视频的生产者。这意味着更多的品牌有机会投入更少的视频制作成本，用更少的资金、时间、人力制作出数量更多的视频内容用以营销，更重要的是Sora作为创作类工具可以大大降低试错成本，帮助品牌实现降本增效。

2. 创意越来越重要，内容营销“强者恒强”是趋势

根据公开的信息，Sora的技术路线继承了此前公开的DALL-E文生图模型，虽有一定程度的创新，但并非颠覆性的。因此，当下Sora不太可能产生真正“原创性”的内容，依然需要高度依赖人为干预。这意味着品牌虽然在营销链路中能够用更低的成本得到一个高质量、视觉效果较好的传播视频，但其内容质量和创意程度还将高度依赖人的创造力，只有具备核心的创造力，才有可能指导并“投喂”Sora这一类的工具，为其提供后续的创作服务。所以，未来品牌营销，依然是内容营销“强者恒强”的趋势，尤其是在AIGC技术的加持之下，只有足够优秀的内容才能够享受时代的红利。

3. 垂类、细分定制的需求得到满足，提升转化可能性增强

Sora可以释放不同需求下的创作需求，折射到品牌营销上，Sora有可能会帮助品牌做更精细化的用户营销，这也是整个营销行业的大趋势。企业能够通过Sora，

根据不同用户的数据生成有针对性的营销视频并进行精准推送，这不仅节省了一大笔成本，缩短了营销闭环链路，对于消费者来说也能够更好地实现个性化定制。

4. 与用户深度交互，专业化工具让全民可参与

其实自AIGC技术问世以来，它就已经逐渐在颠覆传统的营销模式，而在2024年开年营销中，为数不多的亮点就是AI带来的。可口可乐“龙连你我”系列活动用AI带领百万人冲击吉尼斯挑战；康师傅饮品推出了大型AI共创作品《万里山河》；安慕希基于AI绘图的抖音挑战赛收获2.5亿次播放量。

未来，企业可以尝试在文字、语音、图片以外的视频互动、游戏开发等创意领域，利用AI技术优化业务流程、提升产品质量或服务，更好地满足客户需求，增强市场地位。

知识与技能训练

一、单选题

1. 下列（　　）不是精准营销的要素。

A. 数据分析　　B. 微信营销

C. 个性化定制　　D. 多渠道营销

2.（　　）在满足品牌方防伪、防窜货、追溯、扫码营销等的硬性需求的同时，还能高效完成对用户真实数据的抓取与储存。

A. 社区团购　　B. 朋友圈

C. 二维码　　D. 电子邮件

3. 4C 理论中的“4C”包括消费者、成本、（　　）、沟通四个方面。

A. 便利　　B. 产品

C. 渠道　　D. 促销

4.（　　）是一种基于圈子和人脉的营销模式，通过将有共同兴趣爱好的人聚集起来，打造一个共同兴趣圈并促成最终的消费。

A. 熟人营销　　B. 微博营销

C. 社会化营销　　D. 社群营销

5. 以下不属于私域触达渠道的是（　　）。

A. 百度　　B. 短信

C. 电子邮件　　D. 朋友圈

6. 下列选项中，属于内容社区电商的是（　　）。

A. 知乎　　B. 拼多多

C. 小红书　　D. 考拉精选

7. 以下（　　）不属于个性化定制的形式。

A. 定制产品体验　　B. 专属活动体验

C. 个性化服务　　D. 社区团购

二、多选题

1. 私域触达渠道的特点是（　　）。

A. 用户生命周期长　　B. 获客成本低

C. 用户互动性强　　D. 忠诚度高

2. 按照社群的定位和运营模式，社群可以分为（　　）社群。

A. 营销型　　B. 内容型

C. 服务型　　D. 娱乐型

3. 以下对于社区团购的表述，正确的是（　　）。

A. 区域化　　B. 本地化

C. 小众化　　D. 网络化

4. 个性化定制营销策略包括（　　）。

A. 提供差异化商品　　B. 开发多样化功能

C. 体现对消费者的人文关怀　　D. 采用多样化的传播方式

5. 社群管理员需要具备以下特质（　　）。

A. 拥有良好的自我管理能力，能够以身作则，率先遵守群规

B. 拥有责任心和耐心，能够认真履行社群管理的职责

C. 团结友爱，遇事从容淡定，决策果断，懂得顾全大局

D. 赏罚分明，能够灵活运用社群规则对成员的不同行为作出合理的奖惩

三、判断题

1. 企业自有 App 可以为用户提供个性化的服务，同时收集用户数据，进行更精准的用户画像和营销。（　　）

2. 精准营销给企业提供了一种能更加精确抵达目标客户的方法，但是这种方法是建立在消费者大数据攫取的基础上，有可能会碰触到消费者的隐私。（　　）

3. 企业可通过对线下消费场景的情感化体验情境进行塑造，从而满足消费者多元化的情感及互动体验需求。（　　）

4. 以优惠券、优惠活动为主的促销方式与以会员体系为主的营销体系相互交叉融合为基础而产生的促销模式不利于企业的产品推广。（　　）

5. 企业官方网站以分享、传播、互动为主，是企业维系客户和了解客户需求、喜好、动态的重要渠道。（　　）

四、简答题

1. 简述零售门店精准营销的内涵。

2. 简述零售企业重构线下消费场景的策略。

3. 零售门店开展社群营销的步骤有哪些？

五、案例分析

零售业向来是营销新玩法的探索者，像良品铺子、一轻食品、桃园三章等企业，在私域社群运营方面表现突出。它们搭建数字化营销平台，摸索出了一个打通社群、小程序、门店的私域新玩法，打通线上线下营销场景，简称为“社小店”模式。

1. 良品铺子：线上线下提升客单价和复购率

良品铺子是一家以全品类零食为驱动，多品牌运营、全渠道布局、全产业链协同下高效运营的平台化、数字化、产品科研创新型企业。它在门店引流的基本流程是线上线下渠道宣推，引导到线下消费，消费者的消费金额达标后，再将消费者引流到线上沉淀私域，然后再抽奖发优惠券，促进线上消费。这个过程中，社群、小程序、门店都动员起来，并且互相拉新带量。

2. 一轻食品：私域运营活动缩短转化流程

北京一轻食品集团有限公司（简称一轻食品）有义利面包、北冰洋汽水、双合盛精酿等知名产品。运营团队通过送福利等运营方式，让更多的消费者加入一轻食品的企业微信社群，形成私域用户池。然后通过在社群开展促销活动发放优惠券，将消费者引流到一轻优选食品商城小程序下单，或者到京轻便利店自提，打通了社群、小程序、门店，完成了转化和复购的目标。

3. 桃园三章：社群免单运营活动

桃园三章是华南著名的茶饮品牌，其门店超500家，小程序会员超230万人，门店社群超1 400个。桃园三章“每周五抽免单（社群专属）活动”如下：

（1）玩法。通过互动将消费者从小程序引流至社群、通过社群营销活动反哺小程序，促成用户转化，用户通过在线下单或到门店自提完成社小店的业务闭环。

（2）活动亮点。以互动为运营触点，提高用户的活跃度。

（3）应用功能。内容中台提供的自定义访客体系、自定义抽奖规则、数据推送。

（4）推广优势：小程序/App运营方可通过社群运营的方式促进促销优惠活动的消息触达，提升用户活跃。

以上零售企业在营销中的共同点就是在公域触达渠道之外，开启了一条私域触达渠道之路，完成整个业务闭环。

思考：

1. 什么是私域触达渠道，你从中得到什么启示？

2. 这些零售企业在社群引流，增加触达渠道方面，具体做了哪些工作？

调查研究与善作善成

调研项目：

零售门店精准营销活动情况调研。

调研目的：

通过本次调研活动，使学生系统了解零售门店线上线下融合情况，使学生能够对现有的精准营销活动进行分析，并给出优化建议。

调研要求：

1. 分组进行，每3—4人一组，合理分工，团队协作，共同完成。

2. 对校园超市、周边社区便利店进行市场调研，收集这些零售门店开展了哪些线上线下融合的营销活动，分析各活动的效果如何。影响营销效果的因素有哪些。

3. 小组对收集的信息进行总结提炼，给出优化建议，分享调研结果，教师进行点评。

调研内容：

以小组为单位分组进行实地调研，分析不同零售门店的营销活动与推广情况，包括活动类型、活动内容、面向的用户群体、营销效果及优化建议，进行总结并填写表5-1。

表5-1　不同零售门店的营销活动与推广情况

门店名称	活动类型	活动内容	面向用户群体	营销效果	优化建议

第　六　章

零售门店客户服务应用与管理

学习目标

素养目标

- 充分认识客户服务工作的价值和意义，培养服务精神和责任意识，树立良好的职业形象
- 传承匠心做事、用心服务，树立客户至上的服务意识，打造服务品牌
- 注重诚信经营与信誉建设，树立诚信意识，以优质服务赢得客户的信任和好评
- 加强团队的沟通与协作，培养团队合作精神，提升服务效率和质量
- 关注零售业发展动态和新兴技术，培养敬业精神，持续改进服务流程和内容

知识目标

- 理解零售门店打通线上线下服务的必要性
- 熟悉零售门店导购数字化服务升级方式和门店自提服务
- 掌握零售门店智能客服平台的功能和主要应用
- 掌握零售门店客户满意度、忠诚度和客户投诉的管理策略

技能目标

- 能够赋能门店导购和自提服务，打通线上线下服务
- 能够根据零售门店需要，维护和应用智能客服平台
- 能够利用智能客服系统等工具，提高客户满意度和忠诚度
- 能够将智能客服与人工服务进行整合，及时处理客户投诉

思维导图

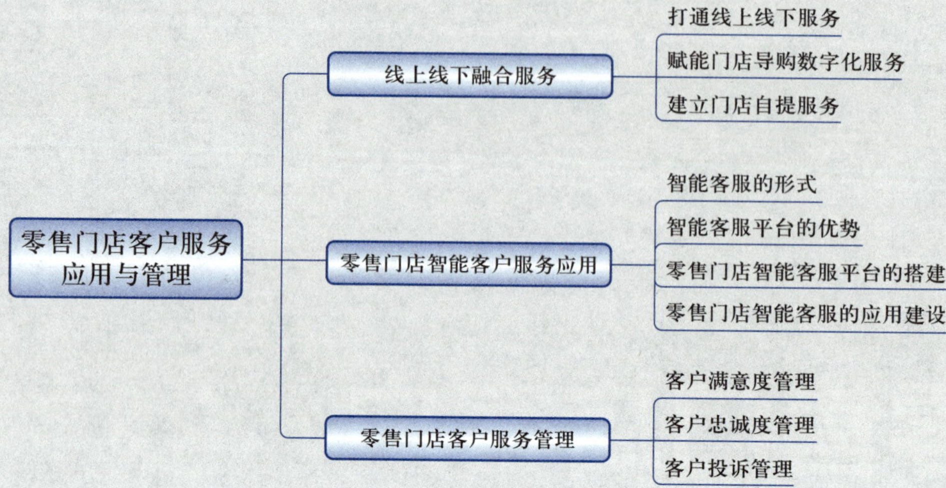

学习计划

■ 素养提升计划

____

____

■ 知识学习计划

____

____

■ 技能训练计划

____

____

【引导案例】

联想来酷直营门店OMO服务模式再创新

联想来酷直营门店开启“线上云店+线下网点”OMO（Online Merge Offline，线上线下融合）服务新模式，打通线上线下体系，缩短传统网点的服务路径，高效地解决用户在计算机使用中的各种故障。

联想来酷直营门店OMO服务模式通过“想到店、线上预约、到店关怀、业务办理、精准服务、离店满意度评价”等环节，有效完善线下门店服务制度，优化服务流程。线上预约线下办理的模式可极大地提升服务的效率，为用户省去等待时间，服务路径的缩短也让联想的服务变得更为便捷。同时，用户线上预先提交需求后，联想服务线下网点的工程师也能提前了解情况，配合查看往期记录，为用户带来量身定制般的服务体验。

联想服务还设计了“职场福音计划”，销服一体的来酷智生活直营门店服务时间较平时延长了2小时，现在每日的服务时间为10：00—20：00。此次服务时间的调整能让更多职场用户享受到全新升级联想服务，无论是加班时还是下班后，计算机遇到故障都能第一时间找到专业解决方案。

联想来酷直营门店OMO服务模式的开启，打通了线上线下服务体系，显著提升了服务的精准性、便捷性和高效性。截至目前，联想已拥有超过20 000位专业服务工程师、超过2 600个服务网点，服务网点全国省份覆盖率达到100%。目前，销服一体的线下门店正在持续升级中。在全国1—6级城市的5公里范围内、所有县级以上城市30公里内，用户都可以在联想服务网点体验到专业贴心的服务。

案例思考：

1. 从联想来酷直营门店的OMO服务模式创新中得到什么启示？

2. 分析联想来酷直营门店OMO服务模式打通线上线下服务体系，解决了哪些问题。

【引思明理】

商务部等12部门在《关于加快生活服务数字化赋能的指导意见》中提出：“坚持聚焦民生，提升便利水平。坚持以人民为中心的发展思想，加快生活服务数字化转型，着力提升便利化、智能化水平，推进标准化、品牌化建设，增进民生福祉，使现代化建设成果更多更公平惠及全体人民。”

数字化为零售企业带来新的增长点。以顾客为导向的经营理念决定了零售服务是零售经营活动的基本职能。随着科技进步和消费者需求的日益个性化，零售企业通过创新服务方式、服务内容和服务形态等各个方面，为消费者提供与众不同的、高品质的服务体验，从而实现消费增值的目标。在未来的发展之路上，零售企业还需守正创新，积极探索创新之路，以优质的客户服务赢得发展先机，以高质量发展，奋力谱写现代化建设新篇章。

第一节　线上线下融合服务

零售门店全渠道运营打通线上线下服务，是当下零售业发展的必然趋势。通过整合线上线下的资源和优势，零售门店能够为消费者提供更加全面、便捷和个性化的服务体验。

一、打通线上线下服务

客户服务是以客户的需求为中心，以解决客户问题为目标，为客户提供服务的过程。零售门店要通过不断探索客户需求，满足客户诉求，来提升产品服务的价值。因此，良好的客户服务能给企业、消费者带来更多的商业价值。

客户服务按照服务类型可分为电子客服和人工客服。其中，电子客服是指人工智能在线客服、移动设备等新技术提供的自助服务。客户服务按照客户服务流程，又可分为售前服务、售中服务和售后服务。客户在不同阶段诉求是不同的。因此，客户服务在不同阶段的策略和目的也会有差异化。

（1）售前阶段。在这一阶段，零售企业向潜在客户提供服务，售前服务是主动的、积极的，通过建立良好的印象，高效、快速传递准确的信息，精准进行商品推荐，预测客户潜在需求，及时调整经营策略满足客户诉求。

（2）售中阶段。在这一阶段，零售企业根据售前服务获得的信息，帮助客户找到满足其需要的商品或服务，表现出对客户的热情和情感投入，快速准确地解答客户的问题，精准匹配客户需求，从而促进客户产生购买行为。

(3) 售后阶段。在客户产生购买行为后，零售企业通过一系列的服务提升客户满意度，解决客户使用商品时的问题。售后服务是商品价值的延伸，也是对消费者感情的延伸。同时，通过售后服务进行营销，可以提升客户忠诚度，使其转化回头客，形成端到端服务闭环。零售门店全渠道客户服务如图6-1所示。

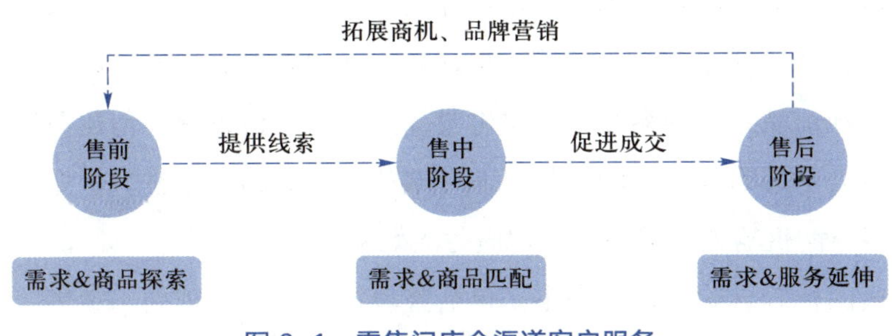

图 6-1　零售门店全渠道客户服务

随着零售业数字化转型加快，消费者的社交距离持续扩大，客户服务已不再是单一的服务形态、局限的服务场景、断层的用户体验，而是高响应度、高定制化、高差异化的服务，这需要将零售企业、用户、场景、触点、技术串联在一起，以更低的成本、更智能的方式提升服务体验。因此，全渠道打通线上线下服务对于零售企业的可持续发展有着重要的作用。

零售服务是零售企业在零售的各个环节为零售链条提供的促进商品流通的增值服务。零售企业打通线上线下服务体系，推动服务全面升级，为消费者构建“售前省心、售中用心、售后放心”的消费全过程闭环服务机制，提供售前、售中、售后全方位高满意度服务。在售前服务中，零售门店导购通过与线上导购的渠道协同，实现服务咨询的相互连通；在售中服务中，锁定客户，充分发挥线上线下各自的优势，支撑多元化消费需求，如满足线上消费的线下体验及安装需求，或满足线下消费的线上跟踪服务需求；在售后服务中，多终端无差异受理客户退换货诉求，强化线上和线下的互联互通，最终推动服务价值的协同共进。

二、赋能门店导购数字化服务

导购是零售服务的关键环节，也是连接零售门店、商品和客户的纽带，是业绩指标的重要实现路径之一。随着消费者的消费观念、消费渠道和消费习惯的深刻改变，按照消费定位、场景定位的零售业态的边界也被逐渐打破。导购作为零售门店与消费者之间的核心触点，既是零售企业体现服务能力和品牌形象的旗帜，也是零售门店线上线下一体化的突围发力点。

（一）导购角色的变化

在数字经济时代，无论是在公域渠道、私域渠道，还是实体门店的运营，前端的落地都在导购环节，因此导购本身的角色定位和技能也要与时俱进升级。例如，应用数字化工具、进行精细化的分工运营、提升社交互动能力等。通过数字化和智能化的应用，可以实现商品营销内容的自动化生成，支持跨平台销售，创建简单实用的营销工具，并完善公平透明及时激励机制，充分调动导购员的积极性。例如，迪卡侬通过引入人工智能导购机器人，提高了导购服务的效率。

零售门店的传统导购以销售为主，包括整理货品、产品陈列、销售统计等。目前，零售企业日益重视私域流量的运营，促进了导购角色的变化，使导购成为连接品牌、商品和顾客的纽带，以及全渠道客服和私域营销的节点，是实现零售门店、品牌商销售任务的关键。零售门店原来主要服务于到店的客户，只需完成现场接待、达成交易、售后服务等工作的导购员，现在成为连接客户的关键触点，需要进行拉新、维护社群等工作，并努力促成线上交易。例如，对于进店的客户，导购可以了解他们的历史消费记录或行为记录，并根据这些信息有针对性地促成客户消费；当客户离店后，导购可以根据会员服务触点地图，在线上继续对客户进行触达和维护。其核心的变化是导购成为会员运营的重要触点。

随着零售门店的转型升级和数字化应用逐渐深入，导购职能发生了重大变化，零售门店导购在多个方面承担了重要的职能，如表6-1所示：

表6-1　零售门店导购职能变化

零售门店转型重点	导购承担的工作
私域运营	连接顾客的重要触点，是拉新会员、维护社群的主体
全渠道	承担部分运营的职能，运营社群并向线上引流
分销	销售任务的直接承担者和完成者
售后服务	导购是完成履约的关键环节，并承担部分售后服务工作
分散收银	由专柜导购完成原来集中收银任务，角色增加
提升商品力	导购要成为产品专家

未来，随着数字技术的不断发展，更多导购的工作将借助人工智能、AIGC（AI-Generated Content，人工智能生成内容）、大数据、元宇宙等先进技术应用，为客户提供更便捷、智能、个性化的高品质服务。

即学即问

在人工智能时代，导购是否需要全程在线下服务？

数实融合新视界

数字化购车新体验：在元宇宙试驾，AI数字人当导购

一位用户将自己的需求告诉了身着赛车服、头戴头盔的Q版AI机器人——"Captain Feng"后，一台路特斯Eletre模型即在第一时间变为灰色车身。这位AI机器人是路特斯基于Omniverse（Omni表示"全部"，verse表示"宇宙"，合起来就是"全宇宙"）渲染引擎技术和Avatar数字人技术打造的，为用户带来行业首个以数字孪生（Digital Twin）+生成式大模型（Artificial General Intelligence，AGI）技术双轮驱动的智能数字人。

通过体验数字世界的车辆模型，用户不仅可以全方位自由赏车用车，还可以同步观察车辆状态，体验车门解锁、开合充电口盖、开启后备箱门、调节主动尾翼及天窗雾度等功能。

结合3D技术和大语言模型的智能数字人，不但是用户最好的陪伴者，也将是企业最好的销售导购。有调查显示，一位用户购买汽车的过程一般持续5—12周，而通过线上试驾和数字人讲解产品配置能够大大减少用户收集信息的时间，缩短选车决策时间。

此外，将Omniverse的数字孪生技术引入汽车生产流程中，不仅能够帮助产品研发人员和销售人员了解用户的真实需求，从用户角度打磨产品，帮助他们更好地规划和优化生产过程并进行服务升级，也为汽车的设计和制造带来了更多的灵活性。

从消费者体验延伸到汽车制造商，从智能座舱系统到购买决策过程，数字孪生技术不仅仅展现了在汽车行业的无限可能，更将为营销、销售、服务的各个环节带来深刻的智能化变革。如果说当前汽车产品的变革本质上是追求"人的解放"，那么未来的汽车的发展一定会将主动服务和自主学习服务的能力放在首位，不断重塑车人之间的关系。

（二）导购数字化升级服务

随着互联网技术及应用的不断发展和消费者需求的变化，消费需求个性化、购买行为线上化、消费场景碎片化、触媒渠道多样化，传统的导购模式显然已不能满足市场的竞争和消费者的期待。在全渠道和数字化转型升级的趋势下，零售企业应积极利用数字化工具来赋能导购。通过装备数字化工具，一方面导购能够更好地了解客户，借助客户关系管理CRM系统快速获取客户的基本信息、购买历史和消费喜好等数据，进而更好地了解客户需求，为客户提供更加个性化的服务。另一方面，导购能够更好地管理销售，借助销售管理软件和数字化工具，更加生动地向客户展示产品的特点和优势，并快速记录客户信息、订单信息和销售进度等数据，进而更好地跟踪销售情况，及时调整销售策略，促进销售业绩的提高。随着大数据和人工智能等技术的应用，导购的工作也变得更加智能化和精准化。目前，导购数字化可以通过多种方式实现线上线下升级服务，主要服务内容包括：

1. 建立并维护线上平台

导购需要熟练掌握并运用线上平台，如官方网站、电商平台、社交媒体等，确保商品信息、促销活动、门店地址、联系方式等信息的实时更新和准确性。这有助于顾客在线上了解门店动态，并引导其到线下门店体验或购买。

2. 数字化库存管理与追踪

通过采用先进的库存管理系统，导购可以实时掌握线上线下库存情况，确保信息的同步和准确。这有助于避免因库存不足或信息滞后而导致的客户流失，同时提升客户购物体验。

3. 线上线下活动协同推广

导购需要制定并执行线上线下协同的推广策略。导购可以通过微信、微博、抖音等社交媒体平台发布商品信息、促销活动，吸引线上流量。通过与粉丝互动，了解消费者需求，提供更精准的商品推荐和服务。通过线上平台发布活动信息，吸引顾客参与，并在线下门店提供实体体验，实现线上线下的互动与转化。

4. 顾客数据分析与个性化推荐

利用大数据和人工智能技术，导购可以对客户的购物行为、喜好和需求进行深度分析，为客户提供个性化的商品推荐和定制服务，增强客户与品牌之间的关系，这不仅可以提升顾客的购物体验，还能增加销售额和顾客忠诚度。

5. 线上线下服务流程优化

导购需要关注线上线下服务流程的衔接与整合，确保顾客在购物过程中能够享受到流畅、便捷的服务。例如，线上下单线下提货、线下试穿线上支付等灵活组合方式，能够提升顾客的购物满意度和便利性。

6. 智能客户关系管理

利用客户关系管理系统（CRM），导购可以追踪顾客的购买历史、偏好和需求，有助于提供个性化的销售服务。客户关系管理系统还可以提供销售预测和数据分析，帮助导购制定更有效的销售策略。通过建立会员管理体系，导购可以为会员提供个性化的服务和优惠，引导会员累积积分并享受相应的权益，增强与品牌的互动和黏性。

行业发展与瞭望

触摸一体机助力智能导购和客户服务

如今，触摸一体机在零售门店和购物中心中发挥着重要作用，它们能够提供智能导购和客户服务，为顾客提供更加便捷、个性化的购物体验。以下是触摸一体机在这些场所中的智能导购和客户服务中的具体应用：

（1）产品信息展示。触摸一体机可以展示商品的详细信息，包括价格、特点、规格、用户评价等，帮助顾客更全面地了解产品，作出更加明智的购买决策。

（2）虚拟试衣间。一些触摸一体机配备了虚拟试衣间功能，顾客可以通过屏幕选择自己喜欢的服装款式和颜色，然后在屏幕上看到自己穿上这些服装的效果，提前体验购物乐趣，节省试衣间排队的时间。

（3）自助支付和结账。触摸一体机可以提供自助支付和结账功能，顾客可以直接在屏幕上选择商品并完成支付，无须排队等待收银员服务，提高了购物效率和顾客满意度。

（4）推荐和搭配服务。基于顾客的购物历史和偏好，触摸一体机可以智能推荐相关产品和搭配方案，帮助顾客快速找到心仪的商品，提升购物体验和销售转化率。

（5）互动游戏和娱乐。触摸一体机可以提供互动游戏和娱乐功能，吸引顾客的注意力，增加店铺的流量和品牌曝光度，同时为顾客提供购物外的娱乐体验。

（6）在线客服和咨询。触摸一体机可以提供在线客服和咨询服务，顾客可以通过屏幕与店铺的客服人员进行实时沟通，解答疑问、询价等，提高了购物过程中的便利性和及时性。

（7）会员服务和积分兑换。通过触摸一体机，顾客可以查询会员权益、积分余额等信息，并进行积分兑换或会员特权的申领，增强了顾客对品牌的忠诚度和参与度。

三、建立门店自提服务

门店自提服务

随着数字经济的快速发展以及消费者对便捷、高效服务需求的增长，自提点作为连接线上购物与线下取货的重要节点，通过其服务模式的不断创新和完善，打造了更为人性化、智能化的服务体验，进一步提升了服务质量与效率。

（一）门店自提服务的优势

门店自提服务模式是以客户需求为核心驱动力的过程。实现自提服务模式的优化升级，不仅可以满足消费者的多元化需求，也有助于零售企业在激烈的市场竞争中占据优势地位。

零售门店提供自提服务，进一步打通线上线下，提升消费体验，其主要优势表现为：

1. 降低运营成本

自提服务可以帮助零售门店减少人力资源和物流成本，无须为每个订单提供送货服务，而是由客户自行前往指定地点取货。

2. 提高资源利用率

零售门店可以更好地管理库存和仓储设施，协调客户的预约时间，避免因等待配送而导致的资源浪费。

3. 优化销售流程

通过建立自提服务，零售门店可以提前安排生产和备货，减少等待时间，更好地管理订单流程，提高销售效率。

4. 强化个性化服务

针对不同用户的需求，如大件商品、生鲜冷链产品等，自提点可以提供定制化的存储设施和专业服务，确保商品在储存过程中完好无损，满足用户的个性化需求。

5. 拓展延伸服务

零售门店建立自提点不仅限于基础的存取功能，还可以逐步发展成为集物流、零售、广告、社区服务于一体的多功能平台。例如，部分自提点增设了退换货服务、商品展示销售等功能，甚至与社区开展合作，提供便民服务，大大丰富了自提点的服务内涵。

6. 助力智能化升级

零售门店借助大数据、物联网、人工智能等先进技术，实现零售门店自提服务的智能化管理与运营。例如，通过数据分析预测高峰时段，合理调配人力资源；利用智能识别技术提高存取效率，减少错误率；通过App、小程序等推送实时动态信息，方便用户随时查询和安排取货。

（二）门店自提服务的主要模式

1. 门店直接自提模式

这是消费者在线上下单后，选择到店自提的方式。门店会保留订单商品，等待消费者前来提取。这种模式适用于消费者希望亲自挑选商品或需要即时获取商品的情况。

2. 智能货柜自提模式

一些零售门店会设置智能货柜，消费者可以通过扫码或输入密码等方式打开货柜，自行取走已购买的商品。这种模式为消费者提供了更加便捷的自提体验，尤其适用于高频、小件商品的购买。

3. 社区团购自提模式

商家利用社区团购系统，让消费者在小程序或App上拼团购买，商家将商品送达指定的自提点后，消费者可以在方便的时间前往提取。这种模式结合了线上购物的便捷性和线下自提的灵活性，特别适用于社区周边的零售门店。

4. 快递代收点自提模式

这种模式是指零售门店与快递公司合作，使零售门店成为快递代收点。消费者在线购物时可以选择将商品送至该门店，然后自行前往门店提取。这种模式不仅为消费者提供了更多的收货选择，也为门店带来了额外的流量和潜在客户。

5. 预约自提模式

消费者可以提前在零售门店的官方网站或App上预约自提时间，零售门店会根据消费者的预约准备商品，确保消费者在到店时能够顺利提取。这种模式有助于零售门店更好地安排库存和人力资源，提高运营效率。

以上自提服务模式各有特点，零售门店可以根据自身的业务需求和消费者需求选择合适的模式，以提升购物体验并吸引更多消费者。同时，零售门店还可以结合多种模式，为消费者提供更加灵活多样的自提服务选择。

数实融合新视界

小米之家送到家，线上线下融合进行时

小米新零售对线下小米之家门店进行了全要素的数字化升级，通过线上线下融合的方式为消费者带来全新消费体验。小米新零售从诞生之初，就立足于改造传统零售业，打破线上线下的界限，做到线上线下融合。

如今的小米之家已经不是传统的线下零售门店，它通过线上线下融合模式全面触网，帮助线上用户找到附近的小米之家门店。顾客除了可以在门店现场购物，还可以实现在线下单门店即时配送、在线下单顾客到门店自提、门店下单大仓物流发货到家等多种购物和履约方式。小米之家多渠道融合助力门店全面升级消费场景，为用户带来良好的服务体验，也为门店带来销售增长。

1. 门店闪送：提升用户“快”场景体验

线上用户可通过美团、小米商城等多种渠道购买小米之家门店的商品服务。下单后，通过运力平台分配快递小哥，来小米之家门店取货进行配送，最快可半小时内送达。这有效地满足旅行、商务等多元化场景。目前，全国闪购业务共入驻3 000多家门店，有效服务周边居民。

2. 到店服务：满足日常逛店“好”需求

除了到家服务，线上用户在逛小米商城时，还可通过在线下单到店自取的方式“错峰”来小米之家门店取货，小米之家门店10公里内的线上用户都可以享受这项服务。

基于门店数字化的融合项目也为小米积累了大量的用户资产。门店借助企业微信系统，将日常逛店用户沉淀到私域，通过在线导购工具对离店用户主动提供服务，并针对意向用户开展在线或者到店体验产品服务。

目前，小米之家通过企业微信系统已经积累了2 000多万名用户，打造了一个巨量私域流量池，这为后续的品牌宣导、门店主动营销、小米官方服务等提供了运营阵地。

（三）零售门店建立自提服务的步骤

1. 确定建立自提服务的可行性

零售门店需要评估其业务模式和资源是否适合开通自提服务，同时还要考虑商品种类、库存管理能力以及物流和仓储设施等因素。

2. 准备物流和仓储设施

零售门店要确保有足够的仓库空间来存放商品，并建立有效的库存管理系统；还需要制定一套完善的物流流程，包括商品的分拣、打包和标记等。

3. 设置自提服务流程

零售门店要确定客户可以在哪些地点进行自提，如实体门店、仓库或指定的自提点。确保这些地点方便客户前来取货，并且为其提供良好的服务。

4. 提供在线预约和支付功能

零售门店可以通过网站、手机应用程序或第三方电子商务平台等，设置允许客户选择自提服务，并进行预约和支付。

5. 通知客户与取货时间

一旦客户完成预约和支付，零售门店就要及时向客户发送确认通知，并提供取货时间和地址等详细信息。还要确保通知方式便于客户接收，如通过短信或小程序通知。

6. 优化取货流程

零售门店要确保自提点设置方便、明确的标识，以便客户快速找到并取走他们的订单。还要考虑提供柜台、取货码或扫码设备等工具来简化取货流程，并确保有足够的工作人员提供支持和服务。

7. 提供良好的售后服务

零售门店要为客户提供退换货、咨询或投诉处理等售后支持服务，确保客服团队充分了解自提服务的相关政策和流程，以便及时处理任何问题。

即学即问

零售门店如何借助数字化转型打通线上线下服务？

第二节　零售门店智能客户服务应用

随着客户对零售门店服务体验的要求不断提升，智能客服系统成为零售门店为客户提供高服务质量和效率的重要工具。智能客服系统不仅可以实现24小时×7天的客户服务，解决传统人工客服在时间和人力上的限制，还可以通过自动化流程提高客户服务的效率、加快问题解决的速度。智能客户服务系统还能准确识别客户需求并为其提供个性化的服务，增强客户的满意度和忠诚度。同时，通过收集大量客户数据，智能客服系统还可以为企业提供决策支持和市场洞察。

一、智能客服的形式

智能客服是一种基于人工智能技术的客户服务系统，通常使用自然语言处理技术来理解用户的提问，能够自动回答用户的问题、提供相关信息和建议，甚至能处理一些简单的业务请求。智能客服平台是用于提供自动化和智能化的客户服务平台，其目标是通过机器人和自动化流程来满足客户需求，为客户提供高质量的服务体验。智能客服平台还可以通过集成各种业务系统和数据库，实现更高级的功能，如查询订单、办理业务、推荐产品等。

智能客服的形式多种多样，可以根据不同的需求和场景选择适合的形式，提供更加高效和个性化的服务。智能客服的主要形式有以下几种:

（一）文字聊天机器人

这是最常见的智能客服形式，客户可以通过输入文字与聊天机器人进行对话。聊天机器人通过自然语言处理和机器学习算法，能够理解用户的问题并作出相应的回答。

（二）语音助手

这种形式的智能客服系统可以通过语音识别技术，将用户的语音转化为文字，并通过语音合成技术将回答转化为语音。用户可以更加方便快捷地通过语音与机器人进行对话。

（三）视频客服

这种形式的智能客服系统通过视频通话的方式与用户进行交流。用户可以通过摄像头与聊天机器人进行面对面的对话，提供更加直观和个性化的服务。

（四）虚拟现实客服

这是一种较为新颖的形式，通过虚拟现实技术，用户可以与虚拟的客服人员进行交流。虚拟客服人员可以根据用户的需求和情感进行智能回答和互动，为用户提供更加真实和沉浸式的体验。

（五）社交媒体客服

随着社交媒体的普及，越来越多的零售企业开始在社交媒体平台上提供客服服务。

智能客服系统可以通过自动回复和智能推荐等功能，与用户在社交媒体上进行交流和互动。

二、智能客服平台的优势

智能客服相比传统客服具有全天候、响应速度快、人力成本低，以及标准化、个性化、多渠道支持等优势而且具有数据分析功能。这些优势不仅提高了客户服务的效率和质量，还提升了零售企业的竞争力和市场份额。

如今的智能客服平台可以依托云服务，帮助零售企业构建虚拟的客户服务中心。全渠道、移动化、智能化、易部署，是新一代智能客服平台的特点。具体来说，智能客服平台的优势主要体现在以下几个方面：

（一）24小时不间断服务

智能客服平台能够全天候在线，不受时间限制地为客户提供服务。无论是深夜还是节假日，客户都能得到及时地响应，大大提高了客户服务的可用性和便捷性。

（二）高效率与低成本

智能客服平台可以通过自动化的方式处理客户的问题和请求，能够显著提高服务效率，同时降低人工客服的工作量。这不仅减少了零售企业的人力成本，还缩短了客户等待的时间，提升了客户体验。

（三）个性化与精准化服务

智能客服平台能够基于客户的历史数据和偏好，为客户提供个性化的服务。通过分析和挖掘客户数据，智能客服平台能够更准确地理解客户需求，从而为其推荐更合适的产品或服务，提高客户满意度和转化率。

三、零售门店智能客服平台的搭建

（一）零售门店智能客服平台的组成

零售门店的智能客服平台是一个综合性的系统，需要包含多个组成部分，以确保其功能的完整性和服务的高效性。这些部分共同协作，才能为客户提供高效、便捷、安全的服务体验。一般来说，零售门店智能客服平台由以下几部分组成：

1. 用户交互界面

这是客户与智能客服平台进行交互的主要窗口。它可以是一个网页聊天窗口、移动应用界面，也可以是社交媒体插件等。这个界面需要设计得直观易用，让客户能够方便地输入问题或请求，并清晰地看到智能客服的回应。

2. 智能问答与响应系统

这部分是智能客服平台的核心，它利用自然语言处理和机器学习技术，对客户的输入进行理解和分析，然后给出相应的回答或建议。智能问答系统需要不断学习和优化，以提高回答的准确性和响应速度。

3. 客户关系管理（CRM）系统

客户关系管理（CRM）系统用于存储和管理客户信息、历史和互动。它提供了客户的详细资料，帮助客服更好地了解客户需求和提供个性化支持。另外，智能客服平台还应能够收集、整理和分析客户信息，包括客户的咨询记录、购买历史、偏好等。这样，智能客服平台就能提供更个性化的服务，如根据客户的购买历史推荐相关产品，或者根据客户的偏好调整服务方式。

4. 多渠道接入与整合

为了满足不同客户的需求和习惯，智能客服平台需要支持多种接入方式，同时支持多种渠道，如网页、社交媒体、电话、短信等。这使得客户可以通过他们偏好的方式与零售企业进行沟通，提高了客户满意度和参与度。同时，智能客服平台还需要能够整合这些渠道的信息，确保客户无论通过哪种方式接入，都能获得一致且连贯的服务体验。

5. 实时监控与报告系统

智能客服平台应具备实时监控功能，以便管理人员能够随时了解客服的工作状态、客户的满意度等情况。同时，智能客服平台还应能定期生成报告，帮助管理人员分析客服工作的效率、客户反馈等问题，以便及时调整策略和优化服务。

6. 安全性与隐私保护机制

保护客户的信息安全是智能客服平台的重要职责。智能客服平台应采取多种安全措施，如数据加密、访问控制等，防止客户信息被泄露或滥用。同时，智能客服平台还应遵守相关的隐私政策和法规，确保对客户信息的合法使用。

（二）零售门店智能客服平台的功能

零售门店智能客服平台需要具备以下关键功能，以确保其能够满足门店运营和客户服务的需求。

1. 实时在线咨询服务

智能客服平台应支持实时在线咨询，使客户能够即时与智能客服或人工客服沟通，解决疑问或获取帮助。这种即时的互动有助于提高客户满意度和购物体验。

2. 智能问答与自助服务

利用自然语言处理技术，智能客服平台应能够准确理解客户的问题，并提供相应的答案或建议。同时，智能客服平台还应提供自助服务选项，如常见问题解答、产品信息查询等，方便客户快速获取所需信息。

3. 个性化推荐与营销

基于客户的购买历史、浏览行为和偏好，智能客服平台应具备个性化推荐功能，向客户推荐相关产品或优惠活动。这有助于增加销售额，提升客户忠诚度。

4. 订单状态查询与跟踪

客户应能够通过智能客服平台查询订单状态、物流信息等，以便了解订单的实时进展。这有助于减少客户疑虑，提高购物透明度。

5. 客户反馈与评价管理

智能客服平台应提供客户反馈和评价功能，使客户能够提出对产品和服务的意见。企业可以收集这些反馈，进行改进和优化，提升客户满意度。

6. 数据分析与报告

智能客服平台应具备强大的数据分析功能，对客户的咨询记录、购买行为等进行深入挖掘和分析，为零售企业提供决策支持。同时，智能客服平台还应能生成定期报告，帮助管理人员了解客服工作的效率、客户反馈等问题，以便及时调整策略和优化服务。

7. 安全性与隐私保护

智能客服平台应严格遵守隐私政策和法规，确保对客户信息的合法使用。同时，应采取多种安全措施，如数据加密、访问控制等，防止客户信息被泄露或滥用。

（三）搭建零售门店智能客服平台的步骤

通过搭建具备这些功能的智能客服平台，零售门店可以提高客户满意度、降低运营成本，并在激烈的市场竞争中保持优势。

1. 需求分析

首先，零售门店需要明确智能客服平台需要满足哪些功能需求。通过深入了解零售门店的客户服务需求，包括客户咨询的类型、频率和渠道等，分析现有客服流程中的瓶颈和问题，明确智能客服平台需要解决的具体问题，确定智能客服平台应支持的功能和特性，以满足门店的运营和客户需求。例如，是否需要支持多渠道接入（微信、App、电话等）、是否需要进行智能问答、是否需要集成客户管理系统等。

2. 技术选型与平台搭建

根据需求分析的结果，选择适合零售门店需求的智能客服技术，包括自然语言处理、机器学习等，搭建智能客服平台，包括前端界面、后端服务器、数据库等。确保智能客服平台具备良好的稳定性和可扩展性，以应对未来的增长需求。零售门店可以选择市场上已经比较成熟的智能客服系统，也可以根据自己的需求定制开发。

3. 集成与测试

零售门店要将智能客服系统与门店的其他系统进行集成，如订单系统、库存系统等，并将零售门店的相关数据（如商品数据、会员数据等）集成到智能客服平台中，以便智能客服平台能够更好地理解客户需求并提供个性化的服务。零售门店要对智能客服平台进行全面的测试，确保智能客服平台的稳定性和准确性，并根据测试结果调整和优化系统配置和算法参数。

4. 部署与上线

零售门店要选择合适的部署方式，如云服务或本地部署，确保平台的稳定性和可靠性。将智能客服平台正式上线，并向门店员工和客户进行推广和培训。监控系统的运行状态和性能指标，及时处理可能出现的问题。

5. 持续优化与迭代

零售门店要及时收集并分析客户反馈和使用数据，了解智能客服平台的性能和效果，并根据分析结果对其进行优化和迭代，提升客户满意度和客服效率。不断探索新的技术应用和功能扩展，以适应市场和客户的变化。

需要注意的是，搭建智能客服平台需要专业的技术人员和大量的数据支持。因此，建议零售门店在选择搭建方式时综合考虑自身实力和需求，并考虑与专业的技术团队合作。零售门店还要确保平台的稳定性和可靠性，避免因为系统故障或延迟而影响客户体验。零售门店还应关注新技术和新趋势，如人工智能、自然语言处理等，不断优化和升级智能客服平台的功能和服务。

搭建零售门店智能客服平台是个复杂持续发展的过程，既要做好调研、设计、实施，也要做好后期使用过程中的优化和改进工作，使客服的服务水平不断适应客户的需求，以提高客户满意度。

四、零售门店智能客服的应用建设

零售门店智能客服的应用建设对于提升顾客体验、提高服务效率、降低运营成本、实现精准营销与个性化服务以及增强品牌形象与竞争力等方面都具有重要意义，能为零售门店创造更大的商业价值。

（一）智能导购

智能导购是结合了大数据、人工智能、机器学习等多项前沿技术的零售解决方案。它可以对顾客的购买行为进行深度分析，从而提供个性化的购物推荐，提升顾客的购买体验。同时，智能导购还能帮助店主更好地管理库存和销售数据，使其作出更准确的商业决策。智能导购的应用建设主要着重在以下几个方面：

（1）个性化推荐与导购服务。根据顾客的购物历史、浏览记录以及实时行为，智能导购系统能够精准地推荐相关商品或优惠活动。智能客服平台通过自然语言处理技术，与顾客进行实时互动、解答疑问，提供专业的导购建议。

（2）智能展示与互动体验。利用智能屏幕、触控设备等，展示商品信息、顾客评价、使用教程等，增强顾客的购物体验；提供虚拟试穿、试妆等互动功能，让顾客在门店内就能感受到商品的实际效果。

（3）数据分析与决策支持。收集并分析顾客的购物行为、偏好等数据，为零售门店提供精准的市场分析和趋势预测。基于数据分析结果，为门店制定更合理的商品陈列、促销策略等，提升销售效果。

（4）跨渠道整合与无缝体验。智能导购系统能够与线上商城、移动应用等渠道进行无缝对接，实现线上线下购物的无缝切换。顾客在门店内可以通过智能导购系统查询线上商品信息、价格等，并享受线上线下同价、同权益的购物体验。

（5）自助支付与便捷服务。顾客可以通过智能导购系统自助完成商品扫描、结算等流程，提高购物效率。支持多种支付方式，如移动支付、银行卡支付等，满足顾客的多样化需求。

（6）智能客服与售后服务。智能导购系统能够提供实时的客服支持，解答顾客的售后问题，提供退换货等便捷服务。通过智能语音、文字等方式与顾客进行互动，提供个性化的售后服务体验。

即学即问

智能导购的应用会不会取代实体门店导购人员的岗位，为什么？

（二）会员管理

智能客服可以与零售门店的会员系统对接，为会员提供个性化服务。例如，为会员提供专属优惠、积分兑换、生日福利等，增强会员的忠诚度和复购率。零售门店智能客服的会员管理功能建设主要包括以下几个方面：

（1）会员信息管理。智能客服可以存储和管理会员的基本信息，如姓名、联系方式、购买历史记录等。这有助于企业更好地了解会员的需求和偏好，为会员提供更加个性化的服务。

（2）会员等级管理。智能客服可以根据会员的消费情况和活跃度，设置不同的会员等级。不同等级的会员可以享受不同的优惠和服务，以此激励会员增加消费并提高互动。

（3）会员权益管理。智能客服可以管理会员的权益，如积分兑换、优惠券发放、生日福利等。零售企业可以根据会员的需求和等级，设置不同的权益，提高会员的忠诚度和复购率。

（4）会员互动管理。智能客服可以通过社交媒体、短信、邮件等方式与会员进行互动，如发布新品信息、促销活动等。这些互动形式有助于提高会员的参与度和满意度，增加会员的黏性。

（5）会员数据分析。智能客服可以收集和分析会员的行为数据和消费数据，进行数据挖掘和分析。零售企业可以根据数据分析结果，优化商品陈列、库存管理和营销策略，提高销售业绩和客户满意度。

（三）数据分析

零售门店智能客服数据分析可以帮助零售企业全面了解销售情况、客户需求和市场趋势，优化产品和服务，提高销售业绩和客户满意度。同时，数据分析的结果也可以为零售企业制定战略规划和决策提供重要依据。

（1）销售数据统计与分析。智能客服可以统计销售数据，包括销售额、销售量、客单价等，帮助零售企业了解销售情况，分析销售趋势，为制定销售策略提供依据。

（2）客户行为数据分析。通过分析客户的购买行为、浏览行为等数据，智能客服可以挖掘客户的喜好、需求和消费习惯，帮助零售企业更好地了解客户，提供更加个性化的服务和产品。

(3) 库存数据分析。智能客服可以实时分析库存数据，包括库存量、销售量、进货量等，帮助零售企业及时调整库存，避免缺货或积压现象，提高库存管理水平。

(4) 服务满意度分析。智能客服可以通过分析客户的反馈数据，了解客户对服务的满意度，及时发现服务中的问题，提高服务质量和客户满意度。

(5) 营销活动效果分析。智能客服可以分析营销活动的参与度、转化率等数据，评估营销活动的效果，为零售企业制定更加有效的营销策略提供依据。

(6) 竞品数据分析。智能客服可以收集和分析竞品的数据，包括竞品的销售情况、产品特点、价格策略等，帮助零售企业了解竞品的优势和劣势，从而制定更加有针对性的竞争策略。

(7) 趋势预测分析。通过机器学习和大数据技术，智能客服可以对市场趋势进行预测，为零售企业制定未来发展规划提供依据。

第三节　零售门店客户服务管理

客户服务管理是零售门店运营中至关重要的一环。只有依托建立健全的客户服务管理体系，零售企业才能与客户之间保持一种稳定且良好的关系，提高客户的满意度和忠诚度。客户服务管理工作不仅有利于加强零售企业与客户的沟通，也为其提供了缓解商家与客户的矛盾的渠道，有助于及时处理客户的投诉。客户也可利用相关服务管理体系与零售企业直接沟通，让零售企业帮助其解决合作过程中的各类问题。一般来说，零售门店客户服务管理包括以下三个方面：

一、客户满意度管理

客户满意度是指客户对零售门店提供的产品或服务的满意程度。它是客户的一种心理体验，源于客户对零售门店的期望与实际表现之间的比较。如果客户对零售门店的产品或服务感到满意，就会产生积极的情感和评价，从而提高购物满意度。

客户满意度是一个相对的概念，不同客户的需求和期望不同，对同一种产品或服务可能会有不同的评价。因此，零售门店需要关注每个客户的独特需求，提供个性化的服务和支持，以最大程度地提高客户满意度。

（一）提高客户满意度的要点

零售门店客户满意度管理是指通过一系列的方法和策略，提高客户对零售门店的满意度，增加客户忠诚度，从而提高门店的销售业绩和盈利能力。零售门店客户满意度管理是一个涉及多个方面的复杂过程，主要目标是改善客户的购物体验，从而增加他们的忠诚度和回头率。要做好零售门店客户满意度的管理，就需要关注以下问题：

1. 关注客户体验

零售门店应该关注客户在门店内的体验，包括店内布局、商品陈列、员工服务等方面。良好的购物体验可以增加客户的满意度，进而提高客户忠诚度。

2. 提高员工服务水平

员工是零售门店的重要组成部分，他们的服务态度和专业技能直接影响到客户的购物体验和满意度。零售门店应该对员工进行充分的培训，提高他们的服务水平和专业能力。

3. 及时解决问题

当客户提出问题和投诉时，零售门店应该及时解决，给予满意的答复。这可以增强客户的信任感和满意度。

4. 提供个性化服务

零售门店可针对不同客户的购物需求和习惯，为客户提供个性化的服务和推荐，这可以增加客户的满意度和忠诚度。

5. 定期收集反馈意见

零售门店应定期收集客户的反馈意见，了解客户的满意度和需求，以便及时调整和改进客户策略。这可以通过调查问卷、在线评价、社交媒体等方式实现。

6. 优化售后服务

零售门店要提供优质的售后服务和客户支持，解决客户的后顾之忧，这可以增加客户的满意度和忠诚度。

7. 创新服务方式

零售门店要不断探索和创新服务方式，以满足客户不断变化的需求。例如，引入智能化的自助结账系统、提供便捷的线上购物服务等。

进德修业

以“视客为友”的服务理念让顾客生活得更美好

创办于1988年的北雁商城是一家连锁服务零售企业，一直秉承“以顾客为中心，以奋斗者为本，守法讲德，文明诚信，精耕细作，固本开源”的企业发展方针，一步一个脚印地践行着“视客为友”的服务理念。同时，北雁商城时刻铭记“文明诚信”的立业之本。经过多年的深入践行，如今的北雁商城无论在“视客为友”理念还是“文明诚信”发展宗旨上都赢得了广大顾客的认可和良好的社会口碑，这成为北雁最响亮的品牌。

“视客为友”的服务理念，即视顾客为亲朋好友，把顾客当成最亲近的亲人和最要好的朋友来接待，用心做到百问不厌，百挑不烦，并能站在顾客的角度切实为顾客着想，为顾客答疑解惑、提供解决问题的最佳方案。北雁商城首先想到为顾客提供细致的便民服务项目，除了日常充电、医用救治、轮椅、打气筒、雨伞、饮用水以外，还结合顾客需求把每月第三周的周五，设定为北雁“便民服务日”。便民服务日当天会有柜组专业导购员为顾客提供免费的便民服务，如免费鞋子护理、免费箱包护理、免费皮肤护理、免费修眉化妆、免费首饰清洗等。

北雁理念引导员工树立服务意识、责任意识，服务就是发自内心帮助他人，将心比心，以心换心，令顾客心满意足。北雁商城正走在践行理念的路上，为顾客解决疑难问题，让顾客方便、省心、开心，创造更多惊喜与感动。

（二）利用智能客服平台提高客户满意度的策略

1. 实时在线支持与客户互动

智能客户服务平台能够实现7天×24小时地实时在线支持，及时响应客户的问题和需求。同时，智能客户服务平台可以通过聊天机器人或虚拟助手与客户进行互动，提供个性化的服务体验，从而提升客户满意度。

2. 智能自助服务与问题解答

传统的客户服务通常需要客户在等候中度过漫长的时间，而智能客户服务平台通过自动化技术和机器学习算法，依托聊天机器人和自助服务功能，引导客户自主解决问题，如在线查询、账户管理等。这样，客户在无须人工干预的情况下就能解决问题，进一步提高客户满意度。

3. 多渠道接入与一体化服务

智能客户服务平台支持多种接入渠道，如网站、App、社交媒体及零售门店内的自助终端等。这样客户可以通过他们最喜欢的渠道随时与客服互动，无须重复输入信息，即可大大提高了沟通效率。

4. 智能推荐与个性化服务

智能客户服务平台可以利用机器学习算法分析客户的历史数据和行为，预测客户的需求和偏好，从而为客户提供个性化产品和服务。这不仅可以提高客户满意度，还有助于提高销售转化率。

5. 客户画像与精准营销

智能客户服务平台可以根据客户的行为和偏好构建客户画像，为零售企业制定有针对性的营销策略提供数据支持。通过对客户画像地分析，零售企业可以发现潜在的商业机会，提高产品和服务的竞争力。

6. 整合信息构建知识库

智能客户服务平台还可以整合和管理大量的产品和服务信息，构建知识库和常见问题解答库。客户能够通过系统快速获取所需要的信息，不再需要浏览大量的网页或等候员工客户服务代表提供帮助。这减少了客户的困惑和不确定性。

7. 数据分析与服务优化

智能客户服务平台具有强大的数据分析功能，可以对客户服务过程中产生的大量数据进行分析和挖掘。通过对客户反馈、服务质量、客户行为等数据的分析，企业可以不断优化服务流程，提升客户满意度。

二、客户忠诚度管理

客户忠诚度又称客户黏度，是指客户对某一特定产品或服务产生了好感，形成了“依附性”偏好，进而重复购买的一种趋向。客户满意与忠诚是两个完全不同的概念。零售企业提供的可使客户满意的产品或服务的质量标准是在客户的期望值范围之内的，他们认为这是零售企业应该或者可以提供的。客户忠诚则是指可提供给客户的产品或服务的质量标准超出客户想象范围之外的，令他们感到吃惊、兴奋的产品和服务。满意度不断增加并不代表客户对零售企业的忠诚度也在增加，所以客户服务的最高目标是提升客户的忠诚度，而不是满意度。

另外，客户的忠诚度与盈利能力呈正相关，忠诚的客户愿意为自己认同的零售企业或产品支付较高的价格，并能向其他客户推荐该企业的产品和服务。因此，客户忠诚度的管理既是存量挖潜的利器，更是新增客户拓展的良好渠道。

（一）培养客户忠诚度的要点

1. 提供高品质的产品或服务

这是提升客户忠诚度的基石。客户对零售企业产品或服务的满意度直接影响其忠诚度。因此，零售企业应致力于提供满足甚至超越客户期望的优质产品或服务。培养专业、友好、响应迅速的客户服务团队，确保客户在购买、使用产品或服务过程中得到全程关注和支持。主动解决客户的问题和需求，使他们感受到零售门店对客户的重视和关心。

2. 建立良好的客户关系

零售企业应主动与客户建立并保持联系，通过积极互动、问候客户、提供专业建议和解决问题等方式，建立起与客户的信任和亲近感；了解他们的需求和期望，积极回应他们的反馈；通过定期的客户沟通、关怀和节日祝福等方式，增强与客户的情感联系。

3. 建立客户忠诚计划

零售企业可以通过推出会员制度、积分兑换、优惠券、会员特权等奖励措施，激励客户重复购买和推荐新客户。这种计划能够让客户感受到实惠和特权，增强会员的归属感，从而增强他们对企业的忠诚度。

4. 保持诚信和透明

零售企业应坦诚对待客户，不隐瞒或误导客户。在处理问题和纠纷时，应积极、公正地解决，以维护企业的声誉和客户的信任。

（二）利用智能客服平台提升客户忠诚度的策略

1. 提供个性化服务与体验

智能客服平台通过收集和分析客户的购物数据、行为数据等，可以为客户提供个性化的服务和体验。例如，根据客户的购物历史和偏好，智能客服可以主动推荐适合客户的商品、促销活动等，从而提高客户的购物满意度和忠诚度。

2. 快速响应与问题解决

智能客服平台具备快速响应和解决问题的能力。通过自然语言处理和语音识别技术，智能客服可以迅速理解客户的需求和问题，并提供准确的解决方案。这种高效的服务体验能够增强客户对门店的信任和忠诚度。

3. 多渠道接入与一致性体验

智能客服平台支持多种渠道接入，如网站、社交媒体、移动应用等，使客户可以随时随地获取帮助。同时，智能客服可以确保在不同渠道上提供一致性的服务体验，避免信息不一致给客户带来困扰，从而增强客户忠诚度。

4. 数据驱动的客户洞察

智能客服平台可以收集和分析客户的反馈和需求，为门店提供有价值的客户洞察。零售门店可以利用这些数据制定更精准的营销策略和服务计划，满足客户的需求和期望，从而提高客户满意度和忠诚度。

5. 智能化营销与个性化推荐

智能客服系统可以通过智能化营销手段，如邮件营销、短信营销、个性化推荐等，提高客户的购物频次和客单价。通过个性化推荐，智能客服可以向客户推荐符合其兴趣和需求的商品，增加购买的可能性，从而增强客户忠诚度。

6. 持续优化与改进

智能客服系统可以持续收集和分析客户的反馈和行为数据，为零售门店提供改进和优化的方向。零售门店可以根据这些数据调整产品和服务，改进购物环境，提升员工培训等，从而不断提升客户满意度和忠诚度。门店还需要定期评估系统的性能和客户反馈，及时调整和改进系统的功能和服务，确保系统能够持续满足客户的需求和期望。

即学即问

零售门店可以采用哪些线上线下融合的措施来提升客户忠诚度？

三、客户投诉管理

零售门店客户投诉是指客户在购买商品或接受服务的过程中，由于各种原因而对商品质量、服务态度、售后处理等方面表示不满，并向零售门店提出书面或口头上的异议、抗议、索赔并要求解决问题等行为。客户投诉是消费者出于对商家的产品质量问题、服务态度等各方面的原因，向其反映情况、检举问题，并要求得到相应的补偿或解决方案的一种手段。

客户投诉是零售门店运营中不可避免的，也是零售企业改进服务、提升产品质量和增强客户忠诚度的重要机会。通过处理客户投诉，零售企业可以了解客户的需求和期望，及时发现问题并进行改进，从而提升客户满意度和忠诚度。因此，零售门店应该重视对客户投诉的处理，建立完善的投诉处理机制，积极回应客户的投诉，并采取有效的措施解决问题，以赢得客户的信任和支持。

（一）零售门店处理客户投诉的常规步骤

1. 倾听和理解

当客户投诉时，首先要做的就是认真倾听客户的投诉内容，理解客户的不满和诉求。要保持冷静和耐心，既不要打断客户的发言，也不要急于辩解或推卸责任。通过倾听和理解，可以更好地把握客户的投诉要点和需求，为后续的处理工作打下基础。

2. 道歉和表达关切

在理解客户的投诉后，要向客户道歉，表达对客户不满的关切和重视。诚恳的道歉可以缓解客户的情绪，让客户感受到零售企业的诚意和态度。同时，要表达对客户问题的重视，让客户感受到零售企业会积极采取措施解决问题。

3. 记录投诉内容

在处理客户投诉时，要详细记录客户的投诉内容、时间、地点、涉及人员等信息。这既有助于后续跟进和处理，也可以作为改进服务和产品的依据。同时，要确保记录准确无误，避免信息遗漏或误解。

4. 提出解决方案

在理解客户的投诉和记录相关信息后，要针对客户的问题提出解决方案。解决方案要具体、可行，并符合客户的期望和需求。在提出解决方案时，要与客户进行沟通和协商，确保方案能够得到客户的认可和接受。

5. 执行解决方案

在得到客户的认可和接受后，要积极执行解决方案，并及时向客户反馈进展情况。在执行过程中，要保持与客户的沟通和联系，及时解答客户的疑问和关注，确保问题得到妥善解决。

6. 跟进和反馈

在问题得到解决后，要进行跟进和反馈，确保客户对处理结果满意。可以通过电话、短信、邮件等方式与客户联系，了解客户的反馈和意见，以便进一步改进服务和产品。同时，要对处理过程进行总结和反思，不断完善处理方法和流程。

（二）利用智能客服平台客户投诉管理的策略

1. 整合投诉渠道

首先，确保所有投诉渠道，如电话、电子邮件、社交媒体等，都能与智能客服系统无缝对接。这样，无论客户通过哪种渠道表达不满，系统都能自动收集和整合这些信息。

2. 自动识别与分类

利用自然语言处理和机器学习技术，让智能客服平台能够自动识别投诉内容，并根据关键词或主题进行分类。这有助于快速定位问题，提高处理效率。

3. 优先级设定与自动分派

根据投诉的严重程度和影响范围，设定不同的优先级。智能客服平台能够根据优先级自动将投诉分派给相应的团队成员，确保问题得到及时处理。

4. 实时追踪与更新

智能客服平台应提供实时追踪功能，让处理人员能够随时查看对投诉的处理状态，并在必要时更新处理进展。这有助于保持与客户的沟通，提高客户满意度。

5. 自动反馈与通知

一旦投诉得到处理，智能客服平台应能自动向客户发送反馈或通知，告知其处理结果。这不仅能提升客户体验，还能增强客户对企业的信任。

6. 数据分析与改进

通过对投诉数据的分析，发现产品和服务中存在的问题和潜在改进点。将这些信息反馈给相关部门，促进产品和服务的持续改进。

7. 人员培训与协作

零售门店要确保处理投诉的团队成员熟悉智能客服平台的操作和功能。同时，加强内部沟通，确保团队成员之间能够高效协作，共同解决客户投诉。

8. 持续优化与升级

零售门店应根据实际应用情况和客户反馈，不断优化和升级智能客服系统，提高其投诉处理能力和用户体验。

零售门店智能客服平台通过其自动化、智能化和个性化的特点，能够有效促进客户投诉管理、客户满意度管理和客户忠诚度管理的提升，从而为企业赢得客户的信任和支持，推动业务的持续增长。

需要注意的是，智能客户服务并不意味着完全替代人工客户服务。人工客服在某种情况下仍然具有独特的优势，特别是在处理复杂问题、提供情感支持和进行人际互动方面。因此，一个成功的客户服务管理策略应该是智能客服和人工客服的结合，充分发挥双方的优势，提供全面的客户服务管理。零售门店需要确保智能客服与人工客服之间的协同配合。

知识与技能训练

一、单选题

1. 商品推荐属于零售客户服务的（　　）。

A. 售前阶段　　B. 售中阶段

C. 售后阶段　　D. 拓展阶段

2. 搭建零售门店智能客服平台的步骤中第一步是（　　）。

A. 选择合适的平台　　B. 配置和定制

C. 数据集成　　D. 需求分析

3. 零售门店智能客服平台的组成不包括（　　）

A. 用户交互界面　　B. 智能问答与响应系统

C. 客户关系管理系统　　D. 销售系统

4. 客户的忠诚度与（　　）呈正相关，忠诚的客户愿意为自己认同的零售企业或产品支付较高的价格，并能向其他客户推荐该企业的产品和服务。

A. 盈利能力　　B. 满意度

C. 产品质量　　D. 产品价格

5. 智能客户服务系统支持多种接入渠道，不包括（　　）。

A. 网站　　B. App

C. 数字电视　　D. 门店自助终端

二、多选题

1. 客户服务按照客户服务流程，可以分为（　　）。

A. 售前服务　　B. 售中服务

C. 售后服务　　D. 销售服务

2. 零售门店建立自提服务的主要优势除了拓展延伸服务和助力智能化升级，还表现为（　　）。

A. 降低运营成本　　B. 提高资源利用率

C. 优化销售流程　　D. 强化个性化服务

3. 门店自提服务的主要模式有（　　）及预约自提模式。

A. 门店直接自提模式　　B. 智能货柜自提模式

C. 社区团购自提模式　　D. 快递代收点自提模式

4. 智能客服的主要形式有（　　　　）及社交媒体客服。

A. 文字聊天机器人　　　　B. 语音助手

C. 视频客服　　　　D. 虚拟现实客服

5. 智能客服平台的优势有（　　　　）。

A. 广泛性　　　　B. 24 小时不间断服务

C. 高效率与低成本　　　　D. 个性化与精准化服务

三、判断题

1. 零售门店建立的自提点可以逐渐发展成为集物流、零售、广告、社区服务于一体的多功能平台。（　　）

2. 利用历史销售数据和大数据模型预测未来的商品需求可以实现库存优化管理。（　　）

3. 客户满意度与客户忠诚度是同一个概念。（　　）

4. 社交媒体客服也是智能客服的一种。（　　）

5. 客户服务是以产品为中心，以解决销售问题为目标，为客户提供服务的过程。（　　）

四、简答题

1. 简述零售门店客户服务不同阶段的服务内容。

2. 简述零售门店搭建智能客服平台需要具备的基本功能。

3. 简述提高客户满意度需要关注哪些方面。

五、案例分析题

波司登赋能门店与一线导购

F2B2C运营模式是指从厂商（Factory）直接面向商家（Business），再面对最终消费者（Consumer）的销售渠道模式。在F2B2C运营模式下，波司登面临多重私域流量困境：

一是私域流量利用困难。位于F（厂商）端的品牌总部由于缺乏面向C（消费者）端的销售渠道和终端，无法直接接触消费者，也无法对经销商渠道端全程把控，对消费者的数据仅能依赖经销商端的反馈。位于B端的经销商团队又各自为营，开展业务缺乏统一引导，运营策略也无数据支撑。最终导致品牌端无法有效了解和运用海量的消费者数据。

二是导购队伍建设存在困难。各地导购员能力参差不齐，且人才流失严重，晋升机制不够透明，导购的积极性不足。另外，新人需要大量培训，培训成本增加，导购对品牌的认同感和黏性较弱。

三是上下游协同不畅。品牌端无法指导渠道端运营，渠道端也缺乏品牌理念和运营管理。品牌端无法掌控终端，上下游衔接不畅通。

波司登整体面临渠道运营偏弱，消费者数据利用难、导购队伍建设难、上下游协同难等多重困境，亟须转型升级。

在F2B2C长链条模式中的境况下，波司登无法直接触达消费者，难以掌控私域流量。为实现突破，波司登找到最直接影响用户决策的关键点——导购。

首先，引入导购目标考核和激励机制，制定完善的业绩评价方案，将导购的个人业绩与公司效益结合，提升导购的工作积极性。

其次，是对导购进行专业化培训，加强服务技能、产品知识、销售技巧等方面的学习，使导购服务能力显著提升。

再次，为导购配备数字化辅助工具，如iPad端等移动终端，集成客户管理、订单、库存等信息，使导购可以快速获取客户数据、进行业务办理，大大提高工作效率。

最后，建立导购线上互动社群，进行经验分享，增强导购对品牌的认同感和黏性。

通过对导购的全面赋能，波司登积累了3 400万名私域用户，实现了对终端用户的触达。这为品牌制定营销决策提供了重要数据支撑。另外，导购的企业微信日活率达到90%以上，工作参与度和品牌黏性大幅提升，导购的离店销售业绩显著提高。导购服务能力明显提升，用户满意度和复购率都得到提高。

波司登赋能导购的举措，准确定位到F2B2C长链条模式中最关键的一环——导购，找到了运营的突破口。另外，波司登采用多元化方式全方位提升导购能力，既解决了能力问题，也解决了动力问题。还有，波司登将数字化工具与导购能力提升有机结合，置入了数字化赋能的路径，最终实现了品牌与用户之间的直接连接，突破了长链条模式的困境。

思考：

1. 波司登为什么选择导购作为突破点？

2. 分析零售企业赋能导购带来的变化有哪些？

调查研究与善作善成

调研项目：零售门店智能客服满意度调查。

调研目的：通过本次调研活动，了解客户对智能客服服务的感受和看法，从而找出可能存在的问题和改进的空间，以进一步提升智能客服的服务质量和客户满意度。

调研要求：

1. 调查目标设定

需要明确调查目标，即希望通过这次调查了解智能客服在哪些方面表现良好，哪些方面存在不足，以及客户对智能客服的整体满意度如何。这有助于零售企业为后续的服务改进提供明确的方向。

2. 调查问卷设计

根据调查目标，设计一份全面且具体的调查问卷。问卷内容应涵盖智能客服的响应时间、准确性、理解客户意图能力、问题解决能力等多个方面，以确保能够全面了解客户的满意度。同时，问卷的设计需要考虑到易读性和易操作性，以方便客户填写。

3. 调查实施

选择合适的调查方式，如线上问卷、电话访问或现场访谈等，确保能够覆盖到目标客户群体，并收集到真实有效的数据。

4. 数据分析与解读

对收集到的数据进行整理和分析，提取出有用的信息。可以使用统计软件对数据进行处理，如计算满意度得分、绘制柱状图或饼图等，以便更直观地展示结果。

5. 制定改进措施

根据数据分析的结果，制定具体可行的改进措施。这些措施可以包括优化智能客服的算法、提升响应速度、改进服务态度等。改进措施需要具有针对性，能够切实解决存在的问题，提升客户满意度。

调研内容：以小组为单位分组进行调研，分析各零售门店的智能客户服务情况，填写表6-2进行总结，并结合实际情况，提出合理的优化建议，并撰写一份调研报告。

表6-2　各零售门店客户服务情况

零售门店	响应时间	准确性	理解客户意图能力	问题解决能力
门店1				
门店2				
门店3				
门店4				
门店5				
……				

第　七　章

零售门店运营数据分析

学习目标

素养目标

- 遵守法律法规，合法获取和使用数据，提升法治素养与合规意识
- 以事实为依据，以数据为准绳，坚持实事求是的精神
- 科学严谨地分析数据，持续优化改进运营策略，追求精益求精的工匠精神
- 用好数据要素助力零售门店提质增效

知识目标

- 了解零售门店运营中常用的数据分析指标、工具和方法
- 熟悉零售门店运营中用户数据分析的常用模型
- 熟悉零售门店运营中销售数据分析的常用分析法
- 掌握零售门店活动和推广数据分析的思路和方法
- 掌握零售门店运营数据复盘和绩效优化的步骤与策略

技能目标

- 能够运用常用的数据分析工具进行数据分析
- 能够基于数据和分析模型针对用户属性和用户行为进行分析
- 能够全面理解不同销售数据，并从多个维度展开深入分析
- 能够选择关键数据评估活动和推广效果
- 能够运用GRAI复盘法进行零售门店的复盘

【思维导图】

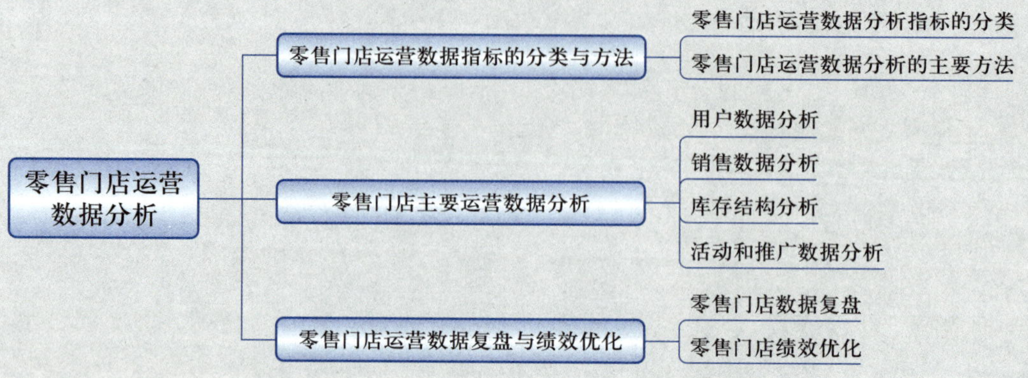

学习计划

■ 素养提升计划

____

____

■ 知识学习计划

____

____

■ 技能训练计划

____

____

【引导案例】

盒马鲜生以数据分析重塑消费者体验

在数字经济时代，数据分析和复盘已经成为零售企业不可或缺的核心能力。中国零售企业在这一方面有着令人瞩目的实践和创新。

阿里巴巴作为中国电商领域的领军企业，近年来大力推动新零售战略。盒马鲜生是阿里巴巴集团在整合线上资源的过程中进行的一次转型升级，将线上的购物体验搬到线下，同时利用互联网、大数据等技术对实体零售门店进行颠覆式创新，使得实体零售门店具有线上线下双重属性，既是一种新型的零售模式，也是对线下超市完全重构的新零售业态。盒马鲜生是集超市、餐饮店、菜市场于一体的新型消费场景，消费者既可以通过到店消费，也可以通过线上消费，享受送货上门服务。

阿里巴巴是较早找到线下实体店商机的经济体，而线下实体店的核心优势就是体验式消费。盒马鲜生依托阿里巴巴的互联网和大数据技术，以淘宝、天猫海量的线上交易数据为依据，刻画出消费者的消费习惯和消费倾向。盒马鲜生用大数据技术更精准地进行商品的采购管理、上架管理、库存管理，以及精准的广告投放和推送。盒马鲜生作为新零售的代表，有着自己的全球买手和供应链体系，这区别于传统零售“坐等”供货商“送货上门”的商品供应形式。

盒马鲜生作为新零售行业的领军者，充分利用了阿里巴巴在技术、商业运营、供应商渠道方面的优势，建立了强大的供应链体系和买手制度。相较于典型共享经济平台，盒马鲜生所提供的共享经济平台是在一定制度和约束下，供应商与消费者进行的有序交易。全球买手经过大数据技术的分析，迅速锁定优质供应商，并根据消费者的消费需求有序地甄别供应商和商品，使得商品更能符合消费者需求，而消费者的消费数据和反馈又可以作为供应商供应商品的参考。

目前，盒马鲜生凭借科技层面的创新、数据驱动的运营方式和线上线下一体化的经营思路，已实现用户月购买次数达到 4.5 次，坪效是传统超市的 3~5 倍，线上商品转化率达到 35% 的水平，实现了品效双赢。

案例思考：数据分析对零售门店运营的重要性体现在哪些方面？

【引思明理】

2024 年 5 月，国家发展改革委办公厅、国家数据局综合司印发《数字经济

2024年工作要点》，从9个方面对2024年数字经济重点工作作出部署，其中就包括深入推进产业数字化转型。当前，各地各部门和相关企业正联手加快推进实体企业的数字化、智能化改造，推进线上线下深度融合。数据已经成为一项关键要素，贯穿在数字技术与实体经济深度融合后的主线中，成为完善数字经济体系、推进数字产业化和产业数字化过程中不可或缺的重要组成部分。

零售企业要通过数字化工具深度挖掘消费者需求和行为等数据，不断优化产品和服务，提升市场竞争力。同时，零售企业也要通过数据复盘总结经验教训，不断完善自身的经营策略和管理模式。这不仅体现了中国零售企业在数字经济时代的创新力和竞争力，也为中国零售业的健康发展提供了有力支持。

第一节　零售门店运营数据指标的分类与方法

在零售门店运营过程中，商家对数据的整理和分析直接影响零售门店的经营水平和业务水平。数据能够反映零售门店运营过程中存在的问题，让商家更好地进行运营效果评价与风险控制。数据分析结果能够为商家做运营决策提供有效的参考依据，商家开展数据分析的目的是找到适合自己的运营方案，从而实现利润最大化。

一、零售门店运营数据分析指标的分类

数字经济时代的零售业面对众多顾客和复杂多变的市场需求，要想及时适应市场变化，掌握市场动态，就需要对零售业各个环节的数据进行分析，得到科学有效的结论来指导决策。构建系统的数据分析指标体系是实现零售门店数据化运营的重要前提，不同类别的指标对应门店运营的不同环节和不同形态，通过对不同类别指标的分析，可以深入了解零售门店运营各方面的情况。一般来说，零售门店运营数据分析指标可以分为线下运营数据分析指标和线上运营数据分析指标。

（一）线下运营数据分析指标

零售门店线下运营数据分析指标是零售门店经营管理的关键参照指标，为零售门店管理者提供了一套全面、客观的评估工具，它们不仅全面反映了零售门店的销售业绩、顾客流量、员工效率，以及商品结构等多方面的运营状况，而且为管理者提供了精准的数据支持，帮助零售门店深入了解市场动态、顾客需求，以及内部运营问题，从而作出科学有效的决策，提升顾客满意度，提高零售门店的竞争力和盈利能力。这些指标不仅有助于零售门店短期内的业绩提升，更能为零售门店的长期稳定发展提供有力支持，实现可持续发展。

零售门店线下运营可参考的数据指标可以分为员工效能指标、用户管理指标、会员指标、销售类指标、商品类指标、采购类指标、市场营销活动类指标、市场竞争类指标八大类，如表7-1所示。

商品类指标

表7-1　线下运营中常用的数据分析指标

指标类型	常用指标	指标说明
员工效能指标	销售成交率	销售成交率 $=\frac{成交顾客数}{客流量}\times100\%$，在产品、促销状态等都一致的情况下，成交率与店员的销售技巧相关，因此可以用来判断员工的销售能力
	平均接待时长	平均接待时长 $=\frac{接待每一位顾客的时间总和}{接待顾客数}$，对于零售店铺来说，大部分时候是希望顾客的停留时间越长越好
	投诉率	投诉率 $=\frac{投诉人数}{顾客总数}\times100\%$，它用来衡量员工的服务能力
	员工流失率	员工流失率 $=\frac{离职人数}{一定周期内员工数}$，反映人员的流动情况，与运营情况也有很大关系
	人均劳效	“本月人均劳效”计算方法：本月人均劳效 $=\frac{本月销售额}{本月员工人数}$
用户管理指标	客单价	客单价 $=\frac{销售额}{有交易的顾客总数}$，是指每一个客户平均购买商品的金额，即成交金额与成交客户数的比值，它反映了客户的平均消费水平，对于商品定价、促销、组合出售有很大帮助
	客单件	客单件 $=\frac{销售量}{有交易的顾客总数}$，即每一个客户平均购买商品的数量，它反映了客户的购买力和对商品价格的敏感度

续表

指标类型	常用指标	指标说明
用户管理指标	最近一次购买时间	是指用户最近一次在门店内产生交易的时间间隔
	消费频率	是指客户在最近一段时间内交易的次数，值越大表示客户交易越频繁，客户越活跃；反之，则表示客户交易不频繁，客户不够活跃
	消费金额	是指客户在最近一段时间内交易的金额，值越大表示客户价值越高；反之，则表示客户价值越低
	客户等级划分	对客户进行等级划分通常是根据客户的价值、忠诚度和需求来进行分类。常用的方法为RFM分析法
会员指标	新增会员数	新增会员数=期末会员总数－期初会员总数，大部分零售企业会把这一项作为店铺员工绩效考核指标之一
	会员增长率	$会员增长率=\frac{某段时间内新增会员数}{期初有效会员数}\times100\%$，它是体现企业会员增长速度的一个指标
	会员贡献率	$会员贡献率=\frac{会员销售总金额}{销售总金额}\times100\%$，值得注意的是，会员贡献率不是越高越好，太高说明新增顾客太少，增长受到局限；太低则表示没有稳定的销售来源。每个企业都会有一个合理的区间
	会员回购率	$会员回购率=\frac{某段时间内有交易的老会员数}{期初有效会员总数}\times100\%$，它是衡量顾客忠诚度的一个指标
	会员流失率	$会员流失率=\frac{某段时间内流失掉的会员数}{期初有效会员总数}\times100\%$。该指标反映了会员的流失速度，也反映了企业营运现状，它和会员增长率是一对相向指标，建议每月都追踪这对指标
销售类指标	销售金额	即零售门店产生的总销售额，一般是指实际成交金额
	销售毛利	销售毛利=商品销售收入－商品成本
	毛利率	$毛利率=\frac{毛利}{销售收入}\times100\%$
	连带率	$连带率=\frac{销售总数量}{销售小票数量}$，通常连带率为1.7—1.8是较好的，如果低于1.3就较差

续表

指标类型	常用指标	指标说明
销售类指标	坪效	对线下门店来说，坪效是非常关键的指标，指的是每平方米面积创造的年收入
商品类指标	库存量单位	是指物理上不可分割的最小存货单位，简称SKU（Stock Keeping Unit）
	标准化产品单位	商品信息聚合的最小单位，简称SPU（Standard Product Unit），它是一组可复用、易检索的标准化信息的集合
	品牌数	是指门店内商品的品牌总数量
	独家商品收入比重	$独家商品收入比重=\frac{独家销售的商品所产生的收入}{总销售收入}\times 100\%$
	货龄	货龄表示商品年龄。货龄越长，一般该商品价值可能会变低（除长时间保值商品），因此根据货龄时间来调整商品价格为重要指标
	售空率	$售空率=\frac{销售数量}{期初数量+期中新进数量}\times 100\%$
	折扣率	$折扣率=\frac{商品实收金额}{商品零售价}\times 100\%$
	动销率	动销率是指在一定期限内有销售的商品数占总库存商品数的比重。 $动销率=\frac{某时期内销售过的商品SKU数}{期初SKU+期中新进SKU}\times 100\%$
	缺货率	$缺货率=\frac{某个周期内卖场有缺货记录的商品数}{期初有库存的商品数+期中新进商品数}\times 100\%$
采购类指标	广度	广度指的是采购的商品品类数，它关系到商品品类多样化，体现了商品的丰富程度。广度并不是越大越好，它与零售门店的消费群体有关，也与营运成本有关，最佳的广度是指用最经济的成本且最能满足目标消费群体绝大部分需求的值
	宽度	宽度是指采购的SKU总数，商品的宽度代表了商品的丰富且可供选择的程度，宽度越大的门店消费者挑选的余地越大。由于资源局限性，线下门店一般会限定商品的宽度值，线上网店则相对宽松一些，它们的陈列没有实体零售门店的空间限制，所以理想状态下宽度是可以做到无限大
	深度	深度是指平均每个SKU的商品数量，它的意义代表了商品可销售数量的多少，$深度=\frac{采购的商品总数量}{采购的SKU总数}$，深度越大越不容易缺货，但是也可能会造成高库存

续表

指标类型	常用指标	指标说明
采购类指标	覆盖度（也称铺货率）	覆盖度（铺货率）$=\frac{\text{某款或品类产品销售的店铺数}}{\text{适合销售该产品的总店铺数}}\times 100\%$，它是衡量商品铺货率的一个指标，一般来讲，覆盖度越大的商品，销售就会越好
市场营销活动类指标	基础营运费用	包括员工成本、能耗及办公用品费用、维修费用、房租、存货损耗、日常营运费用
	营销活动费用	是指某推广活动花费的投资金额
市场竞争类指标	市场占有率	是指门店内某个商品或某种品类的销售量或销售额在市场同类商品或品类中所占比值
	市场增长率	是指门店内某个商品或某种品类的市场销售量或销售额在比较期内的增长比率

（二）线上运营数据分析指标

传统的线下零售侧重于商品分析，线上电商则更侧重于对用户和流量的分析。线上店铺的商品品类众多，商品更新速度快，因此，在电商的商品分析中，要重点关注商品的转化率。另一个重要部分就是用户数据的分析，通过对用户数据的分析实现精细化运营。此外，线上电商经常会有各种各样的线上促销活动，通过收集和分析营销活动过程中的数据，评价营销活动带来的效果。

不同类型的指标对应网店运营的不同环节，卖家通过不同类别指标的分析，可以深入了解店铺各方面的情况，线上电商运营中常见的数据分析指标详细如表7-2所示。

表7-2　线上电商运营中的常用数据分析指标

指标类型	常用指标	指标说明
流量类指标	页面浏览量（Page View，PV）	又称访问量，是指用户访问页面的次数，用户每访问一个页面就计一个访问量，用户对同一页面的多次访问，访问量累加不去重
	独立访客数（Unique View，UV）	是指在统计时间内访问页面的人数，同一个用户在统计时间内的多次访问计为一次访问
	访问深度	是指用户在一次访问中浏览了店铺内不同页面的数量，反映了用户对店铺内各个页面的关注程度

续表

指标类型	常用指标	指标说明
流量类指标	页面访问时长	单个页面被访问的时间长度
	人均页面访问数	人均页面访问数$=\frac{\text{页面浏览量（PV）}}{\text{独立访客数（UV）}}$，该指标反映了页面的黏性
	跳失率	是指用户访问店铺后，只访问了一个页面就离开的访问次数占该入口总访问次数的百分比。该指标反映了页面内容对用户的吸引程度，跳失率越大，说明页面对用户的吸引力越小，该页面内容越需要调整
	平均访问时长	平均访问时长$=\frac{\text{总访问时长}}{\text{访问次数}}$
风控类指标	买家评价率	买家评价率$=\frac{\text{某段时间内参与评价的买家}}{\text{该时间段内买家数量}}\times 100\%$。该指标反映了买家对评价的参与度
	买家好评率	买家好评率$=\frac{\text{某段时间内卖家收到的好评的数量}}{\text{该时间段内卖家收到的评价总数量}}\times 100\%$
	买家差评率	买家差评率$=\frac{\text{某段时间内卖家收到的差评的数量}}{\text{该时间段内卖家收到的评价总数量}}\times 100\%$
	投诉率	投诉率$=\frac{\text{发起投诉的买家数量}}{\text{买家总数量}}\times 100\%$
销售转化类指标	拍下件数	是指商品被拍下的总件数
	拍下总金额	是指被拍下商品的总金额
	人均成交件数	人均成交件数$=\frac{\text{成交件数}}{\text{成交用户数}}$，是指平均每个买家购买的商品件数
	下单转化率	下单转化率$=\frac{\text{在统计时间内下单的用户数}}{\text{店铺访客总数}}\times 100\%$
	加购次数	是指某款商品被加入购物车的次数
	加购人数	是指有加入购物车行为的访客数
	购物车支付转化率	购物车支付转化率$=\frac{\text{一定周期内将商品加入购物车并支付的用户数}}{\text{商品加入购物车的用户数}}\times 100\%$

续表

指标类型	常用指标	指标说明
销售转化类指标	成交总额（Gross Merchandise Volume，GMV）	是指一段时间内店铺的成交总额。只要用户下单生成订单号，无论这个订单最终是否成交，都可以计算在GMV中，即GMV包含付款和未付款的部分
	支付金额	是指买家拍下商品后，支付给商家的金额，不包括事后退款金额
	支付转化率	$支付转化率=\frac{在统计时间内支付订单的用户数}{店铺访客总数}\times 100\%$
用户类指标	注册会员数	是指一定统计周期内的注册会员的数量
	活跃会员数	是指一定时期内有消费或登录行为的会员总数
	活跃会员率	$活跃会员率=\frac{活跃会员数}{会员总数}\times 100\%$
	会员复购率	$会员复购率=\frac{在某时期内产生两次及两次以上购买行为的会员数}{产生过购买行为的会员总数}\times 100\%$
	会员平均购买次数	$会员平均购买次数=\frac{订单总数}{产生购买行为的会员总数}$，指在统计周期内每个会员平均购买的次数
	留存率	用户在某段时间内开始访问店铺，经过一段时间后，仍然继续访问店铺的用户被认作是留存用户，留存用户占当时新增用户的比例就是留存率
店铺营销活动指标	新增访问数	是指某推广活动所带来的新访客的数量
	活动下单转化率	$活动下单转化率=\frac{某推广活动所带来的下单的次数}{访问该活动次数}\times 100\%$
	投资回报率（Return on Investment，ROI）	$投资回报率=\frac{某推广活动期产生的交易金额}{该活动投资成本}\times 100\%$

二、零售门店运营数据分析的主要方法

零售门店的运营数据如同一面镜子，能够反映出门店的经营状况、顾客需求、市

场竞争等多方面的信息。要想从这些海量的数据中提取出有价值的信息，就需要借助数据分析工具，使用一定的数据分析方法，来有效挖掘和利用数据价值。

（一）数据分析的常用工具

数据分析工具是指用于收集、处理、分析和可视化数据的软件或工具。零售门店运营数据分析的工具多种多样，可以根据自身的需求和实际情况选择适合的工具进行运营数据分析，帮助企业更好地理解和分析运营数据，从而制定更有效的营销策略和经营决策。以下是一些常用的工具：

1. Excel及其插件

Excel作为基础的数据分析工具，可以用于数据录入、基本计算、图表制作，以及简单的数据分析。而Excel的一些插件，如VBA（Visual Basic for Applications），允许用户通过编写脚本来实现自动化任务和创建自定义功能。Power Query是一个用于数据获取、转换和加载的工具，适合用于数据清洗、数据源整合和数据转换等场景；Power Pivot则是一个强大的数据建模工具，支持在Excel中创建复杂的数据模型，用于复杂数据建模、多维数据分析和数据关系建立等；Power View是一个交互式的数据可视化工具，能够创建动态、多维的报表和仪表板。

2. 网站分析工具

网站分析工具专门用于网站流量和访客行为的分析，对于拥有线上业务的零售门店来说非常有用。如Google Analytics，是一款免费且功能强大的网站分析工具，可帮助零售企业了解网站访问量、来源、用户行为、转化率等关键指标。通过Google Analytics，零售企业可以深入了解用户喜好、购买行为，以及流失原因，从而优化网站设计和内容，提高销售转化率。

3. POS数据分析工具

POS（Point of Sale）数据分析工具是指用于分析零售销售终端数据的软件。通过分析POS数据，零售企业可以了解商品的销售情况，如销售额、库存情况、最受欢迎的产品等。这些数据有助于零售企业进行库存管理、制定营销策略及商品定价决策。

4. 社交媒体分析工具

在当今社交媒体盛行的时代，零售企业可以利用社交媒体分析工具来了解消费者在社交媒体上的活动和反馈。通过分析社交媒体数据，零售企业可以发现消费者的兴趣偏好、购买意向以及品牌声誉，以便进行精准营销和品牌建设。

5. 数据可视化工具

数据可视化工具可以将复杂的数据转化为图表、图形或热力图等直观的形式，帮助零售企业更好地理解和分析数据。例如，Tableau、Power BI等工具可以将海量的数据转化为易于理解和分析的可视化报表，帮助零售企业发现隐藏在数据背后的洞察和商机。

6. 数据挖掘工具

数据挖掘工具是用于发现数据中的模式、关联和异常的工具，可帮助零售企业发现问题、寻找潜在的销售机会。通过数据挖掘工具，零售企业可以分析顾客购买历史、购买习惯，以及购物篮组合等，从而进行个性化推荐、交叉销售和定价优化，提高销售额。

即学即问

除了以上工具，你还能列举出哪些可以用于零售门店数据分析的工具？

数实融合新视界

借助数据可视化平台重构新零售

李宁公司为改善渠道建立不完善、与消费者连接不紧密而导致的以数据为本，而不是"以人为本"的问题，不断向新零售方向转型。李宁公司借助袋鼠云Easy V数据可视化平台，利用数据可视化大屏的建立，将客户、产品和物流之间的关系更形象地呈现出来，来辅助其实现新零售转型。

本着"以人为本"的目的，李宁公司致力于建立客户、物流和产品的联系，数据可视化平台大屏分为三个场景，显示出"人、货、场"的场景，即客户、产品、门店。主屏利用地图上的点来直观地显示门店的分布情况，并根据各个地区的销售数据和人流情况来直接反映"人"与"场"的关系。

大屏主要基于移动端对上面三个工作单元（"人、货、场"）进行交互操作，可以对数据可视化大屏上的内容、交互、动效进行切换控制。主屏主要显示李宁公司门面的销售数据，如销售量、销售金额、门店数量、客流量等。通过当日的销售数据和人流情况来直接反映人与场的关系。利用地理空间可视化，对李宁公司的品牌销售渠道进行展示，展示在全国大区、省份维度的销售情况，以及各类型店铺分布，同时展示地产合作店铺的数量分布情况。

通过子屏，将对"人"和"货"的分析数据资源转化为业务能力分析，有助于为客户提供个性化体验。子屏分为两部分，左侧为消费者画像模块，是对李宁的消费者数据进行多维分析展示，展示内容包括消费者属性分布，如年龄、性别、省份、会员等级属性，同时展示消费者偏爱的前十位单品。右侧为产品的销售比例，结合李宁公司旗下品牌各季的主推SKU产品，对李宁品牌产品进行直观展示，包括品牌矩阵、品类销售占比、主推产品销售情况、产品销售排行榜。通过子屏，对人和货的分析来将数据资源转化为业务能力，了解客户需求，为客户提供个性化的体验。李宁公司数据可视化子屏显示如图 7-1 所示。

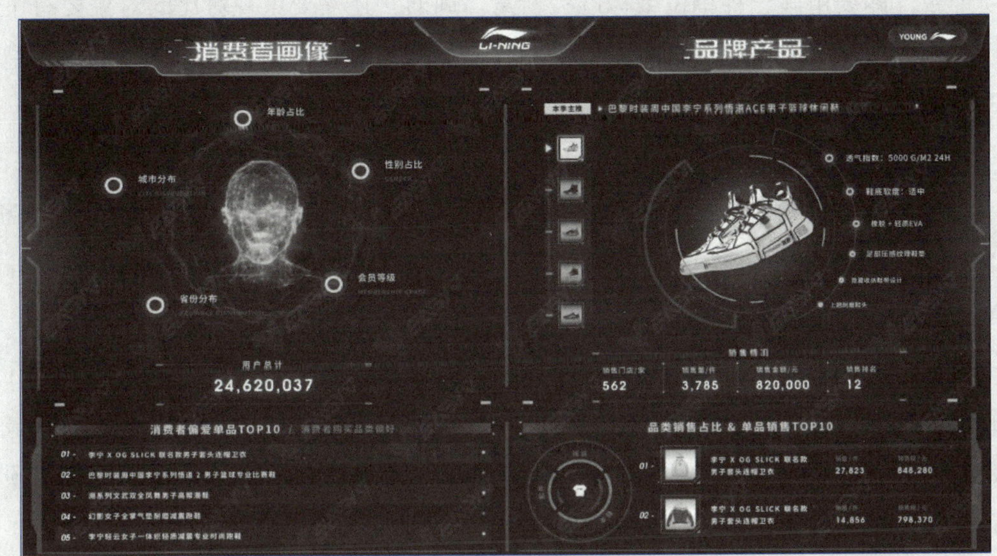

图 7-1　李宁公司数据可视化子屏显示

通过“人、货、场”的连接，李宁公司可以为消费者提供更加完善和个性化的服务、更有针对性的产品和体验，大大地提高了零售门店的实际运营效果。通过对业务进行梳理与聚类，实现了数据价值的全景展现，方便数据之间的对比串联。

（二）零售门店运营数据分析的主要方法

1. 对比分析法

对比分析法是指将两个或两个以上的数据进行比较，分析它们的差异，从而揭示这些数据所代表的事物发展变化情况和规律性。在零售门店运营中，可以利用对比分析法分析不同时期、不同区域的数据对比、特定群体和整体的对比等。

对比分析法可以分为静态比较和动态比较两类。这两种方法既可以单独使用，也可结合使用。

（1）静态比较，也叫横向比较，是在同一时间对不同总体指标的比较。例如，将零售门店的实际完成值与业绩目标进行对比，就属于横向比较。

（2）动态比较，也称纵向比较，是在同一总体条件下对不同时期指标数值的比较。例如，将零售门店6月的营业额与上年6月的营业额做比较（也就是“同比”），或者与5月份的营业额作对比（也就是“环比”），都属于纵向对比。

在使用对比分析法时，需要注意的是分析指标的口径范围、计算方法、计量单位必须一致，即要用同一种单位或标准去衡量。同时，还需要重视对比的对象要有可比性，对比的指标类型必须一致。无论绝对数指标、相对数指标、平均数指标，还是其他不同类型的指标，在进行对比时，双方维度必须保持统一。

2. 趋势分析法

趋势分析法是指对数据的历史变化趋势进行分析和预测的方法。通过趋势分析，可以了解数据的发展趋势和未来变化趋势，从而帮助零售企业制定相应的决策和计划。趋势分析法的种类很多，这里重点介绍三种常用的趋势分析方法。

（1）移动平均法。移动平均法是用一组最近的实际数据值来预测未来一期或几期数值的一种常用方法。通过计算一定时间段内数据的算术平均值，可以减少突发事件对数据的影响，从而更好地了解数据趋势。例如，零售企业可以通过移动平均法预测产品销售量在未来一段时间内的趋势和波动，进而制订相应的销售计划。

（2）指数平滑法。指数平滑法是在前期实际数据和预测数据的基础上，利用事先确定的平滑指数来预测未来数值的一种方法。通过指数平滑法可以了解数据的趋势和波动，进而作出相应的决策。从本质上说，指数平滑法也是一种特殊的加权平均法。指数平滑法主要运用于生产预测，也可用于中短期经济发展趋势预测。

（3）回归分析法。回归分析法是一种用于预测未来数据和因素之间关系的方法。回归分析是一类数学模型，当因变量Y和自变量X呈线性关系时，它是一种特殊的线性模型。通过回归分析，可以了解数据和因素之间的相关性和影响程度，进而作出相应的决策。例如，零售企业可以通过回归分析预测商品销售量和促销策略、价格、广告等因素之间的关系，进而制定相应的销售策略。

3. 分组分析法

分组分析法是根据数据分析对象的特征，按照一定的指标，把数据分析对象划分为不同的部分和类型来进行研究，以揭示其内在的联系和规律性。

（1）分组的目的。分组的目的是把总体中具有不同性质的对象区分开，把性质相同的对象合并在一起，保持各组内对象属性的一致性、组与组之间属性的差异性，以便进一步运用各种数据分析方法来比较和解构内在的数量关系，正确分析和解决问题。

（2）分组的原则。

① 穷尽原则，指的是要求对研究对象进行全面分类，确保所有可能的情况都被纳入分组中，这意味着所有观察对象或样本都应该被分配到一个明确定义的组别中，没有遗漏或重叠的情况。穷尽原则确保了分组的全面性和完整性，避免了遗漏关键信息或数据的风险。

② 互斥原则，要求不同组别之间是互不重叠的，即每个观察对象或样本只能属于一个组别，不能同时属于多个组别。互斥原则确保了组别之间的独立性和明确性，使得在组别间进行比较和分析时能够准确区分和解释差异。

（3）分组方式。根据指标的性质，分组分析法可以分为数量指标分组和属性指标分组。

① 数量指标，是指连续或离散的数值型数据，具有可测量和可比较的特点。数量指标分组是将研究对象根据数量指标的取值范围或数值区间进行分类。例如，将零售门店内的商品按销量进行分组划分，月销量在0~100个，100~200个，200~300个，300~400个，400~500个的各为一组，这种分组各组的组距相等，也被称为等距分组。如果整体数据的最大值或最小值与其他数据相差悬殊，为避免出现空白组（即没有变量值的组）或个别极端值被漏掉，第一组和最后一组可以采取“XX以下”及“XX以上”这样的开口组。当然，也可以根据业务需求，使用不等距分组。如果各组的组距不相等，则被称为不等距分组。比如，对人口年龄的分组，可以根据人口成长的生理特点分为0~6岁（婴幼儿组）、7~17岁（少年儿童组）、18~59岁（中青年组）、60岁以上（老年组）等。

② 属性指标，是指描述性质、特征或类别的非数值型数据，通常用于描述对象的特征、类别或状态。属性指标分组是将研究对象根据属性指标的不同取值进行分类。例如，将消费者按性别分组，将产品按品牌分组，根据用户是否购买过产品将用户分为新客户和老客户等。

4. 象限分析法

（1）象限分析法的应用。象限分析法是通过对事物进行两个及两个以上维度的划分，运用坐标方式将图表区域分为四个象限，将每个象限的数据表现作为一个类别，图形形状主要以点图呈现，它能够帮助使用者快速将多个分类下的数据按照不同指标进行归类划分，然后非常直观和快速地进行比较并获得分析结果，并让零售企业针对不同类别的数据制定最佳策略。象限分析法在解决问题和资源分配时，能够为决策者提供重要参考依据。

市场营销领域非常著名的波士顿矩阵就是从销售增长率和市场占有率的角度对产品进行划分的方法。在坐标图上，纵轴表示企业销售增长率，横轴表示市场占有率，且各以10%和20%作为区分高、低的中点，将坐标图划分为四个象限，将产品分为：

① 高增长率、高市场占有率的明星类产品。

② 高增长率、低市场占有率的问题类产品。

③ 低增长率、高市场占有率的金牛类产品。

④ 低增长率、低市场占有率的瘦狗类产品。

波士顿矩阵如图7-2所示。

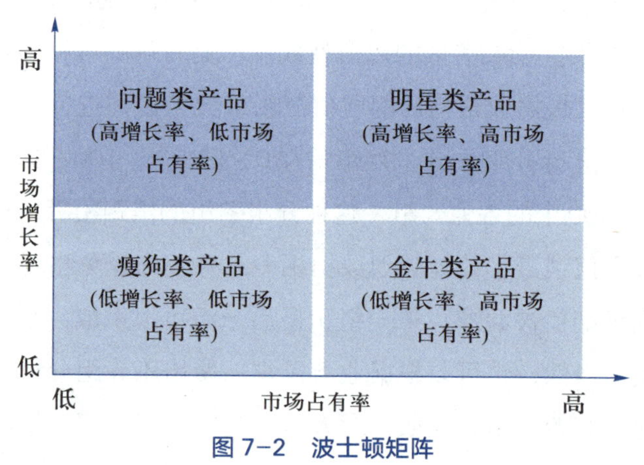

图7-2　波士顿矩阵

(2) 象限分析法的优势。象限分析法作为一种可视化的典型，凭借其多维度分析的能力，成为处理复杂数据的得力助手。

① 象限分析法将思考的维度从单一的一维拓展到了二维。传统的一维分析仅考虑一个变量或指标，往往难以揭示数据的全貌和内在关系。而象限分析法通过引入第二个维度，使得零售企业可以同时考虑两个变量或指标，从而更全面地理解数据。

② 象限分析法的可视化特征使得分析人员更容易记住信息。通过将数据以图形的形式呈现，可以更直观地看到数据的分布和关系。这种直观的呈现方式不仅有利于快速识别数据的特征，还能够帮助分析人员更好地记忆和理解信息。

③ 象限分析法还可以与其他分析方法相结合，形成更强大的分析工具。例如，分

析人员可以将象限分析法与聚类分析相结合，先使用聚类分析将数据分为不同的群体，然后使用象限分析法对每个群体进行进一步的分析。这样的组合使用不仅可以提高分析的准确性，还可以增加分析的深度和广度。

第二节　零售门店主要运营数据分析

一、用户数据分析

在新零售环境中，零售企业开始积极运用大数据、云计算等信息技术，更便捷地收集和分析用户数据。用户数据通常可以分为两大类，即用户属性数据与用户行为数据。前者详尽描述了用户的身份特征，如年龄、性别、职业、地理位置等，回答了“用户是谁”的问题；后者则细致记录了用户在消费过程中的种种行为，如购买频率、购买金额、购买商品种类和数量等购买历史，还有浏览记录、搜索关键词等，聚焦于“用户做过什么”。这些技术的应用不仅使得零售企业能够更全面地掌握用户属性和行为数据，还能够通过数据挖掘和分析，发现其中的规律和趋势，从而更好地服务用户。

（一）用户属性分析

在零售门店运营中，用户属性数据的获取与分析扮演着至关重要的角色。这些数据不仅有助于零售门店更深入地了解顾客需求，还能为其制定个性化的营销策略提供有力支持。

1. 用户属性数据的主要来源

（1）设备自有的客观被动信息。这些信息包括设备型号、地理位置、存储的用户行为表、订单明细表数据等。例如，设备型号可以帮助零售企业了解顾客的购物设备类型，从而针对不同设备类型进行优化设计；地理位置信息则有助于零售企业分析顾客的地理分布特征，为零售门店选址和物流配送提供决策依据；用户行为表和订单明细表数据则可以揭示顾客的购物习惯和偏好，为零售门店商品陈列和促销策略的制定提供有力支持。

用户属性数据

（2）用户主动登记的信息。这些信息通常是在用户与商家进行互动时，通过App、自营网站等产品交互界面提示用户选择的个人登记信息。例如，用户在注册App或网站账号时，需要填写姓名、性别、年龄、职业等基本信息，这些信息可以帮助零售门店构建用户画像，实现精准营销；同时，用户在购物过程中填写的收货地址、联系方式等信息，也有助于零售门店提高配送效率和顾客满意度。

2. 用户属性分析的内容

根据以上信息来源，常见的用户属性可以从以下三方面进行分析。

（1）人口属性。人口属性指的是一个自然人的基本属性。划分人口属性时常用的参数有性别、年龄、地域、职业等。其中，性别属性是使用较为广泛的标签，不同性别的人群对于不同零售商品品类的喜好会有明显不同。而通过年龄、地域、学历、职业、婚姻状况、子女状况等人口属性标签，比较容易分析出一种商品的用户群体的基本占比情况。比如，目标用户是针对年轻群体的，可以通过年龄属性查看该商品目前的年龄层占比情况；而目标用户是妈妈群体的，可以通过婚姻状况和子女状况来判断这部分用户的占比情况是否符合预期。另外，人口属性是比较稳定的，一旦建立很长一段时间基本不用更新，标签体系也比较固定。

（2）商业属性。商业属性是一个比较重要的属性类别，依据商业属性划分的基本参数有财富属性、消费等级、信用价值等。人口属性可以帮助分析人员确定是什么样的人在零售门店消费，而商业属性则能帮助分析人员判断有多少用户可能存在潜在消费，以及他们的消费意向、消费周期、消费频次如何。由于零售门店的良性商业化是其长线发展中不可或缺的因素，因此单独分析用户的商业属性是十分重要的组成部分。

（3）垂直属性。人口属性和商业属性是普遍适用于各种行业和业态的用户属性分析要素。这些通用属性为零售企业提供了关于用户的基本信息和消费习惯的基础数据，有助于零售企业制定更具针对性的市场策略。然而，除了这些通用属性，不同行业还存在着专属于行业自身的垂直属性。

垂直属性，又称为行业特定属性，是与特定领域或行业紧密相关的属性。这些属性反映了用户在特定行业中的兴趣、需求和行为特征。通过深入分析和挖掘垂直属性，零售企业可以更加精准地把握用户在特定行业中的需求，从而提供更加符合用户需求的商品和服务。例如，在电商行业，垂直属性可能涉及用户的购物习惯、品牌偏好、消费能力等。通过分析这些属性，电商平台可以为用户推荐更加符合其需求的商品，优化购物体验。同时，电商平台还可以根据用户的消费能力进行差异化定价，提高销售效率。

即学即问

请尝试列举以下常见的几种行业垂直属性。

行业	垂直属性
时尚	
健身	
文化艺术	
美妆护肤	
零食	

（二）用户行为分析

用户行为分析是指通过收集、记录和分析用户在使用商品或服务过程中的行为数据，获取用户的行为模式、偏好和需求信息的过程。在零售业的实际运营中，由于用户行为分析模型能够提供系统化、科学化的方法，分析人员常常要借助用户行为分析模型来深入挖掘用户数据的内在规律和模式，并进行有效分析，以准确理解用户的行为特点、需求偏好和潜在趋势。

用户行为分析模型是用户行为数据的抽象和描述工具，可以帮助零售企业更好地理解和应用用户行为数据。其原理是将用户行为数据进行分类、聚合和分析，从而发现用户的行为规律和模式。通过对用户行为数据的统计和分析，可以揭示用户的需求和偏好，为零售企业提供决策依据，使零售企业更加精准地制定营销策略，优化产品设计和服务流程，提升用户体验和满意度，进而实现业务增长和市场竞争力的提升。本章以AIPL模型为例来具体说明问题。

AIPL模型是一种全域营销增长模型，由阿里巴巴集团提出。A代表Awareness（品牌认知），I代表Interest（品牌兴趣），P代表Purchase（品牌购买），L代表Loyalty（品牌忠诚）。AIPL模型提供了一个清晰的用户生命周期框架，从了解品牌（Awareness）到产生兴趣（Interest）再到购买决策（Purchase）直至最终形成品牌忠诚（Loyalty）。这个模型旨在通过链路化的运营，实现品牌人群资产的定量化增长。通过应用AIPL模型分析用户，零售门店可以更准确地把握用户需求和市场趋势，制定更有效的营销策略，从而提升销售业绩和品牌影响力。零售门店应用AIPL模型分析用户行为，主要分为以下几个步骤：

1. 数据收集与整合

首先，零售门店需要收集关于用户的多维度数据，包括但不限于用户的购买记录、浏览行为、互动反馈等。这些数据可以来自门店的收银系统、CRM系统、线上平台，以及社交媒体等渠道，要确保数据的准确性和完整性对于后续的分析至关重要。

需要注意的是，零售门店在进行用户数据收集与整合时，注意保护个人信息安全。这也是维护消费者信任、保障企业声誉和可持续发展的关键。通过保证数据收集、存储、处理和使用过程中的合规性，零售门店可以赢得消费者的信赖，进而提升品牌形象和市场竞争力，实现长期稳健的发展。

进德修业

利用大数据提升信息安全风险防控

受到大数据技术浪潮的推动，苏宁正式提出智慧零售的概念后，注重打造场景化消费，建立线上线下较为成熟的技术体系，推动了科技应用在经营管理的发展。近年来，苏宁更是积极通过云计算等大数据技术的导入，形成了以智慧零售大脑为核心的生态服务。在大数据环境下，企业面临的信息安全风险也随之增加，采取有效措施进行信息安全风险防控对于企业而言迫在眉睫。为此，苏宁在以下两方面进行了重点布局：

1. 建设客户数据入侵防御系统

在激烈的行业竞争中，品牌战略是零售企业经营发展的核心战略之一，良好的品牌形象有利于吸引客户，增强客户黏度。因此，建设客户数据入侵防御系统不仅可以增强对客户信息的保护，有助于维护公司的品牌形象和声誉，也可以从客户维度帮助公司树立良好的品牌形象，稳固行业领先地位。

为了最大程度保护客户信息，苏宁建设了数据入侵防御系统，确保客户信息不被泄漏，在让客户安心的同时也有利于安全管理工作的开展。

2. 加强商家入驻电子商务交易平台的审核力度

为防止客户信息泄露，苏宁专门制定了商家入驻规范，规定了入驻电子商务交易平台的商家必须保持身份的真实性、有效性、一致性和完整性，并对其进行信息准确性的监督和审核。

在确保其身份的情况下，提高商家入驻门槛，对商家的经营资质进行严格把关，以此加强对于商家的审核力度，净化电子商务交易环境，达到保护客户个人隐私的目的。

2. 用户分层与划分

基于收集到的数据，零售门店可以运用AIPL模型将用户划分为不同的层级。A（Awareness）代表认知用户，这些用户可能只是听说过品牌或产品；I（Interest）代表兴趣用户，他们对品牌或产品表现出了一定的兴趣；P（Purchase）代表购买用户，他们已经完成了购买行为；L（Loyalty）代表忠诚用户，他们不仅多次购买，而且可能对品牌产生了强烈的认同感。具体特征见表7-3。

表7-3 AIPL模型分析

用户类别	用户特征	案例列举
A（Awareness，认知用户）	一般是指与零售门店被动发生接触的用户。通常是通过零售门店广告、社交媒体宣传、口碑传播等方式实现的。零售门店需要通过各种渠道传达其独特价值和产品特点，以吸引潜在消费者的注意力	时尚零售门店通过精美的广告图片和吸引人的品牌故事来吸引消费者的关注
I（Interest，兴趣用户）	一般是指与零售门店主动发生接触的用户，在这个阶段，消费者开始对零售门店产生兴趣，并主动寻求更多信息。他们可能会点击广告、浏览品牌或店铺主页、参与零售门店互动、查看商品详情页等。此时，零售门店需要通过优质的内容和服务来满足消费者的需求，进一步激发他们的购买欲望	商超线上平台通过提供详细的商品介绍、用户评价及优惠活动等信息，以吸引消费者下单购买
P（Purchase，购买用户）	包括发生过购买行为的人。在这个阶段，消费者已经作出了购买决策，并完成了购买行为。零售门店需要通过便捷的购物流程、完善的售后服务，以及优质的商品体验来确保消费者的满意度。此外，零售门店还可以通过优惠活动、会员制度等方式提高消费者的购买意愿和忠诚度	餐饮零售门店通过提供会员优惠、积分兑换等福利来鼓励消费者多次光顾
L（Loyalty，忠诚用户）	在这个阶段，消费者已经对零售门店产生了深厚的情感联系，并成为零售门店的忠实粉丝。他们会多次购买商品、对零售门店持有正面评价并愿意分享给身边的人。零售门店需要通过持续提供优质的产品和服务来维护消费者的忠诚度，并通过创新和市场拓展来不断满足消费者的需求	化妆品品牌通过定期推出新品、举办会员活动等方式来增强与消费者的情感联系

3. 用户行为分析

对于每个层级的用户，零售门店需要进一步分析他们的行为特征。例如，了解用户是如何得知品牌的，兴趣用户主要关注哪些产品或服务，购买用户的购买频率和金额如何，忠诚用户的复购率和推荐率又是多少等。这些问题的答案有助于零售门店更深入地了解用户需求和偏好。

4. 制定营销策略

基于用户分析和行为特征，零售门店可以针对用户在不同阶段的需求和兴趣进行差异化的运营策略。

（1）在A—I阶段，零售门店主要通过广告资源投放，扩大产品曝光率，让更多潜在用户了解品牌，从而增加用户基数，提高品牌知名度。在这一阶段，广告投放的质量和精准度至关重要，要确保广告能够触达目标用户群体，引起他们的兴趣和关注。同时，借助KOL和UGC（用户生成内容）等优质内容生成，逐渐吸引消费者的兴趣，加深他们对品牌的理解和认同。

（2）进入P—L阶段，零售门店需要制定更为精准的营销策略，以吸引用户购买，并通过品牌渗透提高用户的忠诚度。在这个阶段，营销策略应该围绕用户需求、商品特点和市场趋势展开，确保能够引起用户的共鸣和购买欲望。同时，通过提供优质的商品和服务，提升用户体验，进一步加深用户对零售门店的信任和依赖。

5. 持续优化与调整

应用AIPL模型分析用户是一个持续的过程，零售门店需要定期回顾和分析数据，根据市场变化和用户需求调整策略。

值得注意的是，随着用户行为数据的不断更新，AIPL模型中的用户状态也在不断变化。新用户可能进入AIPL模型，而现有用户的状态也可能在不同阶段之间变换。因此，通过AIPL流转分析，零售企业可以衡量一段时间内的运营是否成功，及时调整运营策略，以满足用户不断变化的需求。

数实融合新视界

用AI解读顾客行为

步入数字经济时代，先进技术让传统零售业焕发新生。智慧零售以用户为中心，“人”的数据化价值将反哺生产、渠道、销售、运营全场景。如今，零售门店可以运用AI技术，通过热力图及顾客路径分析，深度洞察顾客的进店、逛店等一系列行为，深入理解顾客需求，挖掘潜在数据价值，实现流量价值最大化。

1. 热力图助力发现商品与顾客的关联价值

热力图基于AI算法记录、分析顾客在店内的驻足时长，勾勒店内热点区域，帮助零售门店发现货架区域、商品与顾客的关联价值，从而为零售门店商品布局的不断优化提供指导。热力图分析如图7-3所示。

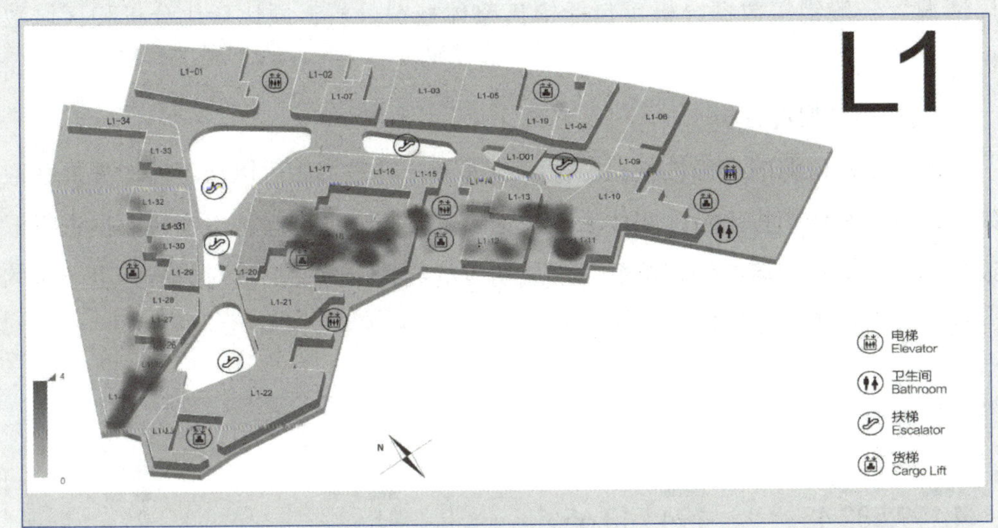

图7-3 热力图分析

2. 顾客路径分析助力优化门店动线设计

顾客路径分析是基于AI算法记录、分析顾客逛店路线及坐标，统计门店顾客动线排名，根据门店顾客动线评估门店动线设计是否合理。帮助门店优化布局、商品摆放策略等，通过不断尝试找到门店的最优动线设计。

顾客路径分析还可以帮助零售门店判断门头、橱窗、中岛的陈列是否对目标群体有足够的吸引力；评估顾客逛店体验，并将顾客的行为数据化；优化店内布局，通过提升顾客逛店体验和时长助力业绩提升。

二、销售数据分析

销售数据作为零售门店运营状况最直观的体现，并非简单的数字对比。零售门店要深入理解销售数据，就需要从多个维度进行细致分析，发现隐藏在细节中的深层问题，为零售门店的运营提供有力的数据支持。

（一）销售额与销售量分析

零售门店的销售数据包括销售额、销售量、客单价、毛利率等多个指标，可以涵盖不同时间周期、不同产品类别、不同销售渠道等多个层面。根据业务情况，零售门店要选择最重要的数据进行分析监控，如整体销售额、产品销量、整体利润率等。重点数据的监控分析意义体现在有利于管理者和运营人员掌握总体业绩完成等全局情况。一般销售数据分析可包括销售整体概况分析、同比环比分析和区域数据分析。

1. 销售整体概况分析

在确保数据来源的准确性和完整性的前提下，零售门店可以从不同的渠道获取销售数据，包括在线销售平台、实体店铺、销售人员等，通过对基本销售数据进行汇总，大致整体掌握零售门店的销售情况，形成初步的结论，方便后续对其展开进一步的分析。图7-4为初步形成的销售业绩报表。

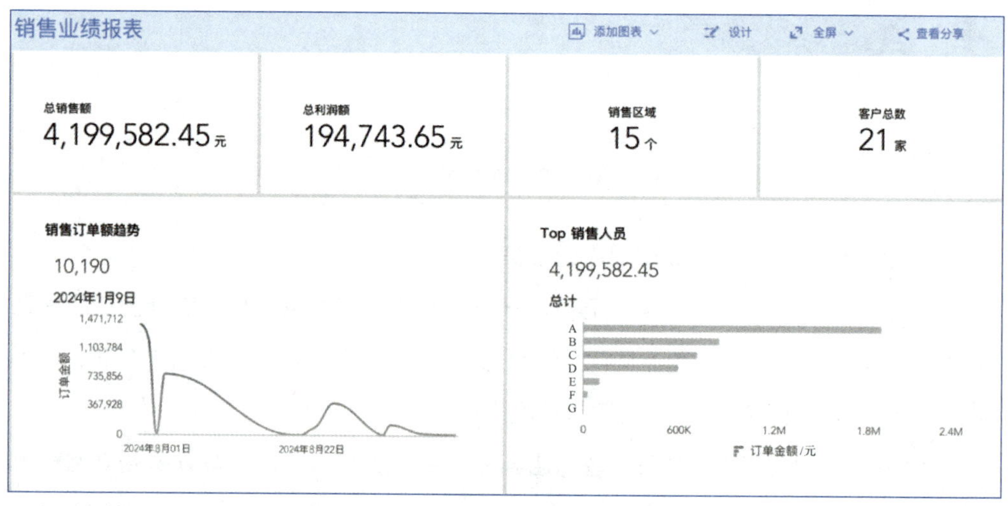

图7-4　某零售门店销售业绩报表

2. 同比、环比分析

按照时间维度，如按周、月、年分析数据情况的变化，对比不同时间范围内的销售情况。同比是与历史同时期比较；环比是本期统计数据与上期比较，一般是用在月、日上，很少用在年上，主要是对比短时间内的涨幅程度。同比、环比的计算公式如下：

$$\text{同比增长率}=\frac{\text{本期数}-\text{同期数}}{\text{同期数}}\times 100\%$$

$$环比增长率=\frac{本期数-上期数}{上期数}\times 100\%$$

3. 区域数据分析

了解整体销售状况后，零售门店还可以对区域的销售数据进行分析，看看哪些地区销售情况比较差，找出原因并且改善；哪些地区销售情况比较好，找出销售较好的原因，总结经验并推广到其他区域。此外，零售门店还可以进一步对销售区域分布和市场区域分布进行对比分析，思考目前企业销售区域分布的合理性，提出改进方案。

（二）商品组合与结构调整分析

商品组合与结构调整分析有助于零售企业更好地了解商品的市场需求和潜在机会。零售企业可以利用象限分析法和商品关联分析法来了解部分重点商品的情况，从而判断资源投放等情况，及时调整产品结构。本书以商品关联分析法为例加以说明

通过研究用户消费数据，将不同商品进行关联，并挖掘二者之间联系的分析方法，这就是商品关联分析法，也被称为“购物篮分析”。进行关联分析的目的是找到事物之间的关联性，用以指导决策行为。商品关联分析法中有很多的指标体系，一般来说三种比较常见，如表7-4所示。

表7-4　商品关联分析法中三种常见的指标说明

指标	定义	举例说明
支持度	是指A商品和B商品同时被购买的概率，也就是某个商品组合的购买次数占总商品购买次数的比例	今天共有10笔订单，其中同时购买牛奶和面包的次数是6次，那么“牛奶+面包”组合的支持度就是6/10×100%=60%
置信度	是指购买A商品之后又购买B商品的条件概率，简单来说就是因为购买了A商品所以购买了B商品的概率	今天共有10笔订单，其中购买A商品的次数是8，同时购买A商品和B商品的次数是6，则其置信度是6/8×100%=75%
提升度	购买A商品对购买B商品的提升作用，用来判断商品组合方式是否具有实际价值。看组合商品被购买的次数是否高于单独商品的购买次数，大于1说明该组合方式有效，小于1则说明无效	比如今天共有10笔订单，购买A商品的次数是8次，购买B商品的次数是4次，购买A+B的次数是6次，那么提升度是0.6/（0.8×0.4）>1，因此A+B的商品组合方式是有效的

三、库存结构分析

库存对于零售门店来说是非常重要的资源，合理的库存管理能够为零售门店带来巨大的优势。库存分析是常见的零售数据分析之一，旨在实现库存结构最优化，并且将售罄率和周转天数等指标都控制在合理的范围内。数字经济时代的零售业，商品库存分析成为商家们提高效益、优化运营的关键一环。然而，零售门店库存分析是一个复杂而重要的过程，涉及多个方面的分析和优化。其中，库存结构报表是库存管理的核心工具之一。通过库存结构报表，零售门店能够全面了解和把握库存情况，做到合理的库存规划和调度，提高库存周转率，降低库存成本，从而实现高效运营。

现以图7-5中的库存结构分析报表为例，可以直观清晰地获得库存信息，并做具体分析如下：

库存结构分析

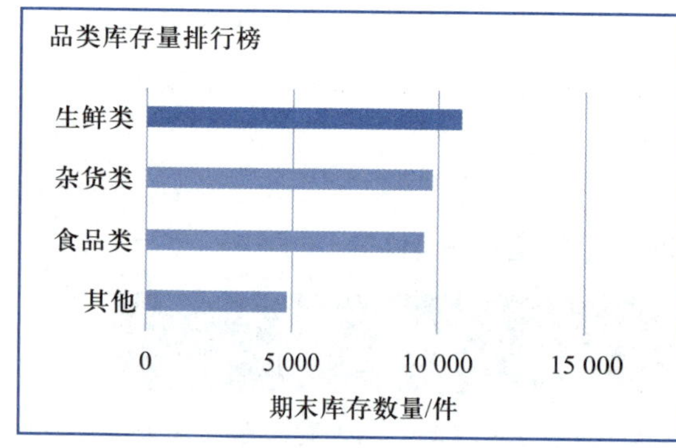

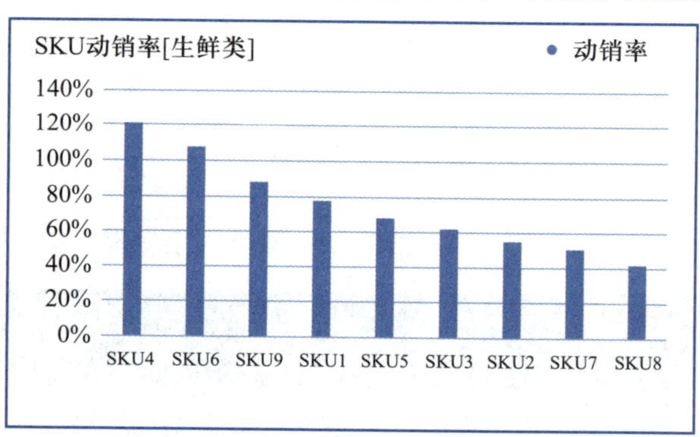

销量库存结构明细表

大类	销售数量/件	销售数量结构	期末库存数量/件	期末库存数量结构
生鲜类	12 514.00	0.31	12 736.00	0.33
食品类	12 170.00	0.30	10 871.00	0.28
杂货类	11 662.00	0.29	10 695.00	0.28
其他	4 376.00	0.11	4 546.00	0.12
总计	40 722.00	1.00	38 848.00	1.00

异常库存分析[生鲜类]

SKU数	期末库存数量/件	销售数量/件	销售天数/天	库存天数/天	库存周转率
SKU8	625.00	549.00	26.00	29.60	0.66
SKU3	1 356.00	993.00	32.00	43.70	0.91
SKU2	1 918.00	531.00	29.00	104.75	0.35
SKU1	1 751.00	1 157.00	40.00	60.54	1.15
SKU5	1 944.00	1 934.00	26.00	26.13	1.31
SKU7	1 157.00	738.00	22.00	34.49	0.74
总计	12 736.00	12 514.00	270.00	274.79	1.05

图7-5　库存结构分析报表

（1）从品类库存量排行榜中可以看出生鲜类商品的库存量最高，其次是杂货类商品、食品类商品和其他类商品。这说明生鲜类商品在该零售门店的销售中占据了重要地位，零售企业需要重点关注生鲜类商品的库存情况，以确保其供应充足，满足消费者的需求。

（2）对于生鲜类商品，还可以进一步结合SKU动销率进行分析。从报表中可以看出，SKU4的动销率最高，约为120%。这表明该商品的销售情况较好，库存周转率较高。零售门店在对库存进行分析时，可以通过升序、降序功能重点关注动销率前几名和后几名的SKU，以便更好地了解库存情况，调整库存策略。

（3）从销售库存结构明细表中看到商品各个品类的销售和库存占比。通过对比销售占比和库存占比的差异，可以发现二者之间的差异较大时，可能存在疑似问题。这时，零售门店需要结合库存天数、库存绝对值和具体的SKU分析，进一步确定是否存在问题。从报表中可以看出，销售和库存的占比值差异不大，没有明显的异常情况。

（4）从异常库存分析明细表中观察库存生鲜类各个SKU的库存天数和库存周转率。当库存天数超过标准值30天，库存周转率小于3时，报表就会发出预警。这可以帮助零售门店及时发现异常情况，并采取相应的措施进行调整。需要注意的是，库存天数和库存周转率并不是固定的，不同的产品和行业标准也有所不同。因此，零售门店在设置预警值时，需要根据实际情况进行调整。

四、活动和推广数据分析

如今，零售门店运营中可采用的营销活动和推广方式层出不穷，从传统的打折促销到线上营销、社交媒体推广等，无一不体现了零售业的创新和活力。如何评估和分析这些营销活动和推广效果，显得尤为重要。这不仅关系到零售门店资源的合理配置，而且直接影响到零售门店的健康发展。

（一）活动和推广效果分析的关键数据

对零售门店的活动推广效果进行数据分析时，涉及的数据多而繁杂，零售门店可以结合实际，从以下关键点中选择一些适合活动本身的数据进行分析。

1. 销售额与销售量

（1）分析活动期间销售额和销售量的增长情况，并与活动前的数据进行对比，以评估活动的直接经济效益。

（2）深入分析不同商品类别的销售表现，找出畅销商品和滞销商品，为后续商品管理和促销策略提供依据。

2. 流量与转化率

（1）对于线上活动，分析网站或电商平台的访问量、点击量、转化率等关键指标，了解活动对流量的吸引力和转化效果。

（2）对于线下门店，分析客流量、进店率、试穿率、购买率等数据，评估活动对吸引顾客进店和促成交易的效果。

3. 顾客行为分析

（1）分析顾客在活动期间的购物路径、浏览时长、购买偏好等，以深入了解顾客需求和购买决策过程。

（2）通过顾客反馈和调查问卷，收集顾客对活动的满意度、意见和建议，为后续活动的改进提供依据。

4. 渠道效果评估

（1）如果活动涉及多个推广渠道（如社交媒体、电子邮件、户外广告等），需要分别评估各渠道的效果，包括曝光量、点击量和转化率等。

（2）通过对比不同渠道的数据，找出有效的推广渠道，为后续活动的投放策略提供参考。

5. 成本效益分析

（1）计算活动成本，包括广告费用、物料成本、人力成本等，并与销售额等收益指标进行对比。

（2）分析活动的投资回报率（ROI），评估活动的经济效益和成本效益。

6. 会员与忠诚度分析

（1）分析活动期间会员的参与情况、购买频率和购买金额，评估活动对提升会员忠诚度和活跃度的效果。

（2）分析新会员的增长情况，了解活动在吸引新客户方面的表现。

7. 竞品分析

（1）收集和分析竞品在活动期间的销售数据、推广策略等信息，了解竞品的市场动态和表现。

（2）通过对比竞品数据，找出活动的优势和不足，为优化未来策略提供参考。

（二）活动和推广效果的评估

零售门店活动和推广效果的评估要从多个角度、多个层面去分析和评估活动的效果，以下是基本的评估步骤：

1. 目标与指标设定

首先，需要清晰地设定此次活动的目标，如提升销售额、增加新顾客、提高品牌知名度等，目标设定应具体、可量化，便于后续的效果评估。其次，要根据目标设定相应的评估指标，如销售额增长率、新客户转化率、品牌知名度提升指数等，这些指标应能够全面反映活动的各项效果。

2. 数据收集与整理

数据是评估活动效果的基础。零售门店需要收集活动前后的销售数据、客流量数据、顾客反馈数据等。销售数据包括销售额、销售数量、客单价等；客流量数据包括进店人数、顾客停留时间、顾客行为路径等；顾客反馈数据则可以通过问卷调查、访谈等方式获取。同时，还需要收集活动的成本数据，包括广告费用、物料成本、人力成本等。收集到的数据需要进行整理和分析，以便后续进行效果评估。

3. 效果评估与分析

在收集到足够的数据后，就可以开始进行效果评估了。首先，对比活动前后的销售数据，分析活动对销售额、销售数量等产生的影响。其次，分析客流量数据，了解活动对顾客吸引力的影响。同时，结合顾客反馈数据，评估活动在顾客心中的形象和影响力。此外，还需要进行成本效益分析，计算活动的投资回报率，评估活动的经济效益。

在效果评估过程中，还需要注意以下几点：一是要对比活动前后的数据变化，以了解活动的实际效果；二是要分析不同指标之间的关联性，以找出影响活动效果的关键因素；三是要考虑市场环境和竞争态势的变化对活动效果的影响。

4. 总结与反馈

在评估完活动效果后，还需要进行总结和反馈。首先，要总结活动的成功经验和不足之处，以便在未来的活动中加以借鉴和改进。其次，将评估结果反馈给相关部门和人员，让他们了解活动效果并调整未来的活动策略。最后，还可以将本次评估结果作为制定未来营销计划的依据，以提高整体营销效果。

根据评估结果和市场反馈，零售门店还可以调整活动目标，优化活动内容，改进推广方式等，以提高活动效果。全面、深入地了解活动效果，有助于为零售门店制定更有效的营销策略提供有力支持。

第三节　零售门店运营数据复盘与绩效优化

一、零售门店数据复盘

为了推广经验、提升能力、总结规律，零售门店在运营过程中，需要及时进行科学复盘。例如，零售门店在活动结束后，需要对活动数据进行复盘，包括订单和经营数据、会员增长情况、会员数据统计分析等。只有对活动进行充分分析和总结，才能发现优势、不足和需要改进的地方，这样下一次活动就可以做得更好。

（一）零售门店复盘的认知

1. 复盘的概念

复盘的概念可以从不同领域和角度来理解，在企业运营管理中，复盘是一种系统化的反思和总结过程，通过回顾过去的实际工作或项目，总结经验，提炼经验教训，制订改进计划，以实现未来更好的表现。

复盘与总结不同。客观来说，总结只是复盘的一部分，复盘比总结更具有丰富的内涵。总结是对事件过程进行梳理，它是对已经发生的行为和结果进行描述、分析和归纳，它关注事件的关键点和里程碑。而复盘除了包含总结的动作，还会对未发生的行为进行虚拟探究，探索其他行为的可能性和可行性，以找到新的方法和出路。

2. 复盘的作用

复盘是一个不断学习、总结、反思、提炼和持续提高的过程，只有厘清了复盘的作用和价值，才能足够重视这项工作。复盘的作用表现在以下几个方面：

（1）强化既定目标。复盘可以加快后期工作的进度，方便对工作进行量化。

（2）避免重复犯错。复盘能及时找到失败的原因，并对出错的环节进行改正和优化，避免同样的错误在今后的零售门店运营中再发生，降低成本、减少损失。

（3）总结经验。通过复盘，零售门店能够吸取并复制成功经验，不断提高零售门店的运营实力。

（4）提高个人和团队能力。通过复盘，零售门店团队的成员可以深入了解自己的工作方法和思路，发现自己的不足之处，从而提高个人能力。同时，通过复盘，也可以了解零售团队中其他成员的工作方法和思路，相互学习和交流，从而提高团队的整体能力。

（5）促进组织发展。通过对零售企业内部的各项工作和项目进行复盘，可以全面了解组织在各个方面的表现和发展情况，发现组织的优势和不足之处，从而制定有针对性的改进措施，促进组织的发展。

（6）提高决策质量。通过复盘，可以对过去的决策进行全面的分析和评估，了解决策的成功和失败之处，从而提取有价值的经验和教训，以便提高未来的决策质量。

（二）零售门店数据复盘的方法

在零售门店的运营管理中，复盘已逐渐展现出其不可或缺的价值。它不仅是对过去一段时间内零售门店运营情况的回顾和总结，更是一种对策略、执行和效果进行深度剖析的过程，旨在发现问题、明确原因并找到改进措施。那么，零售门店如何高效地做好复盘呢?

1. GRAI复盘法的操作步骤

复盘就好比萃取，它的精髓就在于收集碎片，找寻规律，利用规律解决难题。用结果倒推过程，回顾过程中做了什么，有哪些行为是可以提炼和复制的，有哪些行为是需要调整改善的，并采取相应的行动。

复盘的方法很多，常用的是GRAI复盘法，即回顾目标（Goal）、评估结果（Result）、分析原因（Analysis）、总结规律（Insight）。它是一个围绕目标，注重结果和目标之间的偏差，从中分析原因并总结规律的复盘方法。其操作步骤如下：

（1）回顾目标。在开始复盘之前，首先要明确复盘的目标和范围。是针对某一特定活动、促销的复盘，还是对整个门店运营状况的全面审视。明确目标可以帮助零售门店更加聚焦，避免复盘过程变得漫无目的和效率低下。

（2）评估结果。先对实现目标的工作过程进行再次推演，然后对整个过程进行重新评估，发现过程中存在的优势和不足，无论是正面还是负面评估，都是基于结果倒推的过程，最关键的是基于数据来支撑结果。

（3）分析原因。首先全面回顾整个过程，尽量不要遗漏，进一步分析形成差异的原因。工作结果对不对，有没有达到既定目标，找出工作达成的底层逻辑。因此，需要基于数据和结果进行诊断和分析，要用数据思维进行评估和复盘，而不能感性地评估和复盘。数据是复盘的基础，要高效地进行复盘，就必须收集全面、准确的数据，包括销售额、客流量、库存周转率、员工绩效等多方面的数据。通过数据分析，可以更加客观地评估零售门店的运营状况，发现存在的问题和潜在的机会，然后制定改善的具体行动。

（4）总结规律。将分析的所有相关问题形成一套业务逻辑，也就是方法论。有了这套方法论，做事效率和思维方式都会得到跨越式发展。企业只有在规律中，才能避免犯错误。不犯错误，就是最好的改错方式。

2. 零售门店复盘的要点

零售门店运营的核心在于吸引新客户并保留现有客户，进而提升整体销售业绩。这主要通过三种方式实现：提高每位顾客的平均消费额（客单价）、增加实际交易的顾客比例（成交率），以及提升每位顾客的购买频率（复购率）。基于这些考量，零售门店复盘工作应围绕以下六个维度进行深入分析：

（1）流量分析。探讨如何提高零售门店的知名度，以及如何提升新顾客和老顾客的到店率。

（2）会员管理。研究如何增强会员的忠诚度，分析零售门店的商品、服务与线上平台及竞争对手相比的优劣势，以及各自的差异化特点。

（3）商品与定价策略。分析顾客选择店铺的原因，评估所售商品是否符合规划，目标客户群是否精准，以及门店在商品品类或价格上的优势。

（4）门店体验。评估销售场景（如灯光、装饰、绿植布局、顾客动线等）是否满足目标客户群的期望，以及视觉呈现（如海报设计、橱窗展示、商品陈列和搭配等）是否具有吸引力。

（5）效率评估。对比和分析目标达成的同比数据和环比数据，检查品类售罄率、动销率及销售进度是否达到预期。

（6）效益分析。全面检视零售门店的固定成本、营销费用、盈亏平衡点、销售折扣、毛利率、销售毛利、库存周转率及净利润等关键财务指标。

二、零售门店绩效优化

零售门店绩效优化是指通过一系列策略和措施，提升零售门店的经营效率、销售业绩，以及客户满意度，从而实现零售门店整体绩效的提升。这一过程涵盖了商品管理、客户服务、员工激励、运营效率等多个方面，旨在打造一个更加高效、有序且盈利能力强的零售环境。

在激烈的竞争中，绩效优化有助于零售门店脱颖而出，吸引更多消费者，从而提升市场份额和竞争力。在绩效优化过程中，员工能够明确自己的工作目标和职责，获得更好的发展空间和薪酬待遇，从而提高工作满意度和忠诚度。通过持续优化零售门店绩效，可以确保零售门店的长期稳定发展，为企业创造更多的价值。

（一）零售门店经营绩效评价的内容

如何科学合理地考核和评价零售门店的经营绩效，激发零售门店经营的积极性和主动性是零售门店的重要职责之一。零售门店经营绩效评价的内容主要有以下几方面：

1. 经营效益

零售门店的经营效益主要通过商品流转、资金占用与费用开支等情况的各项经济指标反映出来的。考核零售门店经营状况的经济指标主要有商品销售额、资金周转次数、利润率、流动资金利润率、资金利税率等。

2. 管理效益

企业经营离不开科学管理，零售门店同样如此。越来越多的证据表明，高水平的管理将使零售门店成为市场竞争的赢家。考核零售门店管理状况的效益指标主要有制度建设、定额管理、合同效率、库存商品适销率、账货相符率等。

3. 服务效益

现代零售企业在进行商品经营的同时也向顾客提供各种服务。通过给消费者的日常生活带来便利，保持零售门店与顾客的良好关系。衡量零售门店服务状况的效益指标主要有服务范围、服务态度、服务质量、便民措施、经营商品品种数、顾客满意程度及其他服务指标。

（二）零售门店经营绩效评估标准

评价标准又称评判标准，是指人们在评价活动中应用于评价对象的价值尺度和界限。在零售门店绩效评价中，评价标准的确定应满足挑战性、可达成性、可执行性、客观性和易于操作等要求，并且要有时间进度，以便和高层管理及横向单位的目标保持一致，引导零售门店有目的地提升绩效水平。

一项有效的绩效评估标准必须符合下列条件：

1. 符合企业的战略目标

零售门店运营绩效评估标准必须经过企业高层管理者及执行者双方的同意，没有经过双方同意的绩效标准不一定符合企业的战略目标。只有这样，才能确保绩效评估工作不仅是对员工个人表现的衡量，而且是对企业整体战略推进的促进。

2. 具有挑战性及可达成性

挑战性标准能够激发员工的斗志，促使他们不断超越自我，提升个人能力。同时，这些标准也应该是可达成的，让员工在努力之后能够看到自己的成果，从而增强工作动力。

3. 具体且可评估衡量

绩效评估标准必须数量化，无法数量化的标准在进行评估时，会引起不必要的困扰及争端。如果标准过于模糊或无法量化，那么在评估过程中可能会引发不必要的困扰和争端，影响评估的公正性和有效性。

4. 有明确的期间限制

绩效评估标准应该附带明确的记录期间，以便评估者在评估时有明确的参考依据。这样不仅能够确保评估的公正性，而且能够让员工清楚地了解自己的工作目标和时间节点，从而更好地规划自己的工作进度。

5. 具有可调整性和灵活性

绩效评估标准应该具有一定的可调整性和灵活性，由于零售企业的发展和员工的能力提升是一个动态过程，因此绩效评估标准也需要根据实际情况调整和修正。这不仅能够适应组织的变化和员工的发展需求，而且能够确保绩效评估工作的持续性和有效性。

6. 简单易懂，便于计算

绩效评估标准应该简单、易懂且便于计算。这不仅有助于减少因为计算困难所产生的纠纷和误解，而且能够让员工更加清晰地了解自己的工作目标和评估标准。同时，简单易懂的标准也更容易得到员工的认同和支持，从而有助于提升绩效评估工作的顺利进行。

7. 有助于持续性改善

有效的绩效评估标准对于零售门店的持续性改善至关重要。绩效评估标准只有能够对下一次评估有比对效果才有意义。通过定期评估和比较这些标准，零售门店可以持续跟踪绩效变化，识别出哪些策略有效、哪些需要调整。这种持续性的反馈循环使得零售门店能够不断优化经营策略、提升员工效率、改善客户服务，从而实现门店绩效的持续提升。

（三）零售门店经营绩效评估指标

绩效是指为了实现零售门店经营的整体目标及部门的工作目标而必须达到的经营成果。评估指标既是零售门店经营绩效评价内容的载体，也是零售门店经营绩效评价内容的外在表现。把各种经营绩效的项目及程序规格化、标准化，不但可以迅速分辨出零售门店的绩效高低，降低开店失败率，还可以改进绩效评估结果，减少浪费，增加利润。零售企业门店经营绩效的综合结果产生于四个主要方面：

1. 收益性指标

收益性指标能够直观地反映经营的获利能力。收益性指标的主要评估指标有营业收入达成率、毛利率、营业费用率、净利润达成率、净利率、总资产报酬率及所有者权益率等，如表7-5所示。

表7-5 收益性指标

指标名称	指标含义	公式	说明
营业收入达成率	零售企业各门店及线上店铺的实际营业额与目标营业额的比率	$营业收入达成率=\frac{实际营业收入}{目标营业收入}\times 100\%$	比率越高，表示经营绩效越高。数值在100%—110%比较理想。高于110%说明目标制定得过低，低于100%说明没有完成计划
毛利率	毛利额与营业额的比率，反映零售门店的基本获利能力	$毛利率=\frac{销售收入-销售成本}{营业额}\times 100\%$	比率越高，表示获利空间越大。不同品类的商品，毛利率有较大区别
营业费用率	零售企业各门店及线上店铺营业费用与营业额的比率，反映单位营业额所包含的营业费用支出	$营业费用率=\frac{营业费用}{营业收入}\times 100\%$	比率越高，表示营业费用支出的效率越低
净利额达成率	零售门店税前实际净利额与税前目标净利额的比率，反映门店的实际获利程度	$净利额达成率=\frac{税前实际净利额}{税前目标净利额}\times 100\%$	比率越高，表示目标利润额完成得越好，数值要在100%以上

续表

指标名称	指标含义	公式	说明
净利率	零售门店税前实际净利与营业额的比率，反映门店的实际获利程度	$净利率=\frac{税前净利}{营业额}\times 100\%$	净利率与净利润成正比，比率的高低代表盈利能力的强弱
总资产报酬率	税后净利润与总资产所得的比率，反映的是总资产的获利能力	$总资产报酬率=\frac{税后净利}{总资产}\times 100\%$	比率越高，表示资本产生的净利越高。比率越低，则反之
所有者权益率	净利润与所有者权益的比率，所有者权益是指所有者在企业资产中享有的经济效益，其数值为企业资产总额减去负债后的余额	$所有者权益率=\frac{净利润}{所有者权益}\times 100\%$	比率越高，说明股东投资增值越多

2. 费用性指标

在零售门店的运营管理中，费用性指标是评估门店运营效率与获利能力的重要依据。通过一系列费用性指标的分析，门店管理者能够全面了解门店的成本结构、费用水平，以及潜在的改进空间，从而作出更加明智的决策，提高门店的盈利能力。常见的评估指标有费用总额、营业费用率、人工费用率、可控费用率和不可控费用率等，如表7-6所示。

表7-6　费用性指标说明

指标名称	指标含义	公式	说明
费用总额	人工成本包括员工工资、福利费。可控费用包括水电、包装、办公、差旅、保安、所用经营费用。不可控费用包括租金、折旧、利息、开办费摊销	费用总额＝人工成本总额＋可控费用总额＋不可控费用总额	数值越高，说明营业过程中的费用支出越高

续表

指标名称	指标含义	公式	说明
营业费用率	零售门店营业费用与营业额的比率，反映门店的管理和获利水平	$营业费用率=\frac{营业费用}{营业额}\times 100\%$	比率越低，说明营业过程中的费用支出越小，门店的管理越高效，获利水平越高
人工费用率	零售门店人工成本总额与销售总额的比率，反映门店的人事管理和获利水平	$人工费用率=\frac{人工成本总额}{销售总额}\times 100\%$	比率越低，说明人工费用越低，门店的管理越高效，获利水平越高
可控费用率	零售门店可控费用总额与销售总额的比率，反映零售门店的管理和获利水平	$可控费用率=\frac{可控费用总额}{销售总额}\times 100\%$	比率越低，说明可控费用越低，门店的管理越高效，获利水平越高
不可控费用率	零售门店不可控费用总额与销售总额的比率，反映零售门店的管理和获利水平	$不可控费用率=\frac{不可控费用总额}{销售总额}\times 100\%$	比率越低，说明不可控费用越低，门店的管理越高效，获利水平越高

3. 效率性指标

效率性指标主要反映企业的生产水平，评估的主要指标有交叉比率、劳动分配率、盈亏平衡点、经营安全率、总资产周转率、固定资产周转率等，如表 7-7 所示。

表 7-7 发展性指标说明

指标名称	指标含义	公式	说明
交叉比率	是指毛利率和商品周转率的乘积，反映零售门店在一定时间内的获利水平	交叉比率 = 毛利率 × 存货周转率	该指标可以更精准地对商品进行分析，更精确地反映商品的实际绩效
劳动分配率	是指零售门店的人事费用与营业毛利的比率，人事费用包括员工工资、奖金、劳保费等	$劳动分配率=\frac{人事费用}{营业毛利}\times 100\%$	比率越高，表示员工创造的毛利越低；比率越低，则反之，即对利益的贡献度越高，生产能力越高

续表

指标名称	指标含义	公式	说明
盈亏平衡点	盈亏平衡点也称保本点、损益平衡点，是指零售企业门店的营业额达到多少时，其盈亏才能平衡	盈亏平衡点 = $\frac{\text{固定费用}}{\text{毛利率}-\text{变动费用率}}$	该指标表示门店的收益与支出相抵，既不盈利，也不亏损。损益平衡点越低，表示获利时点越快；损益平衡点越高，表示获利时点越慢
经营安全率	反映的是零售门店的经营安全程度	经营安全率 = $\frac{\text{实际销售额}-\text{盈亏平衡点销售额}}{\text{实际销售额}}\times 100\%$	经营安全率数值越大，反映该门店的经营状况越好
总资产周转率	反映的是零售门店总资产的利用程度	总资产周转率 = $\frac{\text{营业收入}+\text{非营业收入}}{\text{总资产平均余额}}$	该比率越高，表示资产利用程度越好，也就是资产经营效率越高；该比率越低，则反之。不同产业、不同规模的零售门店在经营上的资产周转率确定不相同
固定资产周转率	反映的是零售门店固定资产利用的效果	固定资产周转率 = $\frac{\text{营业收入}}{\text{平均固定资产净值}}$	该指标越高，表明固定资产的使用效果越好

4. 发展性指标

发展性指标主要反映企业成长速度，评估的主要指标有营业额增长率、开店速度、营业利益增长率、卖场面积增长率，如表7−8所示。

表7−8　发展性指标说明

指标名称	指标含义	公式	说明
营业额增长率	零售门店的本期营业额与上期相比的变化情况，反映零售门店的营业发展水平	营业额增长率 = $\frac{\text{本期营业收入}}{\text{上期营业收入}}\times 100\%$	比率越高，表示成长性越健康；比率越低，则反之。理想的参考标准是高于经济增长率的2倍

续表

指标名称	指标含义	公式	说明
开店速度	零售门店本期门店数目与上期门店数目相比的增长情况，反映零售门店连锁化经营的发展速度	开店速度 $=\left(\frac{\text{本期门店数}}{\text{上期门店数}}-1\right)\times 100\%$	开店速度取决于发展战略和发展目标、开店的营运标准是否健全、资金条件是否充分等
营业利润增长率	零售门店本期营业利润与上期营业利润相比的变化情况，反映零售门店获利能力的变化	营业利润增长率 $=\left(\frac{\text{本期营业利润}}{\text{上期营业利润}}-1\right)\times 100\%$	比率越高，表示利润增长性越好，反之则越差。该数值至少要大于0，理想状态是高于营业额增长率
卖场面积增长率	零售门店本期的卖场面积与上期卖场面积相比的变化情况	卖场面积增长率 $=\left(\frac{\text{本期卖场面积}}{\text{上期卖场面积}}-1\right)\times 100\%$	新开店铺或是门店卖场面积扩大都会使得零售门店的总卖场面积增加，从而扩大卖场面积增长率

（四）零售门店经营绩效的优化策略

零售门店在进行经营绩效评估之后，对未达到的目标或标准必须进一步分析，找出原因，提出相应的解决办法，从而促进零售门店更好地发展。零售门店经营绩效优化主要是对安全、收益、销售及效率的改善。

1. 安全性改善

零售门店如果投资过大，获利能力不强，就会导致巨大亏损，同时带来风险。因此，零售门店采用相应的对策来改善其安全性。例如，可以减少不当库存金额，降低资金积压；要做好库存管理，适当订购，并做好商品ABC分类管理，淘汰滞销品；延长货款的付款周期，但不能影响商品的进货价格及品质；避免不必要或不适当的设备投资；妥善规划资金来源与运用；要保证适当的银行贷款额度及现金流余额。

2. 收益性改善

针对收益性改善，零售门店需要首先关注几个关于收益的关系式：毛利润＝营业额－进货成本－损耗；营业利润＝毛利润－销售费用及一般管理费用；净利润＝营业利润＋营业外收入－营业外支出。从上述公式可以看出，通过提升营业额、降低进货成本、减少损耗、增加营业外收入、减少营业外支出等方式进行优化。

3. 销售性改善

（1）提升商品力。提升商品力包括提升商品结构、品种齐全度、品质鲜度、商品特色及差异化、价格的竞争力。

（2）强化销售力。如使线下门店的陈列具有美感，突出量感和给消费者带来价值感的特点与优势。线上推广活动具有吸引力，能够吸引顾客的注意力并使其增加购买动力。

（3）提高员工销售技能。组织员工培训，从商务礼仪、协作沟通等方面提高员工的销售能力。

4. 效率性改善

（1）提高商品效率。主要指提高商品周转率及交叉比率。要提高商品效率，就必须提高销售额、毛利率并减少存货。但减少存货并非指一味地降低库存量，否则容易发生缺货、断货的情形。此外，必须在营运的“进、销、存”流程中，做好商品的存货管理。

（2）提高人员效率。有效运用人力资源，合理控制人数，以提高人员效率。换言之，即重视人的质和量。在质方面，必须规定各部门、各层级人员的资格条件，慎选用人，有计划地培育人才；同时制定奖惩办法，创造良好的工作环境，让员工的潜能能够充分发挥。在量方面，应制定各部门人员标准，控制员工人数，简化事务流程，使用省力化、省人化的设备，妥善运用兼职人员，训练并培养员工的第二专长、第三专长，使不同部门的人员可相互支援。

（3）提高场地运用效率。在线下开店之前，需做好销售预测及门店规划。首先分析该地区的消费者密度、顾客等级、发展潜力、收入水平及消费能力；其次，考察该地区的道路设施、人口流量、交通线、停车方便性、交通安全性等交通条件；最后，对该地区的竞争企业及竞争力进行充分调查、比较、分析，从而确定商品配置和卖场布局。

行业发展与瞭望

聚焦零售数字化“八大能力”之增强数据分析

在数字经济时代，绝大多数中国实体零售企业已经意识到数据的战略意义和重要性，认为数据将成为企业发展的关键资产和核心生产要素，均在探索从“经验驱动”走向“数据驱动”。相较于其他行业，零售业在数据资产化及数据变现方面表现突出，其中较早进入电商/平台领域的零售企业表现出明显的数据资产完整性和分析能力优势，而长期植根于线下的零售商则面临数据资产累积不足的挑战。物联网、大数据、云计算和人工智能技术只是手段，挖掘数据分享、流动和盘活价值才是目标。未来数字化零售企业的数据和分析驱动能力需要从场景、数据和迭代三个角度入手。

1. 天虹百货

为了更好地实现会员精准营销和业务分析，天虹百货（以下简称“天虹”）上线了“大数据+BI数据分析”平台——数据魔方。通过数据魔方，一方面可以利用分析模型，根据顾客的购买行为来刻画客户画像，以特定的顾客行为触发相对应的营销信息推送，实现精准营销；另一方面，数据魔方将整合后台的商品信息、会员信息、交易单据、库存数据等一系列数据，支持天虹自营及合作伙伴进行实时经营数据分析，帮助他们及时对经营决策作出调整优化。零售行业从来不缺少数据，只有运用好自身的数据，形成专业分析并赋能企业经营决策，才能实现零售企业数字化。

2. 大悦城控股集团

大悦城控股集团股份有限公司（简称“大悦城”）自主开发了一套数据分析系统。通过数据采集、分析和标签化，对顾客的行为、客流量进行分析，对客户群进行细分定位，并最终通过数据赋能商户，提高销售额。数据的获取涵盖了顾客感知系统、顾客识别系统、人脸识别技术等店内方式，以及App、小程序、微信公众号等线上方式，进而在中台进行顾客数据的整合和清洗，并与其他IT系统打通，形成结构性数据。通过对收集的数据作出进一步分析，大悦城真正实现了数据驱动和决策。在交易方面，大悦城从部署商铺POS系统、会员积分系统等获得完整的交易数据。借助这些数据，大悦城创造了以预测销售为核心的商业分析，可以做到提前60天预测出商品销售水平，再根据预测结果指导运用什么方法来支持经营，赋能商家。

3. 星创视界

眼镜品牌星创视界在打通线上线下渠道的基础上，致力于打造自己的“数据银行”，从线上、线下触点及社交媒体等收集丰富的顾客数据，并借由先进的工具进行数据分析，实现顾客洞察。星创视界搭建了一套社会化顾客关系管理（Social Customer Relationship Management，SCRM），平台用以整合管理渠道的顾客和交易，而平台背后则是强大的分析引擎“NAB（Need，Attitude，Behavior，即需求、态度和行为）”。它的分析模型从顾客行为角度出发，综合考虑了顾客独特的生理需求、价值观和消费行为，进而将客户群分为九大目标群体。这一算法对星创视界客户画像的准确度达到70%，如果同时结合历史交易数据，这一数字将提升至90%以上。这一智能、高效的分析工具对数据获取的要求简单易行，即通过开发一份只有七个问题的问卷，在顾客旅程的各个触点收集信息即可。同时，为应对市场及客户群的变化，每半年星创视界会对“NAB”算法进行更新调整，使其不断优化。

知识与技能训练

一、单选题

1. 波士顿矩阵属于（　　）。

A. 对比分析法　　B. 趋势分析法

C. 分组分析法　　D. 象限分析法

2. 以下指标中可以考查用户的购买力和对商品价格的敏感度的是（　　）。

A. 连带率　　B. 客单件

C. 件单价　　D. 贡献率

3. 零售门店商品结构的（　　）关系到零售门店商品品类多样化，可以体现门店商品的丰富程度。

A. 广度　　B. 宽度

C. 深度　　D. 动销比

4. PV 指的是（　　）。

A. 页面浏览量　　B. 访客数

C. 跳失率　　D. 转化率

5. 在销售追踪中，取得某一数据，然后与去年同一时间段进行对比分析，可以是年、月、周，这种对比方法是（　　）。

A. 同比　　B. 定基比

C. 环比　　D. 比对

二、多选题

1. 分组分析法必须遵循的原则包括（　　）。

A. 细分原则　　B. 穷尽原则

C. 互斥原则　　D. 归类原则

2. 购物篮分析中的常见指标有（　　）。

A. 支持度　　B. 置信度

C. 提升度　　D. 变化度

3. 评估零售门店活动和推广效果的基本步骤包括（　　）。

A. 目标与指标设定　　B. 数据收集与整理

C. 效果评估与分析　　D. 总结与反馈

4. 零售门店经营绩效优化主要是对（　　　　）的改善。

A. 安全　　　　B. 收益

C. 销售　　　　D. 效率

5. 零售门店经营绩效的评估指标有（　　　　）。

A. 收益性指标　　　　B. 费用性指标

C. 效率性指标　　　　D. 发展性指标

三、判断题

1. 数据可视化工具可以将复杂的数据转化为图表、图形或热力图等直观的形式，帮助零售企业更好地理解和分析数据。（　　）

2. 象限分析法只能通过对事物进行两个维度划分，运用坐标方式将图表区域分为四个象限。（　　）

3. 销售数据作为零售门店运营状况最直观的体现，一般就是做简单的数字对比。（　　）

4. 趋势分析法是指对数据的未来变化趋势进行分析和预测的方法。（　　）

5. 用户数据通常可以分为用户自然数据与用户行为数据。（　　）

四、简答题

1. 简述 GRAI 复盘法的四个步骤。

2. 简述什么是象限分析法。

3. 简述零售门店经营绩效评价的内容。

五、案例分析题

霸王茶姬是一个新中式国风茶饮品牌，2017年诞生于云南。品牌名来自中国历史故事《霸王别姬》。霸王茶姬以原叶鲜奶茶为主要产品，将东方文化与茶事传承、创新结合一体，打造东方新茶铺。

不到7年时间，霸王茶姬走出云南，并陆续在全国各线城市落地，同时在马来西亚、泰国和新加坡等国家开设门店。目前，全球门店数已超过4 500家。

据统计，霸王茶姬的用户群体中女性占比57.38%，男性占比42.62%。年龄方面，主要以年轻人为主，20~39岁的用户占比高达74.57%，这部分人群注重生活品质，追求健康。在地域分布方面，用户集中在上海、北京、成都、深圳、杭州等经济发达城市，大家对新鲜事物的接受程度较高，消费平均水平也较高。根据某网站统计，虽然霸王茶姬的客单价约为18.75元，但霸王茶姬强调为消费者提供体验空间，营造“以茶会友”的中式特色场景，凭借这样的价格，能够提供不输于其他高端茶饮品牌的体验空间，给消费者营造优质的社交互动空间，深受消费者的喜爱。

思考： 1. 在以上资料中，你能够获取到霸王茶姬的哪些运营数据，分别是什么？

2. 请从数据角度分析霸王茶姬的运营效果，并结合材料内容分析其背后的原因。

调查研究与善作善成

调研项目：零售门店主要运营数据分析。

调研目的：通过本次实训活动，使学生对零售门店的用户数据、销售数据、活动和推广数据有清晰了解，能够利用互联网资源查询资料、获取数据，并使用合理的方法和模型对获取的数据进行分析。

调研要求：1.分组进行，每3~4人一组，合理分工，团队协作，共同完成。

2. 通过互联网检索任意一个零售品牌的主要运营数据，收集相关信息，归纳整理数据。

3. 判断该运营数据属于哪种类型，选择合适的分析方法和模型对数据进行分析。

4. 小组对收集数据的资料进行分析、总结、提炼，并分享展示分析报告，教师进行点评。

调研内容：以小组为单位分组调研，针对一个零售品牌，挑选任意一个或多个门店运营数据类型进行数据采集和数据分析，填写表7-9，并对分析结果进行分享展示。

表7-9　零售门店运营数据分析

零售品牌	
数据来源	
运营数据类型	□用户数据　□销售数据　□活动和推广数据
获取的数据类型及数值	
数据分析方法	
数据分析结果	

参考文献

[1] 邹丽，严黄一仪. 新零售运营管理［M］. 北京：人民邮电出版社，2023.

[2] 刘望海. 新媒体营销与运营［M］. 北京：人民邮电出版社，2018.

[3] 袁国栋. 数智化零售：科技重塑未来零售新格局［M］. 北京：人民邮电出版社，2024.

[4] 鲍志林. 新零售实务［M］. 北京：人民邮电出版社，2021.

[5] 李卫华，郭玉金. 连锁企业品类管理［M］. 4版. 北京：高等教育出版社，2024.

[6] 腾讯智慧零售. 超级连接：用户驱动的零售新增长［M］. 北京：中信出版集团，2020.

[7] 吴春霞，陈清，邸晓旭. 数字化零售运营［M］. 北京：人民邮电出版社，2023.

[8] 邱云，唐鸿铃. 智慧零售实务［M］. 成都：西南交通大学出版社，2023.

[9] 阿里巴巴商学院. 网店客服［M］. 3版. 北京：电子工业出版社，2023.

[10] 任萍萍. 智能客服机器人［M］. 成都：成都时代出版社，2017.

[11] 周艳红. 网店客户服务［M］. 北京：机械工业出版社，2024.

[12] 丁雯，李婷. 客户服务实务［M］. 5版. 大连：东北财经大学出版社，2022.

[13] 刘志强. 网店客户服务与管理［M］. 北京：电子工业出版社，2021.

[14] 陈方丽，林瑜彬. 门店管理实务［M］.2版. 北京：机械工业出版社，2017.
[15] 赵溪，苏钰，石云. 客服域人工智能训练师［M］.2版. 北京：清华大学出版社，2023.
[16] 杨林钟. 新零售实体店运营实务［M］.北京：清华大学出版社，2022.
[17] 杨子武. 商务数据分析［M］.北京：高等教育出版社，2021.
[18] 李卫华，郭玉金. 零售数据分析与应用［M］.2版. 北京：高等教育出版社，2022.
[19] 史晓丹. T公司智慧门店业务营销策略优化研究［D］.上海：华东师范大学出版社，2022.

主编简介

秦绪杰，安徽工商职业学院教授，安徽省优秀教师，高级“双师型”教师，一级电子商务师，安徽省技能人才评价高级考评员、安徽省电子商务师职业技能考评员、电子商务数据分析职业技能（高级）培训优秀讲师、数字营销技术应用职业技能等级（高级）培训教师、金砖国家职业技能大赛网络营销赛项优秀专家。公开发表论文多篇；先后主持国家职业教育电子商务专业教学资源库子项目1项，职业教育提质培优行动计划（2020—2023年）中精品在线开放课程建设项目及省级教科研项目十余项；担任省级“十三五”职业教育规划教材及其他规划教材主编、“十二五”职业教育国家规划教材及其他教材副主编共8本；指导技能大赛，获金砖国家职业技能大赛网络营销赛项国际总决赛铜牌，国内决赛一等奖，第五届中国零售新星大赛一等奖，指导安徽省技能大赛多个项目并获奖。

读者意见反馈

为收集对教材的意见建议，进一步完善教材编写并做好服务工作，读者可将对本教材的意见建议通过如下渠道反馈至我社。

咨询电话　400-810-0598

反馈邮箱　gjdzfwb@pub.hep.cn

通信地址　北京市朝阳区惠新东街4号富盛大厦1座
　　　　　高等教育出版社总编辑办公室

邮政编码　100029

防伪查询说明

用户购书后刮开封底防伪涂层，使用手机微信等软件扫描二维码，会跳转至防伪查询网页，获得所购图书详细信息。

防伪客服电话　（010）58582300

网络增值服务使用说明

授课教师如需获取本书配套教辅资源，请登录“高等教育出版社产品信息检索系统”（xuanshu.hep.com.cn），搜索本书并下载资源。首次使用本系统的用户，请先注册并完成教师资格认证。

高教社高职电子商务专业教师交流及资源服务QQ群：218668588